北京电影投融资发展报告

BEIJING FILM INVESTMENT AND FINANCING DEVELOPMENT REPORT

主　　编　宋维才　朱玉卿
执行主编　黄　杰　商　宁　姜　宣

中国国际广播出版社

图书在版编目（CIP）数据

北京电影投融资发展报告 / 宋维才，朱玉卿主编. — 北京：中国国际广播出版社，2022.11

ISBN 978-7-5078-5245-5

Ⅰ. ① 北… Ⅱ. ① 宋… ② 朱… Ⅲ. ① 电影事业—投资—研究报告—北京 ② 电影事业—融资—研究报告—北京 Ⅳ. ① G229.271

中国版本图书馆CIP数据核字（2022）第197974号

北京电影投融资发展报告

主　　编	宋维才　朱玉卿
执行主编	黄　杰　商　宁　姜　宣
责任编辑	尹春雪
校　　对	张　娜
版式设计	陈学兰
封面设计	赵冰波

出版发行	中国国际广播出版社有限公司［010-89508207（传真）］
社　　址	北京市丰台区榴乡路88号石榴中心2号楼1701
	邮编：100079
印　　刷	北京九天鸿程印刷有限责任公司

开　　本	710×1000　1/16
字　　数	270千字
印　　张	19.25
版　　次	2022 年 11 月　北京第一版
印　　次	2022 年 11 月　第一次印刷
定　　价	85.00 元

《北京电影投融资发展报告》编委会

序

深入研究电影投融资，助力电影强国建设

持续3年的新冠肺炎疫情，对国内外的影视行业都造成了很大影响，整个行业承受了巨大压力。2022年6月，国家相关部门将电影纳入需要帮扶的特困行业，在社保、养老保险费用缴纳等方面给予关照，影视行业生存之艰难可见一斑。但在国家电影主管部门和全体影视从业人员的努力下，中国电影依然展示出强大的韧性。2021年11月，国家电影局正式发布《“十四五”中国电影发展规划》，明确提出到2035年建成电影强国，坚定不移走高质量发展道路。在此背景下，深入开展关于电影投融资的探讨和交流，更加意义非凡。

在党的十九届五中全会上，党中央明确提出，到2035年，我国将建成文化强国。电影强国建设是文化强国的重要组成部分，也是中国电影持续高质量发展的重要保障。我常说，小棋子要放在大棋盘里才能发挥出重要作用。电影行业虽然在整个国民经济大棋盘里并不起眼，但只要与整个国家的大发展同频共振，就能发挥出它应有的作用。

放眼全球，我国的银幕数量已经超过8万块，观众规模也是其他国家无法相比的，已经成为世界重要的电影市场，这是中国电影得以繁荣发展的重要基础。随着我国城镇化步伐加快，城镇观影人群持续增长，目前适龄观影人群已经超过6亿人，2022年春节档所在的2月份，仍产出103亿

元票房。截至2022年8月，已经涌现出《长津湖之水门桥》《人生大事》《独行月球》等一批既叫好又叫座的影片，这充分说明，在电影强国建设和文化强国建设的大战略下，只要有高质量的影片，只要电影观众还在，我国电影就大有可为。

电影的繁荣发展，不仅能丰富人们的精神文化生活，对弘扬社会主义核心价值观也有非常重要的意义。当前，党中央国务院和国家电影主管部门对电影的高质量发展非常重视，在管理体制、产业政策等方面，做出了整体布局。我国电影行业已经走出最为艰难的探索阶段，开始步入高质量、高水平、工业化、技术化发展的新阶段。比如为应对新冠肺炎疫情，远程协同云制片、虚拟拍摄等方式逐步在电影的拍摄和后期制作中得以应用。这更需要资本市场，特别是专业资本和金融资本的大力支持。

与此同时，在国家文化产业政策的引导下，金融领域与以电影为代表的文化产业之间的互动和协同呈现出向好的趋势。近两年，中央和一些经济较发达省市公布和实施了一系列利好政策，鼓励金融机构加大对民营企业和小微企业支持力度，也帮助影视行业解决了面临的一些生存和发展的难题。

当然，金融资本与影视行业之间要达成深度合作，还需要进一步加大沟通交流力度。中国电影基金会为此专门成立了电影投融资发展专项基金，尝试做一些基础工作。两年前，在业界的大力支持下，我们开始针对电影投融资做深入调研，推出了年度《中国电影投融资发展报告》，引起金融领域和影视行业的高度关注。

2021年，受北京国际电影节组委会和北京市电影局的委托，我们针对北京市的电影投融资开展调研，并正式推出《北京电影投融资发展报告》。同时，组织了一系列线上线下的交流和研讨活动，对北京市的电影投融资状况进行摸底和探讨。

北京是全国文化中心，也是名副其实的电影中心，在制片、发行、版权交易以及后电影市场开发等方面有着无可比拟的优势。特别是在电影投融资方面，因为比较成熟的电影金融机构和头部影视企业云集北京，再加上一些重要的投资企业总部也在北京，这就为北京在电影投融资方面的先行先试创造了很好的条件。因此，对北京市的电影投融资状况及其对电影行业的促进作用进行专题调研并形成专业报告，对整个电影行业和金融领域、资本领域都有重要的影响和引导示范效应。

通过这样的专题调研，共同探讨投融资领域与电影行业的协同合作，为电影和金融之间搭建互通互联的新渠道，共同把握新时代文化大发展的新机遇，具有非常重要的价值和意义。希望这样的交流和分享，能对业界同仁有一定的启发，能引发大家的一些思考。

文运同国运相牵，文脉同国脉相连。文化是民族之本，电影是我们共同的事业，希望我们一起努力，共同为影视文化的繁荣发展贡献力量。

是为序。

张丕民

中国电影基金会理事长

2022年8月

目 录

第一章

2021 年全国及北京市电影产业概况

2021年，中国电影产业在疫情形势仍然充满不确定性的情况下表现出强劲的韧性，借助市场的规模优势和节假日观众的消费热情，全年实现票房收入472.58亿元，连续第二年位居全球单一市场票房冠军，彰显了中国的抗疫成绩和电影产业内循环的巨大潜力。

在极为复杂的形势下，2021年中国电影产业既充满希望又面临挑战。希望在于巨大的市场规模、观众高涨的观影热情以及对疫情后观影消费的预期；挑战则在于随时反弹的疫情以及优质片源的供应不足。2021年中国电影产业本有望延续因疫情而中断的良好发展态势，而且中国全年对疫情的控制也卓有成效，疫情反弹仅发生在局部地区，没有造成大面积的影院停产，但疫情对影片供给的影响超出预期，制约了市场恢复的效果。2021年中国全年实现票房收入472.58亿元，相当于疫情前最高纪录的74%，连续第二年超越北美地区位居全球单一市场首位。2021年中国全年生产故事片565部，加上其他类别共740部，虽然数量与疫情前相比仍有一定差距，但依然处在高位，且总体质量有所好转。新增银幕6667块，银幕总量达到82248块，院线观影人次达11.67亿，这些数据均远超北美地区。①得益于中国抗疫的出色表现，2021年中国电影产业在市场端的表现全球最佳，但这一成绩部分应归功于2020年春节档部分影片的推迟上映，因此，2021年中国电影产业的基本面并不乐观，尤其是电影企业的盈利能力

① 数据来源：国家电影局。

相比 2020 年并未有明显好转，行业融资也远没有恢复活跃状态。2021 年以电影为主营业务的上市公司中，仅中国电影、万达电影等少数几家依靠发行和院线业务实现小幅盈利，大部分仍未能摆脱亏损局面。

随着疫情进入第三个年头，疫情防控形势比以往更加复杂、严峻，区域性封控时有发生，这种不确定性对于电影产业而言影响是巨大的。现阶段，对疫情结束后中国电影产业重回增长轨道依然要有信心，但在疫情防控常态化背景下，如何让企业生存下去、如何维护产业链的完整是当前中国电影产业必须直面的挑战。

第一节　全国及北京市电影产业基本状况

中国电影市场经过 2020 年下半年的重启、恢复，各方对 2021 年自然寄予厚望。一方面是对中国疫情防控形势的乐观态度，另一方面是经过近几年的调整，中国电影产业的利空已经出尽，理应重回增长轨道。2021 年中国电影市场的开局的确令人倍感鼓舞，1 月份票房收入 33.29 亿元，与 2019 年 1 月份持平，2 月份票房收入 122.69 亿元，更是创下中国电影单月票房新纪录。[①] 遗憾的是由于优质影片供给受限，这种势头没能维持下去，除了国庆档延续了一贯的强势外，其他月份与疫情前相比下滑明显。2021 年中国电影市场高开低走的态势表明，当中国电影市场的规模足够大以后，市场需求与供给之间的矛盾将日益突出，如果没有足够多的优质影片来支撑这个体量巨大的市场，规模就会反噬利润，这从 2021 年度院线公司和影投公司紧张的财务状况不难看出。

2021 年中国电影总票房为 472.58 亿元（见图 1-1），其中国产片票房为 399.27 亿元，占总票房的 84.49%，进口片因为数量太少，延续了 2020 年

① 数据来源：猫眼电影专业版。

的弱势局面。全年新增银幕 6667 块，银幕总量达到 82248 块（见图 1-2），全年城市院线观影人次达 11.67 亿。2021 年全年共生产影片 740 部，其中故事片 565 部，动画片 50 部，纪录片 40 部，科教片 34 部，特种电影 12 部。故事片产量由 2020 年的 531 部小幅回升至 565 部，显示了疫情对影片生产影响的持续性（见图 1-3）。考虑到资本市场趋冷，虽然院线市场规模在不断扩张，但故事片产量要想恢复到疫情前的高点并不容易。

2021 年北京市疫情形势相对平稳，这为北京市电影行业的恢复创造了良好条件。2021 年北京市生产故事片 186 部，与 2020 年基本持平（见图 1-4）；电影票房收入 22.3 亿元，较 2020 年增加了 12 亿元，同比增长 116.50%（见图 1-5）；观影人次达 4224.4 万，较 2020 年增加 2107.30 万人次，同比增长 99.54%；银幕总数 2052 块，较 2020 年新增 136 块，同比增长 7.10%（见图 1-6）。[①]

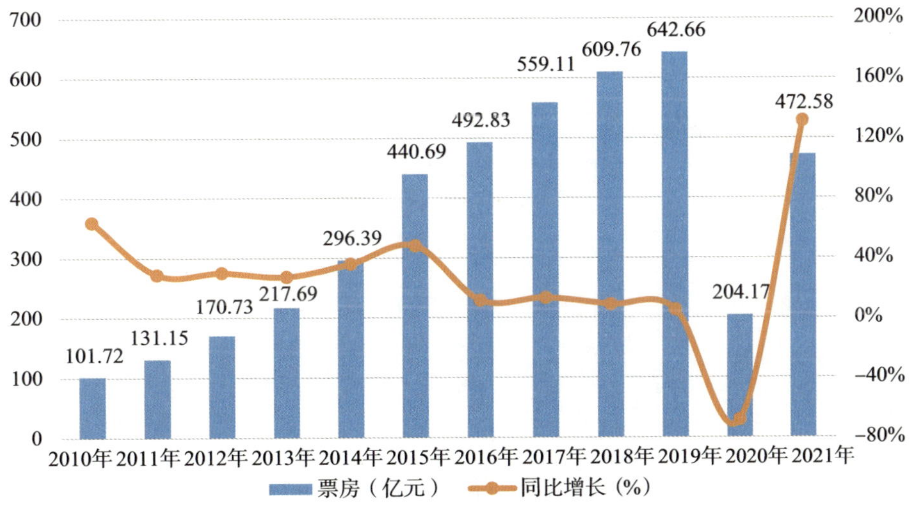

备注：自 2016 年度开始，票房含电商服务费。

图 1-1　2010—2021 年中国电影票房和增长率变化

① 数据来源：北京市统计局。

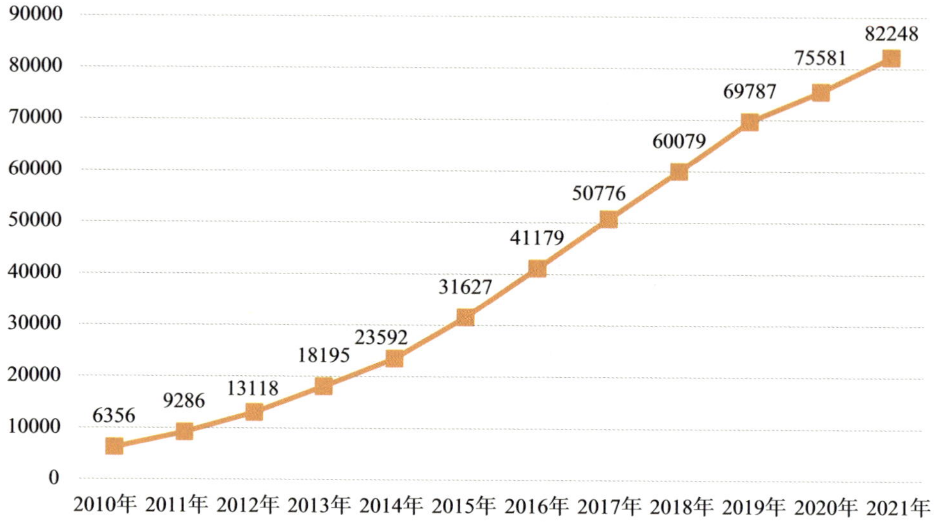

数据来源：国家电影局。

图 1-2　2010—2021 年中国电影银幕总数变化（单位：块）

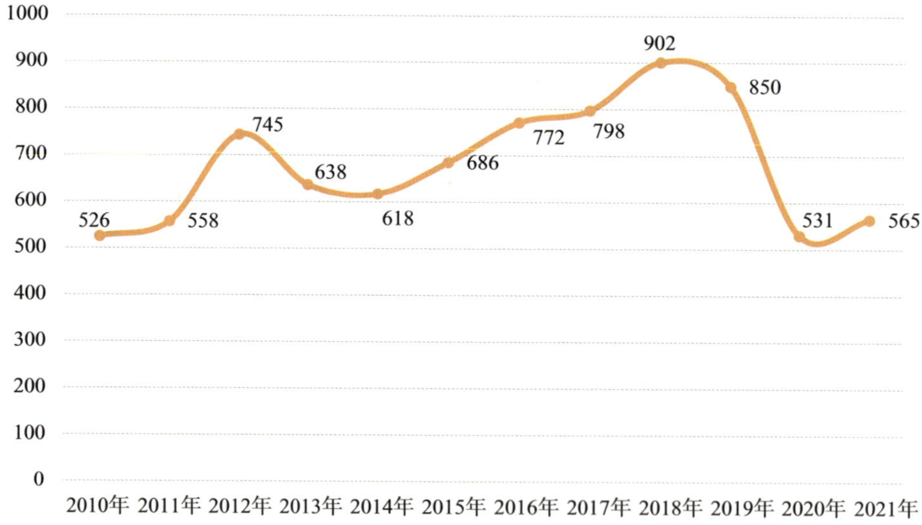

数据来源：国家电影局。

图 1-3　2010—2021 年国产故事片生产情况变化（单位：部）

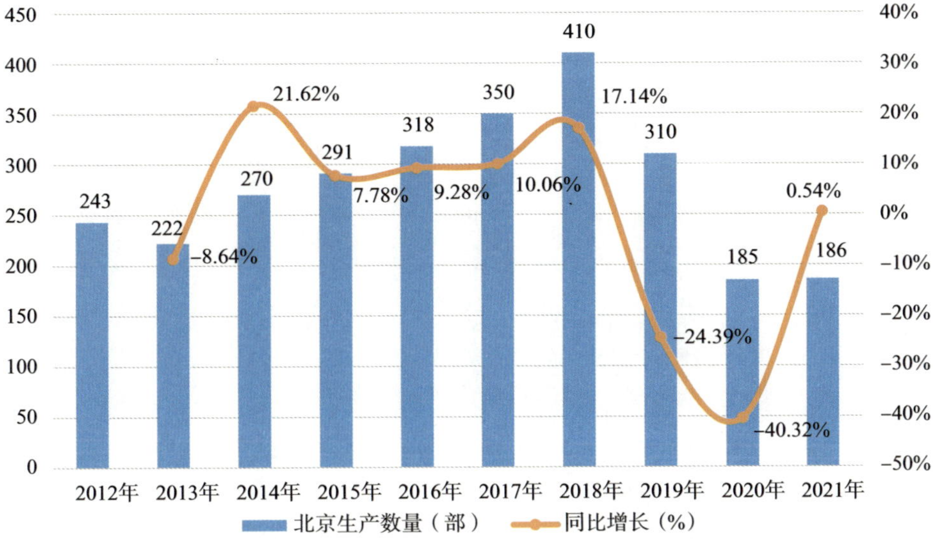

数据来源：北京市统计局。

图 1-4　2012—2021 年北京市故事片生产数量与增长率变化

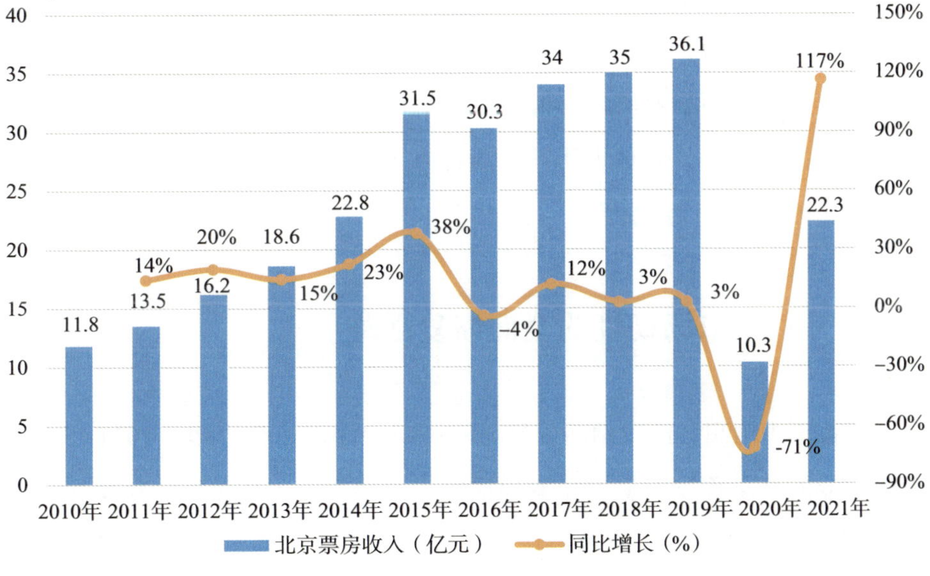

数据来源：北京市统计局。

图 1-5　2010—2021 年北京市电影票房与增长率变化

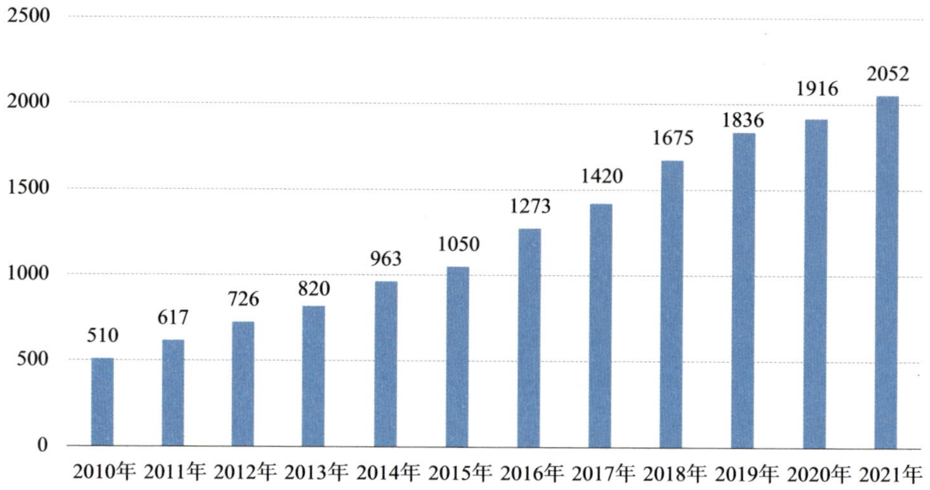

数据来源：北京市统计局。

图 1-6　2010—2021 年北京市电影银幕数量变化（单位：块）

北京是全国文化中心，也是名副其实的电影中心，北京市电影产业的发展状况，对全国电影产业的发展具有重要影响。虽然北京市电影市场在规模上并不占优势，但北京市在电影制片、发行、版权交易以及后电影市场开发等方面的中心地位是其他省份无法相比的。2021 年北京市除银幕数量继续保持增长外，其他电影产业指标并不乐观，说明疫情所带来的深层次影响非短期内可以恢复。

一、基于市场韧性的全面恢复之路

受益于中国高效的疫情防控措施和相对稳定的疫情形势，2021 年中国电影产业的恢复程度明显好于其他国家，总票房收入连续第二年位居世界单一市场首位。2021 年全球电影票房收入为 213 亿美元，较 2020 年增长 80.5%，其中北美地区电影票房收入为 45 亿美元，较 2020 年增长 104.5%（见图 1-7），中国电影票房收入为 73 亿美元（按年平均汇率 1 美元 =6.45 元人民币计算），较 2020 年增长 131%（见表 1-1）。2021 年中国电影票房收入总量与增幅均为世界第一，总量占比超过 1/3，为历史最高值。2021 年中国电影银幕数量增速虽然有所放缓，但仍实现了 8.2% 的增幅，总量达到 82248 块，远超北美地区的 43646 块（见图 1-8）。2021 年中国共生产各类影片 740 部，全年上映新片 572 部，美国全年投入制作的影片数量高达 943 部，但上映新片仅 387 部，显示美国电影市场恢复进程缓慢。①

数据来源：美国电影协会。

图 1-7　2017—2021 年全球电影票房情况分布（单位：亿美元）

表 1-1　2021 年全球电影票房收入前 20 名信息

序号	国家 / 地区	票房（亿美元）	序号	国家 / 地区	票房（亿美元）
1	中国	73	5	法国	8
2	美国 / 加拿大	45	6	俄罗斯	6
3	日本	15	7	韩国	5
4	英国	8	8	印度	5

① 数据来源：美国电影协会。

续表

序号	国家 / 地区	票房（亿美元）	序号	国家 / 地区	票房（亿美元）
9	澳大利亚	5	15	荷兰	2
10	德国	4	16	中国香港	2
11	墨西哥	4	17	巴西	2
12	西班牙	3	18	阿联酋	1
13	意大利	2	19	波兰	1
14	中国台湾	2	20	丹麦	1

数据来源：美国电影协会。

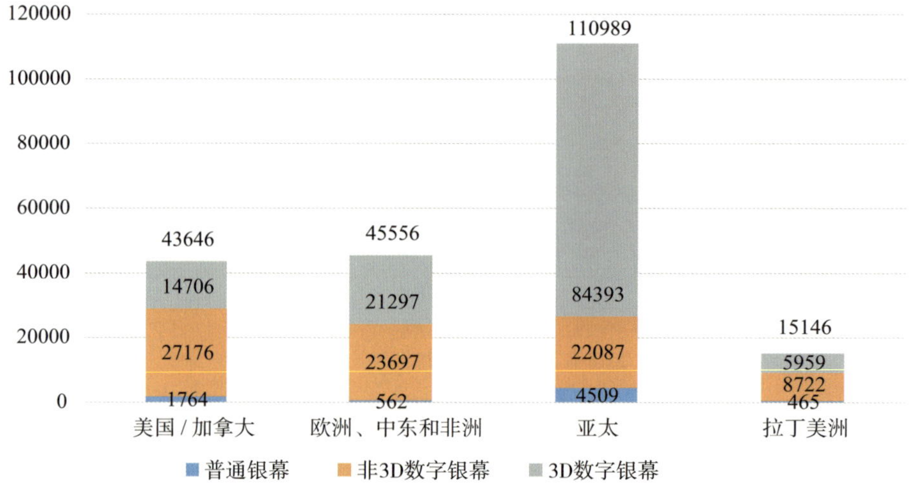

数据来源：美国电影协会。

图 1-8　2021 年全球电影银幕数量地区分布（单位：块）

2020 年下半年，中国电影市场率先开启恢复进程，在上座率受限、部分地区影院因疫情停业的情况下，仍然取得了超 200 亿元的票房成绩，充分显示了中国电影市场的韧性。尤其是 2020 年国庆档取得了 39.57 亿元票房这一史上第二高的成绩，使中国电影界备受鼓舞，对疫情后中国电影市场恢复增长充满信心。2021 年中国电影市场开局势头良好，春节档单日票房、档期票房均创下新的纪录，再一次证明了中国电影市场的巨大潜能。

之后虽然因为进口片数量锐减、疫情反复等因素未能继续取得突破，但全年主要靠国产片支撑起来的472.58亿元票房收入已经非常难得，与其他国家和地区相比，中国电影市场的恢复程度引起各方重视。

2021年中国电影银幕数量突破8万块，巨大的市场规模赋予了中国电影市场惊人的爆发力，这在春节档和国庆档表现得尤为明显。2021年春节档实现票房收入78.45亿元，较2019年的59.05亿元增长约32.9%；总观影人次达1.6亿，较2019年的1.32亿人次增长21.2%，均创造了新的纪录。2021年国庆档实现票房收入43.88亿元，与2019年的44.67亿元基本持平，观影人次达9365万，略低于2019年的1.16亿人次。2021年国庆档的市场表现部分受到了疫情反弹的影响，否则各项指标都还有提升的余地。靠着春节档和国庆档的出色表现，2021年2月份和10月份分别实现票房收入122.69亿元和75.77亿元，两个月获得198.46亿元的票房。[①] 2021年是进入后疫情时期的第一年，通过市场的表现可以看出，观众的消费热情并未受到疫情的抑制，只要市场保持开放并保证优质影片的供应，票房收入就能够继续保持增长。当然，后疫情时期的电影市场也表现出重点档期与普通档期热冷两极分化的趋势，这种趋势是否会持续及其内在原因仍需进一步观察。

2021年中国电影市场规模继续扩张。在院线方面，新增一条城市电影院线——文投（北京）电影院线有限公司，总量达到51条。2021年，万达院线以72.96亿元的票房收入继续保持领先地位，广东大地院线、上海联和院线分别以44.69亿元、36.24亿元位居第二、三位（见表1-2）。全年票房产出10亿元以上的院线有13条，排名前五的院线票房收入占比为47.15%，排名前十的院线票房收入占比为67.39%。与2020年相比，头部院线市场份额略有提升，市场集中度变化不大。2021年影院建设稳步推进，全年新建影院1106家，影院总量达14480家（见图1-9）。尽管疫情暴发后部分影院因经营

① 数据来源：猫眼电影专业版。

困难被迫关停，退出市场，但增量远超减量，中国电影市场仍保持了一定的扩张速度，持续扩大的市场规模是未来中国电影产业做大做强的基础。

表 1-2　2021 年中国院线票房收入前 10 名信息

序号	院线名称	票房（亿元）	占比	变化
1	万达院线	72.96	15.51%	0
2	广东大地院线	44.69	9.50%	0
3	上海联和院线	36.24	7.71%	0
4	中影数字院线	35.09	7.46%	0
5	中影南方院线	32.80	6.97%	0
6	广州金逸院线	20.63	4.39%	↑2
7	横店影视院线	20.50	4.36%	↓1
8	幸福蓝海院线	19.24	4.09%	↑1
9	中影星美院线	18.73	3.98%	↓2
10	华夏联合院线	16.10	3.42%	0

数据来源：国家电影专资办。

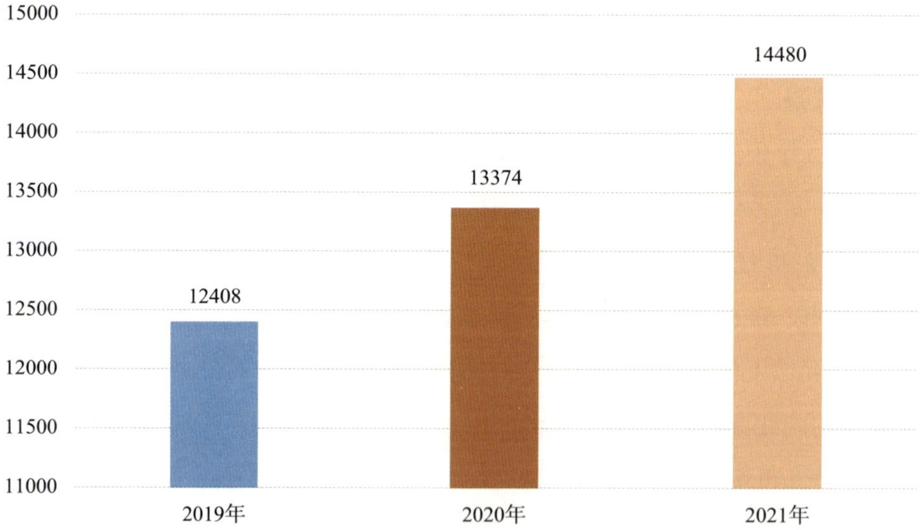

数据来源：国家电影专资办。

图 1-9　2019—2021 年中国影院数量变化（单位：家）

2021 年中国电影市场共发行新片 572 部，比 2020 年增加 263 部，超过 2019 年的 568 部。其中国产片 529 部，数量占比为 92.48%；国产片票房收入 399.27 亿元，占比 84.49%，均为历年最高值（见图 1-10）。票房过亿的影片共 59 部，其中国产片 42 部。2021 年进口片的数量与质量尚不及 2020 年，市场恢复的重任只能由国产片来承担，好在经过多年的竞争，国产片早已确立起对进口片的优势，才会有今天的局面。国产片在市场上的强势表现也符合当前中国电影产业发展的阶段性特点，因为外循环在短期内难有改观，强化内循环的主体地位是务实的选择。

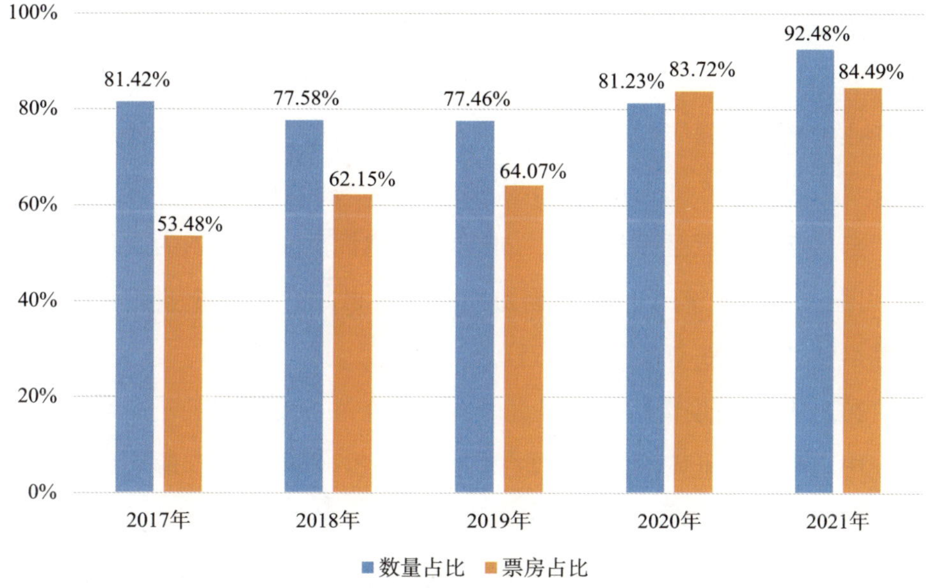

数据来源：国家电影专资办。

图 1-10　2017—2021 年中国上映国产片数量及票房占比变化

2020 年下半年以及 2021 年春节档中国电影市场良好的恢复态势对制片领域是极大的鼓舞。2021 年度制片领域的恢复程度也比较乐观，全年立项备案影片 2798 部，其中故事片 2490 部，动画片 99 部，纪录片 118 部，科教片 74 部，特种片 9 部，合拍片 8 部。2021 年立项备案影片数量与

2020年的2799部持平，显示中国电影立项备案数量连续多年下滑的态势有所缓解，只要疫情过去，就会恢复增长。2021年取得公映许可证的影片共740部，比2020年增加90部，增幅13.8%。

二、疫情持续状态下依旧艰难的行业基本面

2020年初新冠肺炎疫情暴发时，人们自然会把它与2003年的“非典”疫情相类比，以为持续半年、顶多一年就会彻底结束，因为现在的医学技术已经今非昔比，应该具备阻断、消灭病毒的能力。但事实证明这种猜想过于乐观了，虽然比“非典”时期多了疫苗这个武器，但此次病毒进化之快、传播方式之隐蔽远超预期。虽然中国坚持动态清零政策为电影产业的恢复赢得了时间和空间，但时不时区域性暴发的疫情和严格的防疫政策对电影产业全产业链的影响是显而易见的，投资下滑、片源减少，票房起伏不定且减量明显，电影行业也因此被国家列为受疫情影响的“困难行业”，需要各级政府进行扶持、救助，电影企业的税收、社保等给付义务也获得减免或延迟履行。

2021年中国疫情防控取得显著成效，在海外疫情仍处于高峰期的时候，中国电影产业率先恢复并取得良好成绩。但疫情外部输入风险和内部反弹风险始终存在，从生产端和消费端两个向度制约着中国电影产业的发展。尽管2021年中国电影产业各项指标恢复到2019年的70%左右，但市场的扩张和疫情造成的额外成本让全行业继续处于亏损状态，绝大部分企业都面临生存压力。在市场端，2021年中国电影票房总收入为472.58亿元，银幕数量82248块，根据这两个数据计算单银幕票房产出仅57万元，这个数值应该是除产业化改革最初两三年之后的最低值。考虑到实际营业的影厅数量少于相关统计数据，单银幕票房产出会有所提升，但提升幅度有限。虽然影厅的平均营业成本无从获取，

但对比历年数据，绝大部分院线公司和影投公司都很难摆脱亏损局面（见表 1-3）。

表 1-3　2019—2021 年中国影院经营效益指标比较一览

指标	2019 年	2020 年	2021 年		
	指标值	指标值	指标值	同比 2019 年	同比 2020 年
单影院票房产出（万元）	545.44	168.69	376.73	–30.93%	123.33%
单银幕票房产出（万元）	90.09	27.84	61.53	–31.70%	121.01%
单影院观影人次（万人）	14.7	4.56	9.35	–36.39%	105.04%
单银幕观影人次（万人）	2.43	0.75	1.53	–37.04%	104.00%
场次（万场）	12746.58	5773.88	12330.36	–3.27%	113.55%
场均人次（人）	13.56	9.51	9.47	–30.16%	–0.42%

数据来源：国家电影专资办。

2021 年电影企业的经营状况虽然比 2020 年有明显改善，但总体状况仍不乐观，以 28 家上市影视公司为例，扣除非经常性损益后的净利润（简称“扣非利润”）过亿元的仅有芒果超媒、捷成股份、华策影视和完美世界这 4 家，而且盈利靠的主要是综艺、剧集、游戏业务等，而非电影业务。在 28 家公司中，扣非利润为正的仅有 10 家，占比 35.7%，亏损的有 18 家，占比为 64.3%，而且总亏损额度远超总盈利额度（见表 1-4）。一般而言，影视类上市公司的抗风险能力和盈利能力要比非上市公司更强，上市公司的情况尚且如此，其他非上市公司，尤其是数以万计的小型影视公司的经营情况可想而知。

表 1-4　2021 年中国影视类上市公司经营情况一览

公司名称	营业总收入（亿元）	同比增长率（%）	归属母公司所有者的净利润（亿元）	同比增长率（%）	扣除非经常性损益后的净利润（亿元）
芒果超媒	153.56	12.04	21.14	6.66	20.6
捷成股份	37.27	17.07	4.31	134.83	2.6
华策影视	38.07	2	4	0.3	2.51
完美世界	85.18	−16.69	3.69	−76.16	1.02
中国电影	58.16	97.16	2.36	142.5	0.93
华录百纳	8.03	182.76	0.66	−40.94	0.38
祥源文化	2.47	6.2	0.18	−4.38	0.28
万达电影	124.9	98.4	1.06	101.59	0.13
唐德影视	4.76	139.27	0.19	123.89	0.1
中广天择	2.73	−8.65	0.22	193.66	0.05
中视传媒	11.88	52.64	−0.02	98.04	−0.11
上海电影	7.31	136.37	0.22	105.07	−0.24
横店影视	23.66	139.06	0.14	102.84	−0.45
鼎龙文化	6.54	47.06	0.04	−87.19	−0.81
ST 北文	2.98	−30.02	−1.33	82.62	−1.34
中南文化	4.82	24.49	2.07	57.85	−1.37
幸福蓝海	9.47	65.86	−1.7	56.14	−2.06
*ST 当代	1.75	−15.93	−1.45	−688.51	−2.29
慈文传媒	4.05	−39.88	−2.34	33.47	−2.35
浙文影业	24.52	44.86	0.85	108.34	−2.9
金逸影视	13.62	131.12	−3.56	29.65	−3.81
欢瑞世纪	3.88	109.71	−3.34	57.48	−3.86
光线传媒	11.68	0.74	−3.12	−207.09	−4.45
奥飞娱乐	26.44	11.66	−4.17	7.38	−4.91
文投控股	7.76	46.99	−7.18	79.26	−5.79
新文化	1.42	−57.96	−6.5	61.16	−6.4
当代文体	15.54	122.03	−9.78	49.24	−10.31
华谊兄弟	13.99	−6.73	−2.46	76.5	−10.73

数据来源：各公司财报。

2021 年，中国电影领域的投融资事件显著减少，投融资额度的降幅也很明显。根据艾媒咨询发布的《2021—2022 年中国影视行业发展状况及消费行为研究报告》，2021 年中国影视行业投融资资金规模为 46.2 亿元，处在近十年来的低位，尚不及 2020 年的 50%（见图 1-11）。在疫情形势企稳、全行业逐步恢复的进程中，投融资规模却大幅缩减，这是值得忧虑的。清华大学国家金融研究院文创金融研究中心发布的《后疫情时代（2020—2021）中国电影投融资报告》也证实了电影行业投融资规模大幅下滑的趋势。该报告统计了 2021 年 1 月至 10 月中国电影领域的私募股权融资事件，这 10 个月内共发生 28 起电影私募股权融资事件。如果据此推断全年的电影私募股权融资事件，则总量低于 2020 年的 50 起，也是 2013 年以来的最低值。2021 年中国电影投融资规模的减少对本年度的影响不会很明显，但对未来几年行业发展的影响很大，需要引起足够的重视。

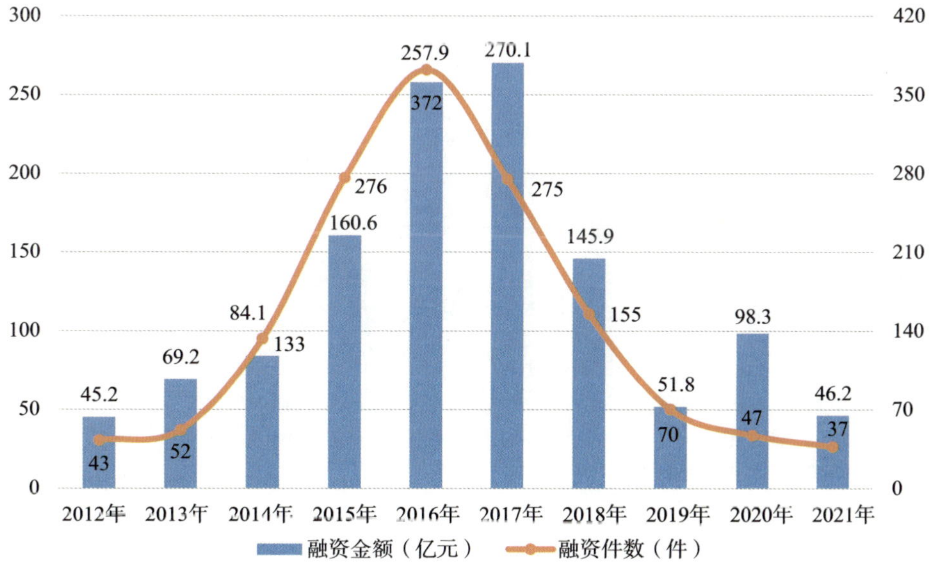

数据来源：艾媒咨询。

图 1-11　2012—2021 年中国影视行业投融资额度与数量变化

第二节 全国及北京市电影生产制作情况分析

从2020年下半年开始，各影视制作基地、剧组陆续复工，为2021年中国电影生产制作恢复增长打下了良好基础。2021年中国共生产各类影片740部，较2020年增长13.8%，其中故事片565部，比2020年增加34部；备案各类影片2798部，与2020年基本持平（见图1-12）。2021年中国疫情形势虽然相对平稳，但随时有可能卷土重来的疫情威胁深刻改变了国内外的生产制作环境，投拍影片的不确定性和风险上升，在一定程度上制约了电影生产企业的投融资规模和投拍影片的数量，尤其是高投资的商业类型片和合拍片数量下降明显。2019年合拍片备案数量为74部，2020年减至23部，2021年仅8部。

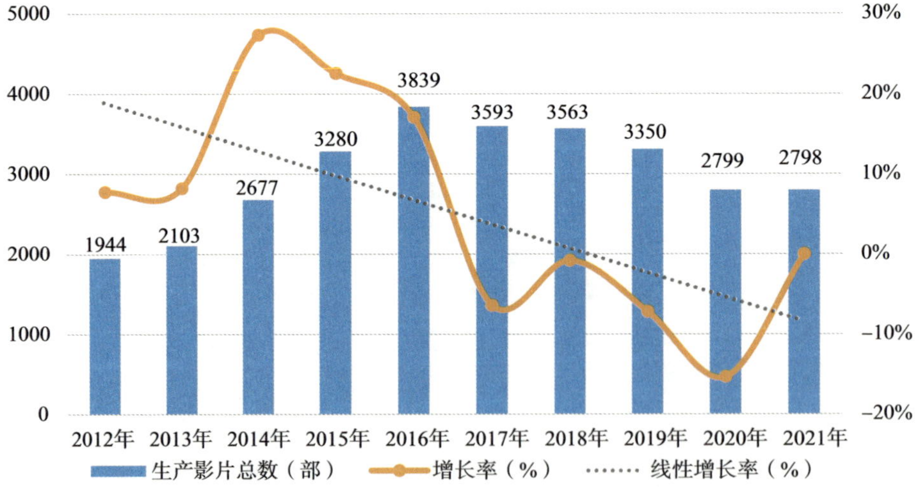

数据来源：国家电影局。

图1-12 2012—2021年中国电影备案数量与增长趋势

2021 年北京市共生产故事片 186 部，比 2020 年增加 1 部；备案各类影片 610 部，比 2020 年多 41 部，其中故事片 556 部，动画片 18 部，纪录片 22 部，科教片 12 部，特种片 1 部，合拍片 1 部。2021 年北京备案影片中变化最大的是合拍片，由 2020 年的 10 部降为 1 部（见图 1-13）。

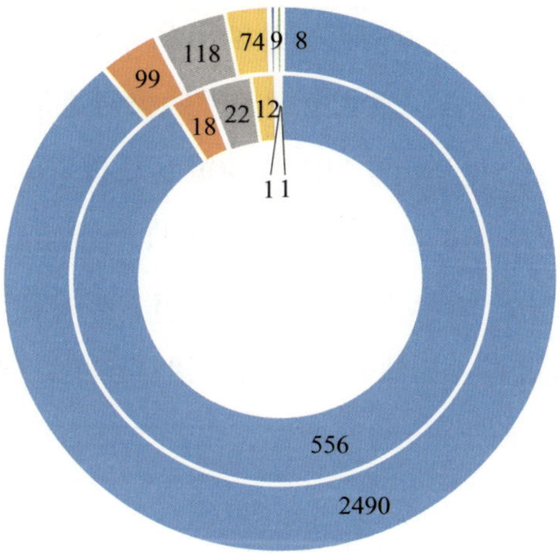

数据来源：国家电影局。

图 1-13　2021 年全国及北京市各类型影片备案数量分布（单位：部）

2021 年，受疫情冲击，中国电影制作领域多年来逐步建立起来的一套制片模式被迫做出调整，突出的表现是中外合拍片、内地与香港合拍片基本停滞，外景拍摄也受到很大限制，各投资方、制片机构不得不暂时回避大投资、大制作、长周期的商业类型片，短平快的现实主义电影和主旋律电影成为这一时期电影创作的主流。2021 年，中国电影备案数量和出品数量都处在近几年的低点，直接原因是疫情影响，深层原因则是近几年电影行业持续调整的局面。不过相对乐观的是，电影市场仍在稳步扩张，电影消费需求依然强劲，电影备案数量和出品数量已经有止跌回升的迹象，只要疫情形势彻底好转，电影行业的调整局面就会告一段落，中国电影产业的发展将会迈上一个新台阶。

一、制片企业聚焦头部影片

2021年，中国电影生产与制作的一个突出特点是各市场参与主体越来越倾向于组合成市场联合体，一部影片的出品方涵盖国有制片公司、民营制片公司、互联网平台企业、发行公司和院线公司是常态，政府宣传部门、国有媒体机构和国有企业开始参与影片的策划与投资，电影生产制作日益变成一项全产业链都参与的业务。例如，2021年度上映的影片中，《我和我的父辈》出品方高达36家，《唐人街探案3》和《你好，李焕英》出品方均为27家，票房冠军《长津湖》出品方相对较少，但也有16家。据统计，2021年票房排名前10位的国产片，出品方数量的均值为18.5家（见表1-5）。

当然，这一现象也并非最近才出现，2019年《我和我的祖国》出品方就已经达到创纪录的51家，只能说这种超多方参与的拼盘投资模式越来越成为行业共识。这种产业链上下游企业都积极参与制片投资的格局优势显而易见，一是风险共担，尤其是对那些投资额度较高的影片来说，投资方越多，抗风险能力自然就越强；二是聚合资源，从规划立项到制作、发行、终端营销都能在竞争中占据相对优势，获得最大市场份额。但这种以合力取胜的制片格局也反映出中国制片企业缺乏市场龙头的问题，同时也限制了制片企业的盈利能力，一部影片虽然取得了超预期的高票房，出品方获得的利润却十分有限。例如，根据上市公司北京文化发布的公告，尽管《你好，李焕英》的票房高达54.13亿元，但作为主投、主控方的北京文化获得的票房分成收入仅有1亿多元，扣除投资成本后，利润十分有限（主要原因是北京文化将影片发行权保底转让给恒腾网络）。另一家上市公司华谊兄弟是《你好，李焕英》的联合出品方，公告显示，华谊兄弟从该片获得的营收仅为 860 万—1031 万元，远低于人们对公司投中一部爆款电影的预期。

表 1-5　2021 年票房排名前 10 位国产片出品方情况一览

排名	影片	票房（亿元）	出品方	联合出品方	出品方数量
1	《长津湖》	57.72	博纳影业 / 八一电影制片厂 / 华夏电影 / 中国电影 / 上海电影 / 阿里影业 / 登峰国际	中航工业产融控股 / 华文映像 / 内蒙古电影集团等	16
2	《你好，李焕英》	54.13	北京文化 / 儒意影业 / 猫眼微影 / 精彩时间 / 新丽传媒 / 大碗娱乐 / 阿里影业	中国电影 / 摩天轮文化 / 横店影业等	27
3	《唐人街探案 3》	45.15	万达影视 / 壹同传奇 / 中国电影	淘票票 / 猫眼微影 / 大地时代等	27
4	《我和我的父辈》	14.76	中国电影 / 三次元影业 / 拾谷影业 / 登峰国际 / 青怡影视 / 真乐道文化 / 开心麻花影业	上海电影 / 烤拉文化 / 猫眼微影等	36
5	《怒火·重案》	13.29	银都机构 / 腾讯影业 / 英皇影业	猫眼微影 / 天下一 / 超级子弹影业等	8
6	《中国医生》	13.28	博纳影业 / 珠江电影 / 长江电影 / 中国电影 / 华夏电影 / 阿里影业	新湖财富投资管理 / 壹同传奇 / 猫眼微影等	25
7	《送你一朵小红花》	11.96	横店影视 / 联瑞影业 / 儒意影业 / 中国电影 / 腾讯影业 / 猫眼微影 / 嘉映春天影业 / 上海翘聚文化交流中心 / 胖小孩影视 / 不好意思影视 / 淘票票 / 悠蓝传媒等		15
8	《悬崖之上》	11.9	中国电影 / 英皇影业 / 上海电影 / 华夏电影	阿里影业 / 阿那亚影视 / 珠江影业等	10

续表

排名	影片	票房（亿元）	出品方	联合出品方	出品方数量
9	《刺杀小说家》	10.35	华策影业 / 自由酷鲸影业 / 阿里影业 / 聚合影联	融创未来文化娱乐 / 之升影业 / 猫眼微影等	17
10	《扬名立万》	9.19	猫眼影业 / 万合天宜 / 亭东影业	华文映像	4

数据来源：猫眼电影专业版。

二、主旋律电影渐成市场主流

2021 年，中国电影生产制作的另一个突出特点是主旋律电影在经过前几年商业化、类型化探索发展的基础上变得更加游刃有余，在主题表达、叙事、人物塑造、视觉效果等各方面都达到了国产电影的新高度，在市场上也屡创新的票房纪录。2021 年适值中国共产党成立 100 周年，国家电影局和各制片公司对主旋律献礼片非常重视，在资金、资源上给予倾斜，确保能够在重点档期如期上映。各创作团队也是全力以赴，大胆创新，精益求精，创作完成了《长津湖》《1921》《革命者》《中国医生》《我和我的父辈》《悬崖之上》《峰爆》《守岛人》等一批在思想性、艺术性、观赏性各方面都可圈可点的优秀影片。这些主旋律电影不仅在精神层面起到了涤荡心灵、鼓舞士气的效果，而且在市场上获得了很大成功，《长津湖》更是以 57.72 亿元的票房收入超越《战狼Ⅱ》成为中国影史新的票房冠军。尽管 2019 年庆祝新中国成立 70 周年时已经让人们见识到了主旋律电影的市场号召力，但 2021 年主旋律电影的整体市场表现和市场份额比 2019 年又进了一步，商业化、类型化的主旋律电影已经成为当下中国电影市场最具投资潜力的类型（见表 1-6）。近几年商业化主旋律电影在市场上的出色表现直接影响到主流影视公司的市场地位，像中国电影、博纳影业、华夏电影、阿里影业、登峰国际等主投、参投主旋律电影比较多的公司，其市场份额和盈利能力就相对乐观一些，而像华谊兄弟、光线传媒、万达影视、北京文化等专注商业类型片的公司，其市场份额较前几年下滑明显，经营业绩上也面临更大压力。

表 1-6　2017—2021 年票房收入超 10 亿元的主旋律电影一览

影片	票房（亿元）	出品方	年份	年度排名
《战狼Ⅱ》	56.84	登峰国际 / 捷成股份 / 春秋时代 / 嘲风影业 / 橙子映像	2017	1
《红海行动》	36.51	博纳影业 / 海政电视艺术中心 / 星梦工厂 / 英皇影业	2018	1
《我和我的祖国》	31.23	华夏电影 / 博纳影业 / 阿里影业等	2019	4
《中国机长》	29.04	博纳影业 / 阿里影业 / 华夏电影 / 中植企业	2019	5
《烈火英雄》	17.03	博纳影业 / 亚太华影 / 哥伦比亚电影 / 阿里影业 / 华夏电影	2019	8
《攀登者》	10.95	上海电影	2019	14
《我和我的家乡》	28.30	北京文化 / 中国电影 / 坏猴子 / 黎枫文化 / 万棠企管 / 拾谷影业 / 真乐道文化 / 壹同传奇 / 西虹市影视 / 橙子映像	2020	2
《金刚川》	11.26	中国电影 / 七印象影视 / 郭帆影业 / 自由酷鲸影业 / 华夏电影 / 华谊兄弟	2020	4
《长津湖》	57.72	博纳影业 / 八一电影制片厂 / 华夏电影 / 中国电影 / 上海电影 / 阿里影业 / 登峰国际	2021	1
《我和我的父辈》	14.77	中国电影 / 三次元影业 / 拾谷影业 / 登峰国际 / 青怡影视 / 真乐道文化 / 开心麻花影业	2021	4
《中国医生》	13.28	博纳影业 / 珠江电影 / 长江电影 / 中国电影 / 华夏电影 / 阿里影业	2021	7
《悬崖之上》	11.90	中国电影 / 英皇影业 / 上海电影 / 华夏电影	2021	10

数据来源：猫眼电影专业版。

三、拥抱技术变革，制片新势力崛起

2021 年，中国电影生产制作领域面对疫情冲击和新的技术背景、市场环境，开始积极寻求改变，以期能够建立新的决策机制、生产机制和营销体系。首先，大数据、人工智能越来越多地应用于项目决策系统。一部电影从投资立项到宣发、上映，从依靠直觉和经验转变到利用数据挖掘和人工智能进行决策。其次，整个电影生产制作过程基本已经实现全数字化管理，阿里影业的“云尚制片”、蒙太奇科技的“非幕制片”等本土化制片管理软件使中国电影生产制作的工业化制作水准有了显著提升。最后，受疫情限制和 5G、虚拟技术发展的双重影响，中国电影制作更多地采用虚拟制作技术，除了越来越多地使用蓝（绿）幕特效外，各影视基地又竞相开建虚拟摄影棚，先后有多个 LED 数字虚拟摄影棚、VR 数字虚拟摄影棚建成并投入使用，例如横店影视城的 LED 虚拟摄影棚、上海长三角国际影视中心的 LED 虚拟摄影棚、北京柏莱特影视文化产业园的 BLUEBOX xR Studios 虚拟摄影棚等。

网络与数字技术能在一定程度上克服疫情对电影制作、发行的限制，中国电影也因此加速了与网络和数字技术融合的进程。与此同时，网络视频平台及其关联公司也越来越多地介入电影生产制作，以此来获得内容，提升平台竞争力。2021 年，除阿里影业、腾讯影业、猫眼、淘票票等继续积极参与电影投资、制作、发行以外，短视频平台抖音、视频网站哔哩哔哩以及字节跳动、泡泡玛特等也开始参与电影生产制作。这些网络公司凭借各自的平台优势、资金优势和资源优势，在电影生产制作中左右逢源，从长远看，将会对中国电影生产制作格局产生重要影响。2021 年，在有票房纪录的国产电影中，阿里影业出品 8 部，联合出品 3 部；腾讯影业出品 5 部，联合出品 3 部；猫眼出品 19 部，联合出品 16 部；淘票票出品 5 部，联合出品 5 部；抖音出品 3 部，联合出品 9 部；哔哩哔哩出品 3 部，联合出品 2 部；泡泡玛特联合出品 2 部。[①] 这些网络平台及其关联公司具有渠道、流量优势，资金方面也非一般的电影公司可比，抗风险能力更强，但能否成为左右中国电影发展的关键力量，尚有待观察。

2021 年，国际和国内形势比较特殊，中国电影生产制作和市场格局都发生了深刻变化。在生产制作方面，与前几年相比，国产电影的价值导向功能越来越受到重视，主旋律电影在市场上的强势表现进一步强化了这一共识，于是就形成了竞相投拍主旋律电影的局面。不仅国有制片机构悉数参与，民营公司、国有媒体机构、国有企业的参与热情也非常高。由于 2021 年主旋律电影票房占比较高，因此是否主投、参投主旋律电影对各制片机构的业绩影响较大。此外，商业片依然占据最大的市场份额，不过 2021 年商业片票房过于集中，《你好，李焕英》和《唐人街探案 3》两部电影的票房收入就接近 100 亿元，其他商业片单片票房收入最高的也只有 10 亿元左右，这意味着 2021 年度绝大部分商业片要实现盈利非常困难，因为目前商业片的投资规模过亿元甚至几亿元已很正常。

2021 年出品电影票房最高的制片机构是中国电影，共出品电影 24 部，累计票房 239.60 亿元，占同期国产片票房总额的 60.01%，市场份额同比 2020 年、2019 年分别提升了 27% 和 42%。[②] 其中主投主控的《悬崖之上》《峰爆》《穿过寒冬拥抱你》分别取得五一档、中秋档和元旦档票房冠军。博纳影业 2021 年出品影片数量并不算多，仅 6 部，但票房累计近 100 亿元，且多为主投主控项目，从投资收益看，无疑是年度最佳。万达影视 2021 年共出品 9 部电影，其中主投主控 6 部，票房累计超 50 亿元，不过《唐人街探案 3》属于推迟上映，其余影片票房收入有限。北京文化 2021 年只出品了一部电影《你好，李焕英》，票房收入 54.13 亿元，与万达影视规模相当，但由于北京文化投资额度有限且该片实行保底发行，所以北京文

① 数据来源：猫眼电影专业版。

② 数据来源：中国电影股份有限公司2021年年度报告。

化从本片获得的收益十分有限。2021年横店影视在电影生产制作方面大有后来居上之势，出品了14部电影，累计票房超100亿元，主投主控的《送你一朵小红花》是2021年度票房收入最高的青春片。2021年度国产动画电影票房总收入约30亿元，追光影业与追光动画出品的《白蛇2：青蛇劫起》和《新神榜：哪吒重生》票房总收入超10亿元，是2021年度成绩最好的动画电影。在动画制片领域公认实力最强的光线传媒2021年度动画作品空缺，仅发行了一部进口动画片《崖上的波妞》。2021年受疫情、公司自身经营状况和国际、国内大环境的影响，中国的制片企业加速洗牌，华夏电影、联瑞影业、儒意影业、华策影业等传统上以电影发行或者电视剧制作为主业的公司开始参与电影投资、制作，且成绩较好，而前些年市场份额较大的万达影视、光线传媒、华谊兄弟、北京文化等则给人断档、青黄不接之感。

2021年，国产片票房收入超亿元的共50部，其中超50亿元的2部、超40亿元的1部，这几项指标比2019年更加亮眼，唯一令人感到遗憾的是票房收入在15亿—45亿元这个区间的影片空缺，而2019年在这个区间的影片有6部。头部影片更强，腰部上段影片出现断层从而使国产片票房分布呈不均衡状态是2021年度国产片的一个突出特点。究其原因，一是疫情导致重点影片投资数量下降、制作延迟，供给受限；二是电影消费向长假档期中少数几部影片集中的趋势在2021年度尤为明显。2021年在进口片仍然没有多大起色的情况下，国产片集体发力，稳住了中国电影市场大局，以最佳成绩为全球电影市场恢复提供了中国经验，这值得中国电影人自豪。2021年中国电影在创作上也实现了新突破，尤其是主旋律电影与类型片的融合达到一个新高度，《长津湖》（战争）、《悬崖之上》（动作/悬疑）、《峰爆》（动作/灾难）等影片超越了前些年主旋律电影主要靠明星拼盘来吸引观众的策略，在叙事、人物塑造、动作、场面、特效等各方面都有显著提升，获得各层面观众的一致认可，为主旋律电影真正成为市场主流做出了有益探索。此外，2021年度喜剧片、系列片、青春片、动画片的成绩也可圈可点，现实主义创作渐成主流创作手法，电影与生活体验的共鸣进一步强化，电影创作道路得以拓宽，这些都为下一阶段中国电影产业发展迈上新台阶夯实了基础。

第三节　全国及北京市电影发行与放映情况分析

根据国家电影专资办发布的《2021 年度中国电影市场数据报告》，2021 年中国全年上映新片 572 部，其中国产片 529 部，数量占比 92.48%；国产片总票房 399.27 亿元，占比 84.49%，成为后疫情时期中国电影市场绝对的主角（见图 1-14）。相比之下，北美电影市场 2021 年全年上映新片仅 387 部，中国电影市场的恢复程度明显领先于海外市场。2021 年中国全年实现票房收入 472.58 亿元，同比增幅 131.46%；全年城市院线观影人次达 11.67 亿，同比增幅 112.96%；全年放映场次 1.23 亿场，同比增幅 113%。2021 年中国电影票价涨幅明显，同比涨幅约 9%，这也是近五年涨幅最大的一年，主要原因是疫情带来的上座率限制。涨价虽然可以直接提升票房收入，但也是一把双刃剑，一方面会显著影响对价格比较敏感的观众的观影积极性；另一方面也会加剧重点影片与普通影片、重点档期与普通档期的分化。

2021 年，北京市电影票房收入 22.3 亿元，同比增长 116.50%；观影人次为 4224.3 万，同比增长 99.49%（见图 1-15）；放映场次 335.0 万场，同比增长 133.12%（见图 1-16）。2021 年北京市电影平均票价为 52 元，较 2020 年平均票价 48 元涨幅 8.33%（见图 1-17）。作为一线城市，北京市的电影票价明显高于全国平均票价，也是一线城市中票价最高的。2021 年共有 28 条院线、34 家影投公司在北京开展业务。[①]

① 数据来源：猫眼电影专业版。

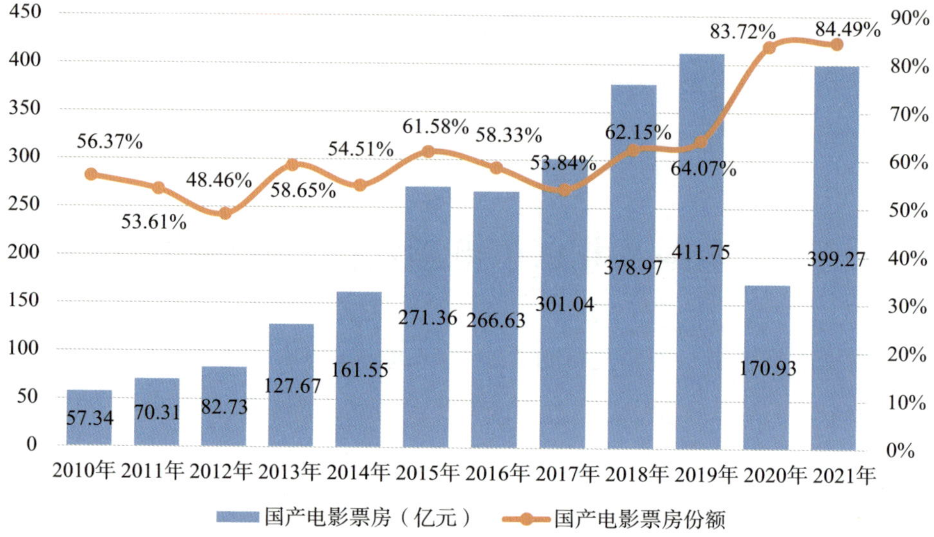

数据来源：国家电影专资办。

图 1-14　2010—2021 年国产片票房与市场份额变化

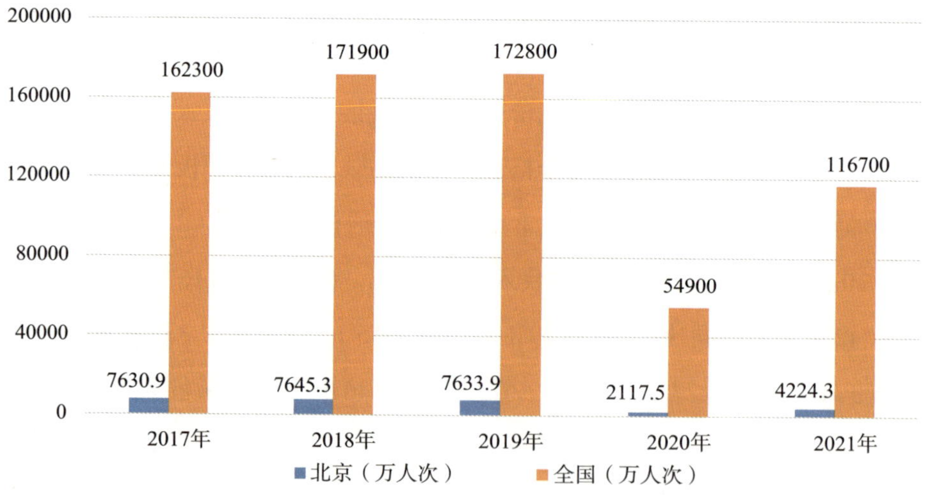

数据来源：国家电影专资办。

图 1-15　2017—2021 年北京市及全国观影人次变化

数据来源：国家电影专资办。

图 1-16　2017—2021 年北京市及全国放映场次变化

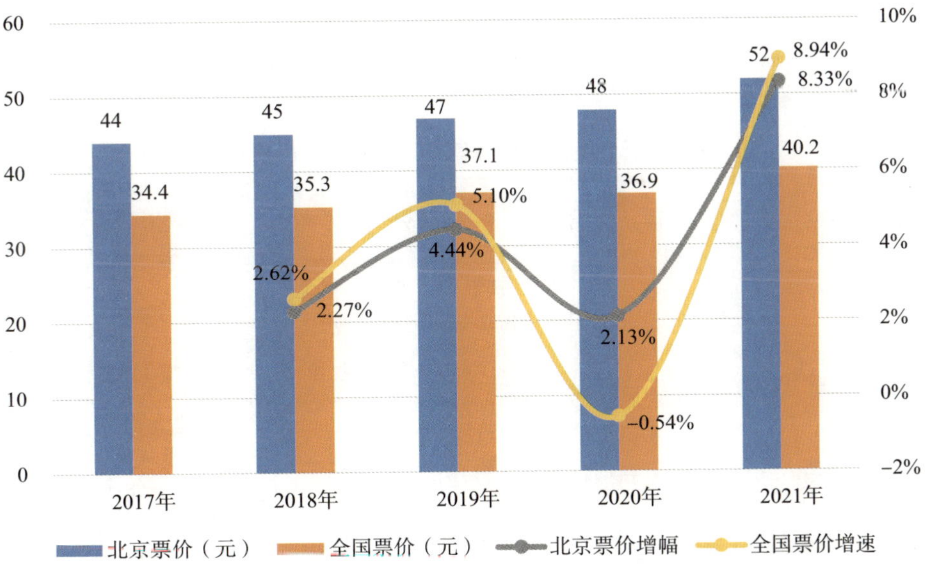

数据来源：国家电影专资办。

图 1-17　2017—2021 年北京市及全国平均票价变化

一、电影发行概况

2021 年，中国电影发行领域的格局变化不大，头部的几家发行公司继续保持行业领先位置，互联网电影企业继续向制片、发行等上游领域渗透。2021 年尽管进口片数量锐减，但中影的优势依然非常明显。2021 年票房排名前 20 位的影片中，中影主发的有 9 部，联合发行的有 5 部，这 14 部影片的票房总收入高达 267.81 亿元，约占全年票房总收入的 57%。在民营发行公司中，博纳影业 2021 年度的市场表现最好，凭借制发一体的优势，单是《长津湖》和《中国医生》两部主发影片的票房收入就超 70 亿元。2021 年，互联网电影企业也更多地参与到影片发行工作中。猫眼、淘票票两家电商平台以及阿里影业、腾讯影业、腾讯影视、爱奇艺影业等具有网络背景的公司几乎参与了所有重点国产片的出品与发行。此外，部分院线公司也凭借渠道优势参与到电影发行中。不同背景的发行公司共同参与同一部影片的发行，聚合资源、优势互补，已经成为目前主流的发行模式（见表 1-7）。

表 1-7　2021 年票房排名前 10 位影片发行信息一览

排名	影片	票房（亿元）	发行公司	联合发行公司
1	《长津湖》	57.72	博纳影业 / 华夏电影 / 中国电影 / 阿里影业	—
2	《你好，李焕英》	54.13	中国电影 / 猫眼微影 / 精彩时间 / 儒意影视	新丽传媒 / 北京文化 / 横店影业 / 联瑞影业
3	《唐人街探案 3》	45.15	万达影视 / 五洲发行	中国电影 / 人间指南 / 淘票票 / 壹同传奇等
4	《我和我的父辈》	14.77	中国电影 / 联瑞影业 / 人间指南	淘票票 / 猫眼微影
5	《速度与激情 9》	13.92	中国电影 / 华夏电影	—

续表

排名	影片	票房（亿元）	发行公司	联合发行公司
6	《怒火·重案》	13.29	腾讯影业 / 腾讯影视 / 猫眼微影 / 英皇电影 / 英皇影视	中国电影 / 中国电影北京分公司 / 中影数字
7	《中国医生》	13.28	博纳影业	博纳影业 / 中国电影 / 猫眼微影 / 阿里影业
8	《哥斯拉大战金刚》	12.33	华夏电影 / 中国电影	—
9	《送你一朵小红花》	11.96	中国电影 / 联瑞影业 / 联瑞小树苗 / 厦门联瑞影业	—
10	《悬崖之上》	11.90	中国电影 / 英皇电影 / 英皇影视 / 联瑞影业	上海电影 / 猫眼微影 / 淘票票 / 华夏电影

数据来源：猫眼电影专业版。

二、院线、影投公司和影院概况

（一）院线发展状况

2021 年，中国新增加一条院线，院线总量达到 51 条。2021 年院线市场格局变化不大，与 2020 年相比，排名前 5 位的院线位置不变，第 6—10 名的位置也仅是内部微调，没有新的面孔挤进前 10 位。

排名第一的万达院线已经连续 14 年高居榜首，广东大地院线和上海联和院线连续 6 年分列第二、第三的位置。2021 年，这三家头部院线票房产出超 150 亿元，约占全年票房总收入的 1/3，排名前 10 位的院线票房总产出为 316.91 亿元，市场份额占比超 67%。票房产出超 30 亿元的院线有 5 家，超 10 亿元的有 13 家，票房产出不足 5 亿元的院线多达 31 家，市场有进一步向头部院线集中的趋势（见表 1-8）。

2021 年，以全国艺术电影放映联盟（简称“全国艺联”）为代表的艺术院线发展情况良好。截至 2021 年底，全国艺联加盟影院 2894 家，加盟银幕 3465 块，覆盖 300 座城市。① 以全国艺联为代表的艺术院线为中国电影市场的多样化发展发挥了积极作用。

北京市院线公司的经营状况与全国院线市场格局有所不同。全国排名第 17 位的北京新影联院线凭借地利优势，已经连续多年位居北京院线票房榜榜首。2021 年，北京新影联院线北京市观影人次为 751.8 万，占北京市总观影人次的 17.8%，票房产出 3.80 亿元，占北京市票房总收入的 17.0%，均大幅领先其他院线（见表 1-9）。2021 年，北京新影联院线北京市票房收入占本院线票房总收入的 58.7%，而全国排名第 16 位的博纳院线这一数据仅为 14.7%，北京市场对北京新影联院线的重要程度可见一斑。②

表 1-8　2021 年全国院线票房排名情况一览

排名	同比变化	院线名称	综合票房（亿元）	人次（万次）	平均票价（元）
1	–	万达院线	72.96	16700.0	43.7
2	–	广东大地院线	44.67	11400.0	39.3
3	–	上海联和院线	36.24	8172.7	44.3
4	–	中影数字院线	35.08	8975.4	39.1
5	–	深圳中影南方院线	32.81	8347.4	39.3
6	↑2	广州金逸珠江院线	20.62	5089.0	40.5
7	↓1	横店院线	20.49	5188.6	39.5
8	↑1	江苏幸福蓝海院线	19.21	4828.3	39.8
9	↓2	中影星美院线	18.73	4747.7	39.5

① 数据来源：全国艺术电影放映联盟。

② 数据来源：猫眼电影专业版。

续表

排名	同比变化	院线名称	综合票房（亿元）	人次（万次）	平均票价（元）
10	–	北京华夏联合院线	16.10	4099.8	39.3
11	–	浙江时代院线	13.81	3510.8	39.4
12	–	四川太平洋院线	11.86	3095.7	38.3
13	–	重庆保利万和院线	10.08	2484.2	40.6
14	–	河南奥斯卡院线	8.99	2375.5	37.9
15	–	北京红鲤鱼院线	8.93	2261.4	39.5
16	–	博纳院线	8.01	1853.1	43.2
17	–	北京新影联院线	6.47	1468.8	44.1
18	↑1	辽宁中影北方院线	5.89	1605.8	36.7
19	↓1	湖北银兴院线	5.81	1576.1	36.9
20	↑3	完美世界院线	5.04	1322.8	38.1
21	↓1	北京长城沃美院线	4.89	1179.3	41.5
22	↓1	上海华人文化院线	4.79	1089.2	44.0
23	↓1	浙江星光院线	4.71	1170.2	40.3
24	–	恒大嘉凯院线	4.57	1195.6	38.3
25	–	湖南潇湘院线	3.77	1007.6	37.4
26	–	武汉天河院线	3.75	914.2	41.1
27	–	深圳深影橙天院线	3.52	933.0	37.8
28	↑1	湖南楚湘院线	3.46	949.8	36.5
29	↓1	上海大光明院线	3.44	827.1	41.6
30	↑2	山东奥卡新世纪院线	3.01	819.4	36.8
31	↑3	福建中兴院线	2.88	757.8	38.1
32	↓1	河北中联院线	2.77	742.5	37.4
33	↓3	北京九州中原院线	2.62	678.4	38.7
34	↑2	江西星河院线	2.52	684.6	36.8

续表

排名	同比变化	院线名称	综合票房（亿元）	人次（万次）	平均票价（元）
35	↓2	吉林吉影院线	2.37	653.5	36.4
36	↓1	温州雁荡院线	2.32	605.1	38.4
37	–	江苏东方院线	1.99	525.4	37.9
38	–	世纪环球院线	1.57	397.4	39.7
39	–	山东文旅集团院线	1.26	340.8	37.0
40	–	天津银光院线	1.13	311.0	36.6
41	↑1	内蒙古民族电影院线	0.92	261.3	35.2
42	↓1	中广国际院线	0.90	241.2	37.2
43	–	贵州星空院线	0.88	225.9	39.0
44	↑2	新疆华夏天山院线	0.80	206.7	38.5
45	–	四川峨眉院线	0.77	216.8	35.6
46	↑1	甘肃新视界院线	0.69	196.5	35.3
47	↓3	华夏新华大地院线	0.63	157.3	40.3
48	–	西安盛典长安院线	0.59	168.0	34.8
49	新	文投电影院线	0.53	134.8	39.6
50	–	新疆维吾尔自治区院线	0.14	32.8	43.3
51	↓2	上海弘歌院线	0.08	19.3	42.4

数据来源：猫眼电影专业版。

表 1-9　2021 年北京市票房收入排名前 10 位院线主要数据一览

排名	名称	综合票房（亿元）	人次（万次）	平均票价（元）
1	北京新影联院线	3.80	751.8	50.6
2	万达院线	2.56	439.2	58.4
3	中影星美院线	1.74	331.3	52.6
4	广东大地院线	1.68	319.6	52.7

续表

排名	名称	综合票房（亿元）	人次（万次）	平均票价（元）
5	重庆保利万和院线	1.58	315.2	50.3
6	中影数字院线	1.40	262.6	53.7
7	广州金逸珠江院线	1.23	211.6	58.2
8	博纳院线	1.18	219.2	54.1
9	北京华夏联合院线	1.06	216.6	49.4
10	上海联和院线	0.97	204.2	47.6

数据来源：猫眼电影专业版。

2021 年，北京市票房收入排名前 10 位的院线共产出票房 17.2 亿元，占北京市票房总收入的 77.1%；总观影人次为 3271.3 万，占北京市总观影人次的 77.4%，这两个数据均显著高于全国水平，说明北京市票房收入、观影人次向头部院线集中的现象更突出。

（二）影投公司发展状况

2021 年，全国票房排名前 20 位的影投公司位次变化不大，万达、大地、横店三家影投公司稳居前三。万达影投的票房收入和观影人次与其他公司相比优势巨大，大地影投虽然排名第二，但票房收入和观影人次仅为万达影投的 1/3 左右。与疫情前的 2019 年相比，2021 年大部分影投公司的票房收入都有所下降，在全国排名前 20 位的影投公司中，万达影投降幅最小，仅下降了 17.58%，降幅最大的是耀莱影投，下降了 54.62%。耀莱影投票房收入降幅大的主要原因是旗下曾经的全国影院票房冠军耀莱成龙影城（五棵松店）于 2020 年停业。也有少数规模较小的影投公司因新影院开业票房收入实现增长，如星铁影投和万影影投 2021 年票房收入较 2019 年分别上涨了 68.60% 和 31.37%（见表 1-10）。

表 1-10　2021 年全国票房前 20 位影投公司主要数据一览

排名	同比变化	名称	2021 年票房（亿元）	较 2019 年票房变化	2021 年观影人次（万人）
1	–	万达影投	70.19	↓17.58%	16100
2	–	大地影投	22.26	↓36.24%	5494.4
3	–	横店影投	17.76	↓23.12%	4480.2
4	–	CGV 影投	12.65	↓30.46%	2579.2
5	↑1	金逸影投	11.47	↓35.16%	2730.9
6	↓1	中影影投	10.90	↓40.63%	2713.0
7	↑4	星轶影投	8.70	↑68.60%	2042.9
8	↓1	博纳影投	8.52	↓32.97%	1916.1
9	↓1	幸福蓝海影投	8.14	↓26.27%	2077.5
10	↓1	百老汇影投	6.34	↓35.17%	1138.6
11	↓1	UME 影投	5.81	↓30.00%	1336.1
12	↓1	SFC 影投	5.28	↓37.66%	1079.4
13	↑2	保利影投	4.58	↓42.53%	1090.0
14	–	卢米埃影投	4.41	↓39.42%	988.8
15	↓2	耀莱影投	4.37	↓54.62%	1093.4
16	–	嘉凯影投	4.25	↓29.28%	1096.9
17	–	太平洋影投	3.74	↓40.73%	997.5
18	–	红星美凯龙影投	3.35	↓48.30%	739.0
19	↑2	万影影投	3.35	↑31.37%	657.8
20	↑3	完美世界影投	2.95	↓33.71%	794.7

数据来源：猫眼电影专业版。

2021 年北京市影投公司的排名情况基本稳定，万达影投在票房收入和观影人次方面优势明显。票房排名前 10 位的影投公司中，首都电影院与华联影投对北京市场的依赖度较高，北京市业务占比超过 50%，万达影投、大地影投、CGV 影投对北京市场的依赖度较低，北京市业务占比低于 5%，其他影投公司的北京市业务占比在10%—20%（见表1-11）。北京作为全国文化中心，市场相对成熟，票价又比其他地区高，重要的影投公司都力争在北京占据一席之地。

表1-11　2021年北京市票房前10位影投公司主要数据一览

排名	同比变化	名称	票房（亿元）	北京业务占比	观影人次（万人）
1	–	万达影投	2.62	3.73%	450.6
2	–	博纳影投	1.18	13.85%	219.2
3	↑1	金逸影投	1.08	9.42%	183.7
4	↓1	首都电影院	0.94	87.04%	172.6
5	↑3	大地影投	0.93	4.18%	175.0
6	–	耀莱影投	0.92	21.05%	193.3
7	–	保利影投	0.92	20.09%	192.9
8	↓3	UME影投	0.79	13.60%	115.5
9	↑1	华联影投	0.68	60.18%	138.8
10	↓1	CGV影投	0.62	4.90%	100.5

数据来源：猫眼电影专业版。

（三）影院发展状况

2021年，中国影院建设继续保持增长态势，新增影院1034家、银幕6667块，银幕总量达到82248块（见图1-18）。与2019年相比，单影院、单银幕票房产出恢复约70%，观影人次恢复到63%（见图1-19）。

2021年，全国票房收入排名前10位的影院位次变动较大，武汉摩尔国际电影城排名上升6位，新进入前10位，排名第7位；南京新街口国际影城则下降6位，排名第8位；北京UME影城（双井店）排名下降8位，跌出前10位。票房收入排名前20位的影院中，深圳CINESKY新天影院提升幅度最大，较2019年提升了15名；南昌万达影院（南昌红谷滩IMAX店）和上海百丽宫影城（环贸iapm店）均为新上榜影院（见表1-12）。

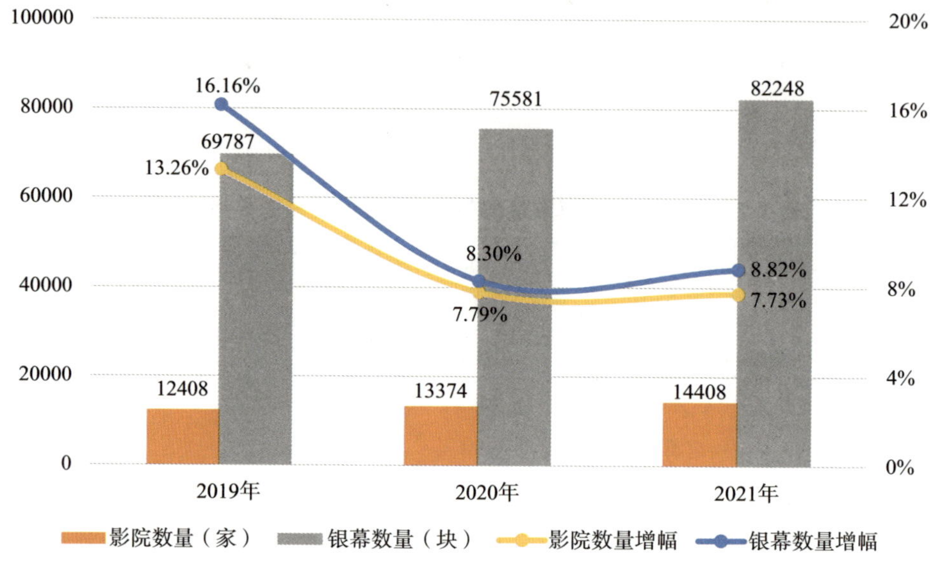

数据来源：国家电影专资办。

图 1-18　2019—2021 年全国影院数量与银幕数量变化

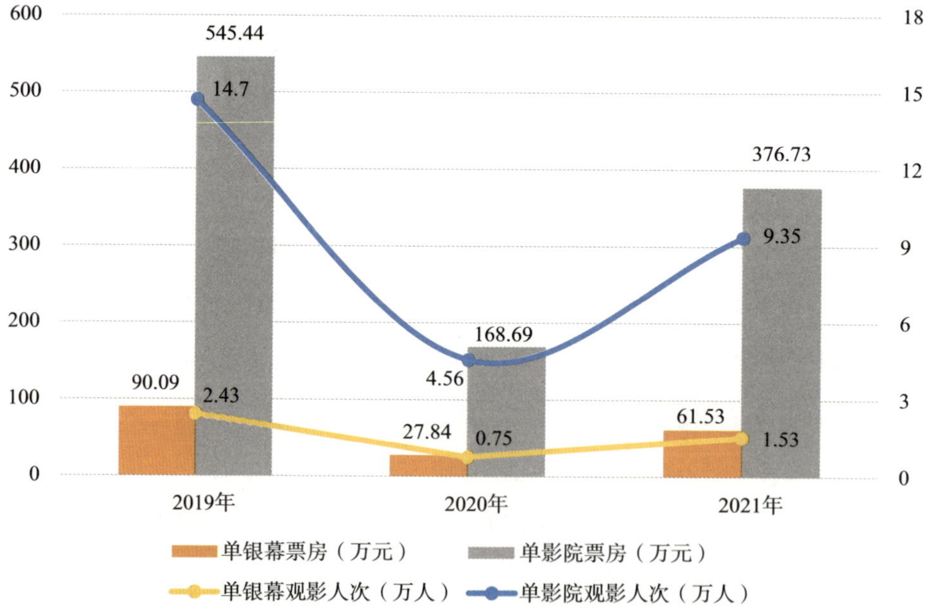

数据来源：国家电影专资办。

图 1-19　2019—2021 年全国单影院、单银幕票房产出与观影人次变化

表 1-12　2021 年全国票房收入排名前 20 位影院信息一览

排名	同比变化	名称	城市	票房（万元）	观影人次（万人）	平均票价（元）
1	–	首都电影院（西单店）	北京	3783.5	56.8	66.6
2	↑2	北京寰映影城（合生汇店）	北京	3631.0	52.8	68.8
3	↑4	深圳百老汇电影中心万象天地店	深圳	3624.6	56.8	63.8
4	↑1	广州飞扬影城	广州	3534.9	58.3	60.6
5	↓2	北京金逸影城（朝阳大悦城 IMAX 店）	北京	3470.6	49.6	70.0
6	↑3	北京英嘉国际影城（金源 NEW CINITY 店）	北京	3352.1	43.4	77.3
7	↑6	武商摩尔国际电影城	武汉	3351.6	89.3	37.5
8	↓6	南京新街口国际影城	南京	3282.7	82.4	39.8
9	↓3	上海五角场万达广场店	上海	3190.1	55.9	57.1
10	↑2	卢米埃北京长楹天街 IMAX 影城	北京	3155.9	49.1	64.2
11		北京万达影城（通州店）	北京	3108.2	48.6	64.0
12	↑5	上海 SFC 上影影城（港汇永华 IMAX 店）	上海	2951.3	39.7	74.3
13	↑15	深圳 CINESKY 新天影院	深圳	2871.2	45.7	62.8
14	↑8	南昌万达影院（南昌红谷滩 IMAX 店）	南昌	2846.8	60.7	46.9
15	↑8	上海百丽宫影城（环贸 iapm 店）	上海	2826.8	29.9	94.5
16	↓8	北京 UME 影城（双井店）	北京	2812.6	41.7	67.5
17	↓2	深圳 CGV 影城（壹方城 IMAX 店）	深圳	2746.7	40.5	67.8
18	↓4	兰州 IMAX 空间站影城	兰州	2711.8	56.6	47.9
19	↓4	北京金泉港国际影城	北京	2700.6	43.8	61.6
20	↓4	广州飞扬影城（天河城店）	广州	2679.5	46.3	57.8

数据来源：猫眼电影专业版。

从全国影院票房收入排名看，一线城市优势明显。全国票房收入排名前 20 位的影院中，北京有 8 家，其中 5 家进入前 10，上海、深圳各有 3 家，广州 2 家。二线城市中南京、武汉、南昌和兰州各有 1 家。票价方面，一线城市明显高于二线城市，但二线城市上榜影院在观影人次方面遥遥领先，说明票价与观影人次之间具有很强的相关性（见图 1-20）。

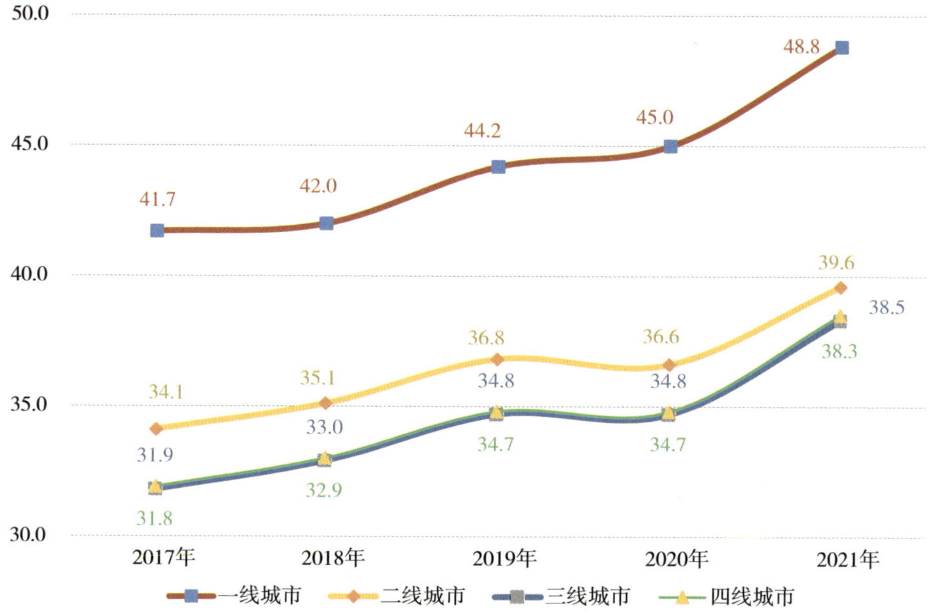

数据来源：猫眼电影专业版。

图 1-20　2017—2021 年全国各级城市平均票价变化（单位：元）

2021 年，北京市电影市场仍未能恢复至疫情前的水平，地区票房总收入较 2019 年下降了 39%。由于近两年北京市影院数量、银幕数量仍以较快速度增长，单影院、单银幕票房产出降幅更为明显。2019 年北京市票房收入超 7000 万元的影院有 1 家，6000 万—7000 万元的有 2 家，5000 万—6000 万元的有 4 家，4000 万—5000 万元的有 5 家，3000 万—4000 万元的有 15 家（见图 1-21）。2021 年，排名全国影院票房收入榜首的首都电影院（西单店）票房收入 3783.5 万元，尚不及 2019 年北京耀莱成龙影城（五棵松店）票房收入（7946.2 万元）的一半。首都电影院（西单店）2019 年票房收入 6148.0 万元，2021 年与之相较降幅为 38.5%。全国票房收入排名第 2 位的北京寰映影城（合生汇店）票房收入较 2019 年下降 32%，排名第 5 位的北京金逸影城（朝阳大悦城 IMAX 店）票房收入较 2019 年下降 45%。总体来看，2021 年北京市影院的格局更趋均衡，超级影院消失，头部影院票房收入降幅较大，意味着北京市影院的格局随着城市发展，其内部结构也在发生变化。

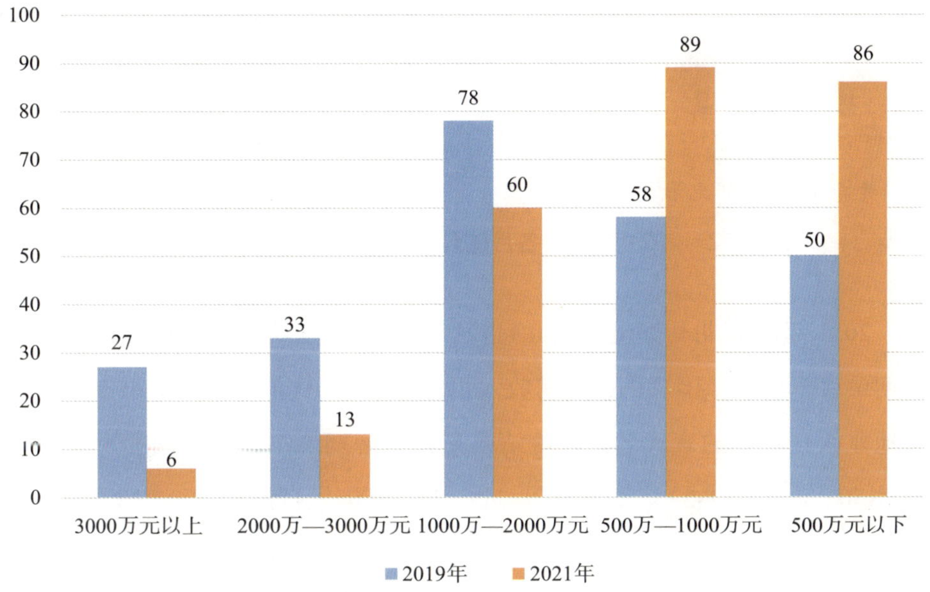

数据来源：猫眼电影专业版。

图 1-21　2019 年和 2021 年北京市各票房数量级影院数量对比（单位：家）

三、票房分布情况

2021 年全年各月份票房收入波动幅度加大。2 月份、5 月份和 10 月份是全年票房产出的三个高峰期，而且 2 月份和 5 月份均创下历史最高月份票房纪录，10 月份的票房收入也是历史第二高。但其他月份的票房收入降幅明显，档期两极分化也是 2021 年度电影市场的突出特点（见图 1-22）。

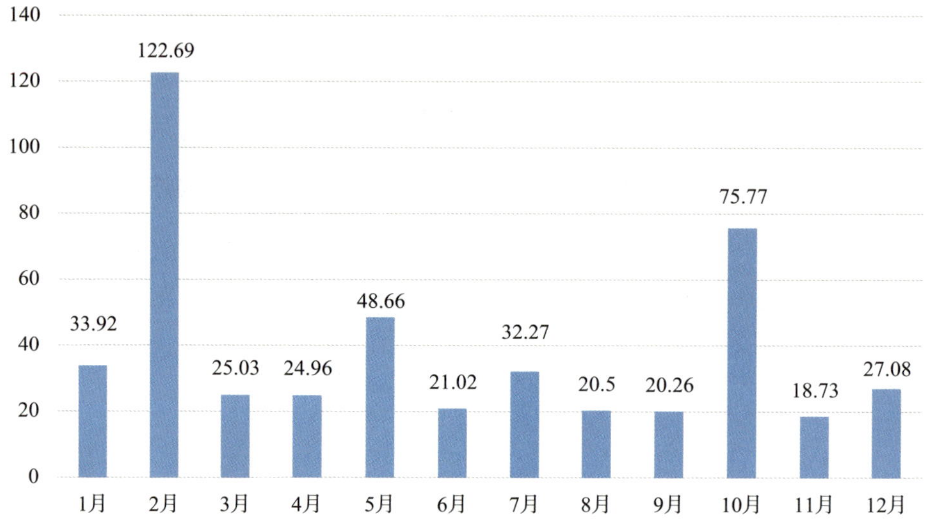

数据来源：猫眼电影专业版。

图 1-22　2021 年全国各月度票房收入对比（单位：亿元）

2021 年有假期利好支持的元旦档、春节档、清明档和五一档都创下同档期票房新纪录，国庆档的票房收入也仅次于 2019 年，为历史第二高。但其他非假日档期的表现就比较冷清，尤其是暑期档，与疫情前相比，降幅超过 50%（见图 1-23、图 1-24）。近年来，电影假日消费特征越来越突出，与假日重叠的档期票房收入屡创新高，假日档期票房收入占全年票房总收入的比例不断提升，2019 年为 23.6%，2021 年则达到惊人的 35%，这就意味着总时长 3 周左右的假日档期所产出的票房收入超过全年票房总收入的 1/3，市场两极分化愈加突出。

2021 年，从地域分布看，广东省、江苏省、浙江省、四川省和上海市稳居票房收入排名前 5 位，与前几年保持一致，地区票房收入排名与经济发达程度、人口数量基本一致（见表 1-13）。城市票房收入排名与城市综合实力也基本一致，票房收入排名前 30 位的城市中，一线城市包揽了前 4 名，二线城市占据 20 席，三、四线城市中仅有 6 个城市上榜。2021 年受疫情、汛情等因素影响，西安市、郑州市、长春市三个城市票房收入下滑明显（见表 1-14）。

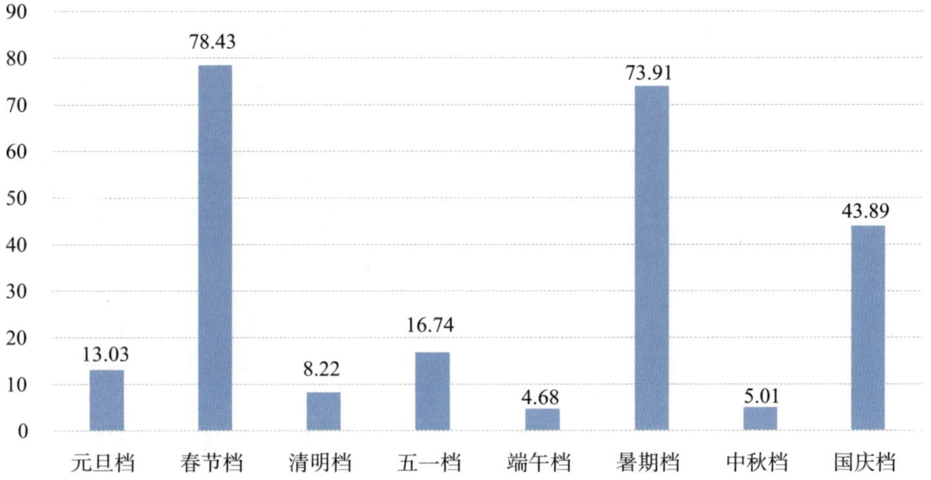

数据来源：国家电影专资办。

图 1-23　2021 年全年各主要档期票房收入对比（单位：亿元）

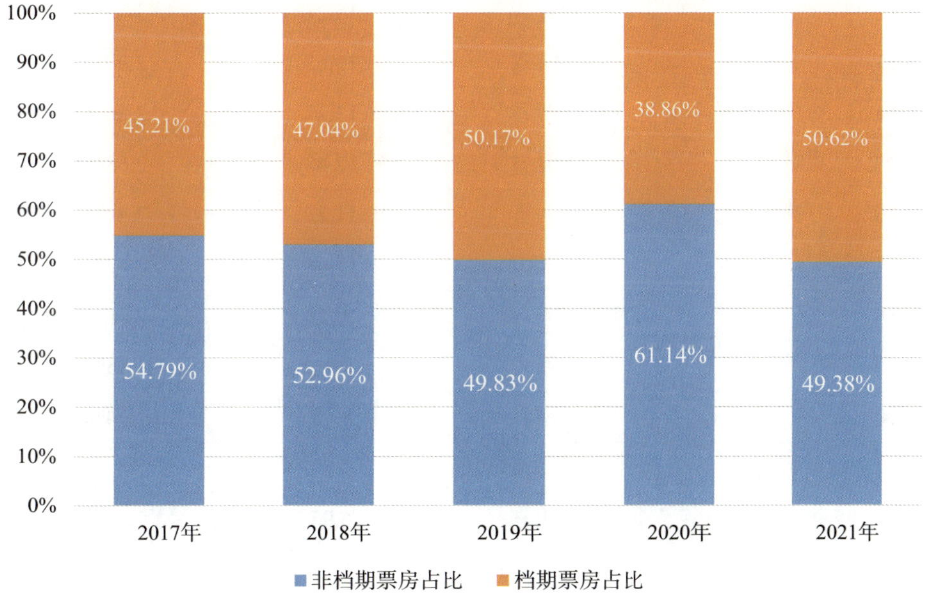

数据来源：国家电影专资办。

图 1-24　2017—2021 年档期票房收入与非档期票房收入对比

表 1-13　2021 年各省（市、区）票房收入排名

排名	较 2020 年变化	省（市、区）	票房（亿元）	占比
1	–	广东省	60.15	12.79%
2	–	江苏省	43.23	9.19%
3	–	浙江省	35.74	7.60%
4	–	四川省	28.12	5.98%
5	–	上海市	25.28	5.37%
6	↑1	山东省	24.97	5.31%
7	↓1	北京市	22.32	4.75%
8	–	河南省	21.33	4.53%
9	–	湖北省	20.46	4.35%
10	↑1	安徽省	18.13	3.85%
11	↓1	湖南省	16.91	3.60%
12	–	福建省	15.21	3.23%
13	↑2	辽宁省	13.62	2.90%
14	↑2	江西省	13.47	2.86%
15	↓2	河北省	12.48	2.65%
16	↓2	陕西省	11.71	2.49%
17	–	重庆市	11.64	2.47%
18	–	广西壮族自治区	10.26	2.18%
19	–	山西省	9.16	1.95%
20	–	云南省	8.18	1.74%
21	↑3	天津市	7.00	1.49%
22	↑1	贵州省	6.95	1.48%
23	↑2	内蒙古自治区	6.21	1.32%
24	↓2	吉林省	6.21	1.32%
25	↓4	黑龙江省	5.38	1.14%
26	–	甘肃省	4.92	1.05%

续表

排名	较2020年变化	省（市、区）	票房（亿元）	占比
27	–	海南省	3.96	0.84%
28	–	新疆维吾尔自治区	2.92	0.62%
29	–	宁夏回族自治区	2.18	0.46%
30	–	青海省	1.48	0.31%
31	–	西藏自治区	0.77	0.16%

数据来源：国家电影专资办。

表1-14　2021年中国城市票房收入排名前30位

排名	较2020年变化	城市	票房（亿元）
1	–	上海	25.28
2	–	北京	22.32
3	–	深圳	16.34
4	–	广州	14.61
5	–	成都	14.05
6	–	重庆	11.64
7	–	杭州	10.93
8	–	武汉	9.91
9	↑1	苏州	9.15
10	↑1	南京	7.58
11	↓2	西安	7.51
12	–	长沙	7.05
13	↑1	天津	7.00
14	↓1	郑州	6.40
15	–	东莞	5.66
16	–	合肥	5.62
17	–	宁波	5.49

续表

排名	较 2020 年变化	城市	票房（亿元）
18	–	佛山	4.99
19	–	无锡	4.73
20	↑2	青岛	4.69
21	↓1	昆明	4.52
22	↓1	沈阳	4.42
23	↑5	福州	4.22
24	↑1	南昌	4.06
25	↑5	温州	3.97
26	–	济南	3.88
27	↓3	南宁	3.83
28	↓5	长春	3.49
29	↑2	金华	3.45
30	↑2	大连	3.42

数据来源：国家电影专资办。

2021 年，中国相对平稳的疫情形势为电影市场加速恢复提供了可能，被疫情压抑的消费需求在几个重点档期得到充分释放，证明了中国电影市场的韧性和爆发力。但由于进口分账片基本处在缺席状态，大制作国产片只能保证重点档期，市场缺乏足够动能来不断制造热点，遂造成市场冷热两极分化的局面。2021 年，中国电影市场总体格局保持平稳，不过在恢复的基调下缺乏变革，很多行业问题无从解决，也制约了行业的发展。2021 年中国电影发行企业、院线、影投公司和影院的经营状况虽然比 2020 年有明显改善，但总体而言仍十分艰难，而且分化明显。在疫情持续的形势下，电影市场完全恢复非短期内可以完成，这就需要政府有关部门和行业组织积极作为，稳定市场及预期，帮助企业度过这一困难时期。

第四节　全国及北京市电影政策分析

2021年对中国电影产业发展来说至关重要，一方面，2020年遭受重大损失的电影企业亟待从市场恢复中补血，否则大批企业将无法生存下去；另一方面，中国电影产业正处在由大向强转变的关键节点，如果基本面保不住，规模优势反过来就会成为行业的不可承受之重，建设电影强国的步伐就会延迟。因此，从国家、企业到从业人员，在疫情防控许可的范围内，都会不遗余力推动电影行业恢复。在多方努力和各种扶持政策加持下，2021年中国电影产业链各环节的表现基本符合预期，在进口片几乎没有太大起色的情况下，国产片票房总收入399.27亿元，与2019年的411.75亿元基本持平，表明中国电影产业基本面依旧坚实，票房缺口主要是进口片数量剧减造成的。2019年中国共生产各类影片1037部，其中故事片850部，2021年生产国产片数量为740部，其中故事片565部，从国产片数量与票房比值看，2021年国产片做到了减量提质，表明疫情也在迫使行业去芜存菁，加速整合。受疫情影响最直接的是发行公司、院线和影院，恢复最快的也是这些企业，但真正起决定作用的还是制片环节。2020年下半年和2021年中国电影市场之所以恢复良好，原因在于前几年开始运作的项目陆续推向市场。由于电影制作的周期多为1—3年，2020年、2021年开始运作的项目绝大部分要到2022年、2023年才能上映，要检验这两年制片领域的恢复情况，需要看2022年、2023年国产片的市场表现。不过从2022年前几个月的情况看，这两年疫情对电影生产制作的影响恐怕超出预估。

一、制定发展规划，整顿市场秩序

2021 年 3 月 12 日，《中华人民共和国国民经济和社会发展第十四个五年规划和 2035 年远景目标纲要》（简称《纲要》）全文发布。《纲要》对包括电影在内的文艺创作和文化产业发展提出了总体要求，与电影直接相关的表述有：把提高质量作为文艺作品的生命线，提高文艺原创能力；推动农村电影放映优化升级；积极发展对外文化贸易，开拓海外文化市场，鼓励优秀传统文化产品和影视剧、游戏等数字文化产品“走出去”，加强国家文化出口基地建设；深化国有文化企业分类改革，推进国有文艺院团改革和院线制改革；开展精神文明建设“五个一”、舞台艺术、影视精品、优秀剧本、美术创作收藏、重大出版等工程，实施当代文学艺术创作、中华文化新媒体传播、纪录片创作传播、地方戏曲传承发展、网络文艺创作传播等重大项目。在所有的文艺类别中，《纲要》涉及电影的表述是比较多的，显示出电影在繁荣文艺创作、完善公共文化服务体系、提升中国文化软实力以及建设现代文化产业体系中的重要位置。《纲要》为中国电影 2021—2035 年的发展确定了目标并提出了总要求，是指导中国电影艺术、文化和产业发展的纲领性文件。

2021 年 11 月 9 日，国家电影局印发《“十四五”中国电影发展规划》（简称《规划》），这是电影管理职能转隶以来第一个重要的电影规划文件，也是新中国成立以来首次制定的电影发展五年规划，足见国家对电影发展的重视。《规划》高度肯定了过去十年中国电影各方面所取得的成绩，对“十四五”期间中国电影发展的指导思想、基本原则、发展目标提出了总体要求，并提出了 2035 年将我国建成电影强国的远景目标。“十四五”期间，中国电影发展要努力实现以下主要目标：电影创作生产更加繁荣；市场和产业体系更加健全；市场主体充满生机活力；电影科技能力显著增强；公共服务体系更加完善；对外交流合作深化拓展。针对不同领域，《规划》还明确了具体量化指标：在电影创作方面，每年重点推出10部左右叫好又叫座的电影精品力作，每年票房过亿元国产影片达到50部左右；在电影市场方面，国产影片年度票房占比保持在55%以上，到2025年银幕总数超过10万块。《规划》是未来五年中国电影发展的具体指导性文件，为整个电影行业发展定下基调。根据过去几年的情况看，只要疫情影响消除，实现《规划》所提量化指标难度并不大，但在此基础上能实现多少由大到强的转化，取决于未来几年中国电影产业发展的质量。

2021年除了出台规划性文件和制定发展目标外，各主管部门还展开了市场秩序整顿。一是加强电影版权保护。在多年专项治理春节档影片盗版问题基础上，2021年2月初，中宣部版权管理局、中宣部电影局、公安部食品药品犯罪侦查局联合部署开展院线电影版权保护集中行动，严厉打击春节档院线电影盗录传播等违法犯罪行为，规范电影市场版权秩序。2月8日，最高人民检察院发布了8人因盗版《流浪地球》等2019年春节档影片牟利被判处有期徒刑的侵犯知识产权案例。4月28日，国家电影局针对当前比较突出的“××分钟看电影”等短视频侵权盗版问题，配合国家版权局继续加大对短视频侵犯电影版权行为的打击力度，坚决整治短视频平台及自媒体、公众号生产运营者未经授权复制、剪辑、传播他人电影作品的侵权行为，积极维护广大电影版权权利人的合法权益。2022年1月29日，中宣部版权管理局、中宣部电影局、文化和旅游部文化市场综合执法监督局联合下发《关于进一步做好院线电影版权保护工作的通知》，要求各级版权部门、电影管理部门、文化市场综合执法机构把打击院线电影盗录传播工作列入年度重点工作，切实推动院线电影版权保护工作取得新成效。二是治理行业乱象，树立行业规范。2021年4月30日，针对“阴阳合同”、“天价片酬”、偷逃税款等问题，国家电影局相关负责人强调广大电影从业人员要引以为戒，切实落实有关严格片酬和合同管理、规范纳税方式和税收管理等要求，依法依规从事电影经营活动。9 月 18 日，国家税务总局办公厅发出通知，要求进一步加强文娱领域从业人员税收管理，切实规范文娱领域涉税优惠管理，进一步加强和改进相关人员的税法教育和宣传引导。三是治理网络生态，净化网络环境。2021 年，国家网信办将电影行业的水军控评等乱象纳入“清朗”专项行动，其他相关部委配合，重罚平台，打击利用网络口碑进行的不正当竞争行为。此外，针对算法滥用问题，2021 年 9 月 17 日，国家网信办、中宣部、教育部、科技部、工信部、公安部、文旅部、国家市场监督管理总局、国家广电总局联合印发《关于加强互联网信息服务算法综合治理的指导意见》，计划利用三年左右时间，逐步建立治理机制健全、监管体系完善、算法生态规范的算法安全综合治理格局。12 月 31 日，国家网信办、工信部、公安部、国家市场监督管理总局联合发布《互联网信息服务算法推荐管理规定》，自 2022 年 3 月 1 日起施行，对算法推荐服务供应商进行严格规范，保护用户权益。以上密集出台的各项行政规章制度，有望从根本上解决中国电影产业近年来由于规模迅猛扩张和投机心理盛行所带来的种种痼疾，为中国电影产业下一阶段的发展提供制度上的保障。

2022 年 3 月 28 日，北京市电影局印发《“十四五”北京电影发展规划》（简称《规划》），《规划》对应 2035 年建成电影强国的总目标提出了北京电影发展的远景目标：努力建设电影强国核心区、电影高质量发展示范区，率先建成具有世界影响力的中国电影高地。《规划》还制定了“十四五”期间北京电影发展的具体量化指标。在创作方面，每年承接国家重点电影项目 5 部左右，每年推出市级重点影片 30 部以上，力争每年票房过亿元的京产影片达到 20 部左右，获得国家级电影奖项位居全国前列；在市场方面，到 2025 年全市影院超过 300 家，城区和主要乡镇基本形成 3 公里影院圈，市场规模稳居全国城市前列，平均单体影院、单块银幕票房和综合经营收入全国领先，每年京产影片票房占国产影片总票房的 50% 以上。考虑到北京在全国电影产业中的核心地位以及近几年的发展态势，完成这些指标的挑战性并不大，北京电影产业发展未来几年最大的挑战是如何提升民营电影企业的综合实力，因为传统的几家龙头企业的影响力已经今非昔比，当务之急是培育能够在电影创作、制作领域起引领作用的新型龙头企业。

二、多措并举，助力恢复

中国电影发展的远景目标和五年规划都已明确，要完成规划目标，当下面临的困难首先是疫情的不确定性，其次是行业内外对电影产业发展前景的信心不足，尤其是对电影企业盈利能力的信心不足。现在疫情已经进入第三个年头，由于国外大多数国家已经放弃疫情管控措施，中国的疫情防控压力进一步增大，短期内对电影全产业链的影响不会消除，但进口片的数量会有所提升。前几年，受税收风波和资本退潮影响，中国电影产业由高速增长进入盘整阶段，近两年又叠加疫情影响，行业面临的压力可想而知。不过，国家大力发展电影产业、建设电影强国的目标是明确的，随着一系列规划、政策的落地实施，相信中国电影产业会很快走出目前的困难局面。

2021年，《中华人民共和国电影产业促进法》（2017年3月1日起施行）、《关于深化影视业综合改革促进我国影视业健康发展的意见》（2019年5月29日中央全面深化改革委员会第八次会议通过）、《关于加快电影院建设 促进电影市场繁荣发展的意见》（国家电影局2018年12月11日印发）、《关于促进科幻电影发展的若干意见》（国家电影局、中国科协2020年8月印发）等一系列法律法规对电影产业的发展发挥了积极促进作用，尤其是《关于加快电影院建设促进电影市场繁荣发展的意见》中的电影专项资金资助政策，对城乡新建影院、改扩建影院以及放映技术设备升级改造发挥了积极作用，是电影市场保持扩张态势的重要推动力。2020 年，国家电影局协调财政部、发改委、税务总局等部门出台了免征 1—8 月电影事业发展专项资金的扶持措施（湖北全年免征）。2021 年，中央财政资金继续加大对电影事业发展的支持，全年共计下达 3.64 亿元国家电影事业发展专项补助资金。在税收方面，国家也对电影行业实行优惠或减免政策。2020 年 5 月 13 日，财政部、税务总局发布《关于电影等行业税费支持政策的公告》，对电影行业企业执行如下优惠税收政策：一、自 2020 年 1 月 1 日至 2020 年 12 月 31 日，对纳税人提供电影放映服务取得的收入免征增值税；二、对电影行业企业 2020 年度发生的亏损，最长结转年限由 5 年延长至 8 年；三、自 2020 年 1 月 1 日至 2020 年 12 月 31 日，免征文化事业建设费。2021 年 3 月 17 日，财政部、税务总局发布《关于延续实施应对疫情部分税费优惠政策的公告》，将上述优惠税收政策的执行期限延长至 2021 年 12 月 31 日。以上这些主要面向院线、影院的扶持、优惠政策，对稳定电影市场发挥了重要作用。

除了中央层面的扶持、优惠政策外，各地也积极出台刺激电影消费、扶持电影企业的纾困举措。

北京：2021 年春节前夕，北京通过发放惠民文化消费券的方式鼓励市民观影，最高优惠 100 元。2021 年 11 月，北京又开展了“影视京城·一起看电影”惠民观影主题活动。

上海：2021 年，上海充分发挥国家电影事业发展专项资金的导向性作用，进一步提高扶持的精准性、有效性，共对全市 335 家影院和 3 家电影机构发放专项资助近 7000 万元，扶持影院覆盖率接近 90%。

江西：对 2021 年度放映国产影片成绩达标的影院进行奖励，共有 353 家影院获得奖励资金 831 万元；对 2021 年度新建乡镇影院进行资助，有 1 家影院获得资助资金 30 万元；对 2021 年度江西省票房成绩突出的影院进行奖励，2021 年全省排名前 20 位、票房 1000 万元（不含服务费）及以上、放映场次 1 万场以上的影院，每家奖励 30 万元，共有 15 家影院获得奖励资金 450 万元。

江苏：2021 年 12 月 16 日，江苏省财政厅、江苏省电影局印发《江苏省电影事业发展专项资金管理办法》，对列入国家重点电影项目的苏产电影，每部资助总额不超过项目实际总投资的 30% 且最高不超过 2000 万元；对列入省重点电影项目的苏产电影，每部资助总额不超过项目实际总投资的 30% 且最高不超过 1500 万元；对符合条件且加入总部在苏城市院线的新建乡镇影院，给予每家影院一次性配套补助 50 万元。此外，江苏还开展工会会员观影活动，继续将观看主旋律影片纳入基层党员冬训活动，推动各地通过发放消费券、票价补贴等形式，将观影纳入各类文化惠民活动，扩大观众规模，提高观影人次。

2022 年，新冠肺炎疫情形势依然严峻，由于变异后的病毒传播力更强且更隐蔽，我国多地发生大规模聚集性疫情，严重影响了中国电影产业的恢复进程。1—2 月形势还相对缓和，从 3 月起，全国电影市场直线下滑，上半年疫情形势严重地区电影票房收入较 2021 年下滑超过 50%。2022 年上半年，中国电影市场除了受疫情影响以外，影片供给和观众消费偏好也发生了一些微妙变化，这从春节档的市场表现就可以看出。2022 年春节档，疫情形势相对平稳，营业影院数量、银幕数量、放映场次相比 2021 年春节档有小幅增长（2022 年春节档在映影院数为 1.19 万家，较 2021 年增加 0.07 万家，同比增长 6.25%；2022 年春节档在映银幕数为 7.32 万块，较 2021 年增加 0.40 万块，同比增长 5.78%；2022 年春节档放映场次 314.3 万次，较 2021 年增加 27 万次，同比增长 9.40%）。[①] 影片供给相比 2021 年也更加丰富多样，共有各类型影片 8 部，但票房收入未能再创新高，与 2021 年相比下滑明显。2022 年春节档票房收入 60.35 亿元，虽然也是非常好的

① 数据来源：艺恩数据。

成绩，但与 2021 年的 78.22 亿元相比，降幅约 22.85%（见图 1-25）。而且这个成绩还是在平均票价涨幅达 18% 的情况下实现的，观影人次的降幅更为明显。2022 年 1—2 月，疫情形势相对平稳，市场环境与 2021 年同期相差不大，但票房收入下滑明显。2022 年 1—2 月票房总收入为 130.63 亿元，比 2021 年同期减少 25.35 亿元，是除 2020 年之外近五年来的同期最低值。疫情影响的确存在，但疫情之外的其他因素，包括影片供给、票价等，也需要我们认真反思。

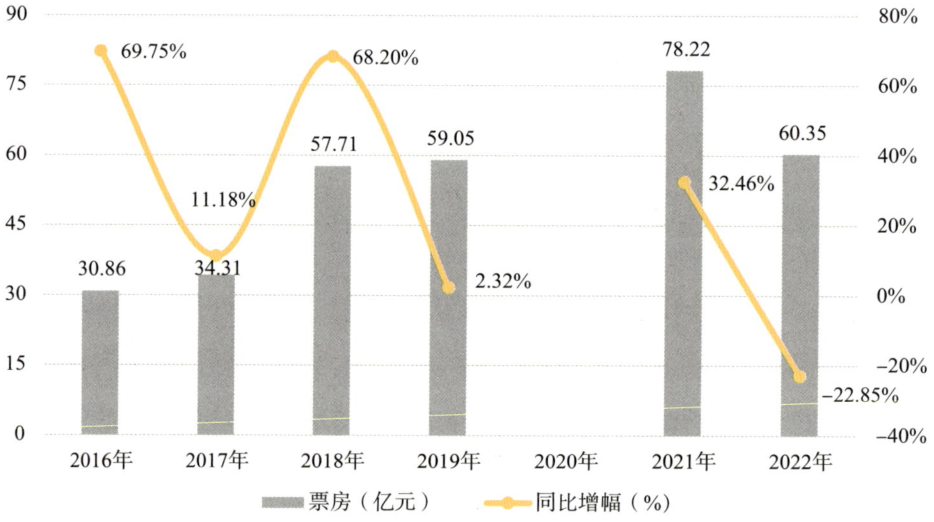

数据来源：灯塔专业版。

备注：2020 年因疫情影响，无相关数据，2021 年同步增幅基于 2019 年数据计算。

图 1-25　2016—2022 年春节档票房走势变化

2022 年是中国电影“十四五”规划的第二年，从上半年的形势看，疫情带来的影响非常严重，3—5 月票房收入较上年同期下滑约 80%，把刚刚从上一波疫情中获得喘息之机的中国电影产业又一次推入困境中。好在各地的疫情都能够在短期内得到控制，电影主管部门也在积极救市，多数省市都出台了对影院的直补措施，帮助影院度过当前的困难时期。由于 2022

年疫情防控形势严峻，中国电影要实现“十四五”规划的年度发展目标，难度将非常大。2022 年，海外电影产业加速恢复，北美市场上半年票房收入 36.56 亿美元，较 2021 年的 10.47 亿美元增幅超过 2 倍[①]，照此趋势发展下去，中国电影市场这两年确立的领先优势将不复存在。从近几年的市场走势看，优质片源供给是核心问题，只有解决了供给问题才能充分发挥中国电影市场的规模优势。从 2022 年下半年开始，进口片的供给情况将逐步改善，但从近几年的情况看，引领电影消费潮流的还是国产片，所以，如何进一步提升国产片的创作、制作水平是中国电影产业发展的核心问题。

① 数据来源：IMDBPro。

第二章

2021 年北京市电影企业发展状况分析

2021 年，新冠肺炎疫情在世界范围内继续蔓延，世界经济艰难复苏。面对复杂严峻的国际环境和时有反复的国内疫情等多重考验，全国各省市认真贯彻落实党中央、国务院决策部署，坚持稳中求进工作总基调，科学统筹疫情防控和社会经济发展。根据国家统计局的数据，2021 年全年国内生产总值 1143670 亿元，按不变价格计算，比上年增长 8.1%。我国经济持续稳定恢复，经济发展和疫情防控保持全球领先地位，实现“十四五”良好开局。

具体到电影领域，中国和世界上大多数国家一样，依旧在疫情造成的艰难处境中奋力前行，但凭借精准有效的疫情防控政策和持续的内容供给，中国电影市场依然保持较高的活力，最终票房收入再次超过北美地区，蝉联全球第一，展现出强大的韧性。作为全国政治、文化中心，得益于政策的支持和资本、影视人才的聚集等，北京聚集了大量影视企业。2021 年，在春节档期的强力带动下，北京影视企业营业状况很快从疫情的影响中得以恢复，票房成绩、观影人次等迎来复苏。

与此同时，由于影视行业管理日趋严格、其他省市加大对影视行业的扶持力度以及疫情反复等因素，北京市电影企业也面临很大压力。据统计，2021 年，北京电影票房收入占全国电影票房总收入的 4.72%，较疫情之前 2019 年的 5.62% 减少了 1% 左右。

第一节　北京市电影企业市场表现分析

近些年,《长津湖》《战狼Ⅱ》《你好，李焕英》《哪吒之魔童降世》《流浪地球》等刷新中国影史票房纪录的现象级影片，大部分为北京市电影企业主控出品、制作和宣发，还有大量北京市电影企业以联合出品或联合发行的身份参与影片各环节的工作。前者主要反映了北京市电影企业的集中组织策划与生产能力，后者则反映了北京市电影企业的参与度与活跃度。“京产电影”越来越引人瞩目，北京市电影企业活跃度越来越高，其背后的规模优势、运营情况、市场表现等均引起国内甚至国外影视同行的高度关注。

一、北京市电影企业年度影片出品情况分析

（一）北京市电影企业 2021 年影片出品参与情况

课题组以 2021 年上映且最终票房超过 1000 万元的国产电影作为主要研究对象，进行重点分析，梳理参与其中的北京市电影企业，摸底总结 2021 年北京市电影企业的发展现状。根据企业对电影项目的控制度，可以从主控出品、出品、联合出品三个维度评价北京市电影企业在京产和非京产电影项目中的参与程度，从而更客观地分析相关企业在 2021 年度的市场表现。

1. 主控出品

主控出品方一般在电影的内容策划、前期筹备等各方面投入巨大精力，对项目拥有较高的控制权，更能反映出企业的整体实力。

在 41 部票房过千万元的京产电影中，主控出品方共涉及 27 家企业，

单家企业主控影片数量比为 1∶1.52（见图 2-1），其中中国电影股份有限公司主控出品 6 部电影，万达影视传媒有限公司和北京光线影业有限公司各主控出品 4 部，英皇（北京）影视文化传媒有限公司、北京劳雷影业有限公司、电影频道节目中心各有 2 部。由于电影开发周期较长，一年多部主控影片上映往往要求电影企业具有较高的内容规划、制作和输出能力，因此除了少数头部企业之外，一般电影企业很难达到这一标准，而北京市电影企业凭借着资源优势和产业积累，在这一方面遥遥领先其他地区。

在全国层面，116 个主控出品方，共涉及 99 家企业，除京产电影之外，其余 75 部非京产电影，涉及 72 家企业（单家企业主控影片数量比仅为 1∶1.04，远低于京产电影主控公司的参与度），仅有 3 家电影企业主控了 2 部以上票房超千万元的国产电影，分别为华强方特（深圳）动漫有限公司（《熊出没·狂野大陆》《俑之城》）、工夫影业（宁波）有限公司（《我要我们在一起》《侍神令》）、上海美术电影制片厂有限公司。

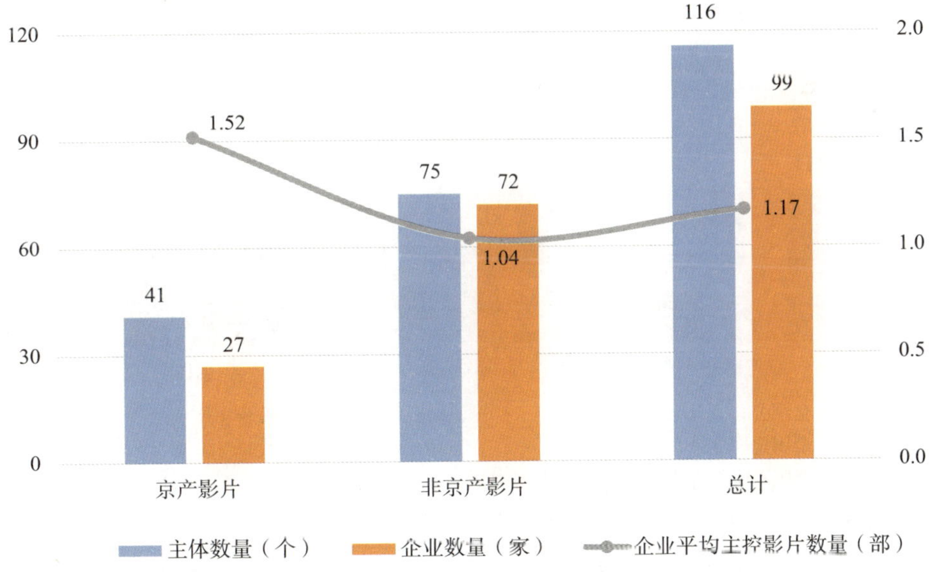

数据来源：猫眼专业版，各影片发行通知。

图 2-1　2021 年票房过千万元国产电影主控企业数量对比

2. 出品

除了主控出品方之外，出品方也是一大重要角色，在电影的开发、投资、制作、宣传、发行等环节，同样发挥着不可或缺的重要作用。

在 41 部票房过千万元的京产电影中，剔除主控出品方，共有 111 个公司主体参与，其中 50 家为北京企业，占比为 45.05%；剔除重复项后，共有 94 家电影企业（单家企业参与出品影片数量比为 1∶1.18），其中 37 家为北京市电影企业（单家企业参与出品影片数量比为 1∶1.35），占比为 39.36%（见图 2-2）。对于京产电影而言，北京市电影企业的整体活跃度要明显高于全国其他企业。

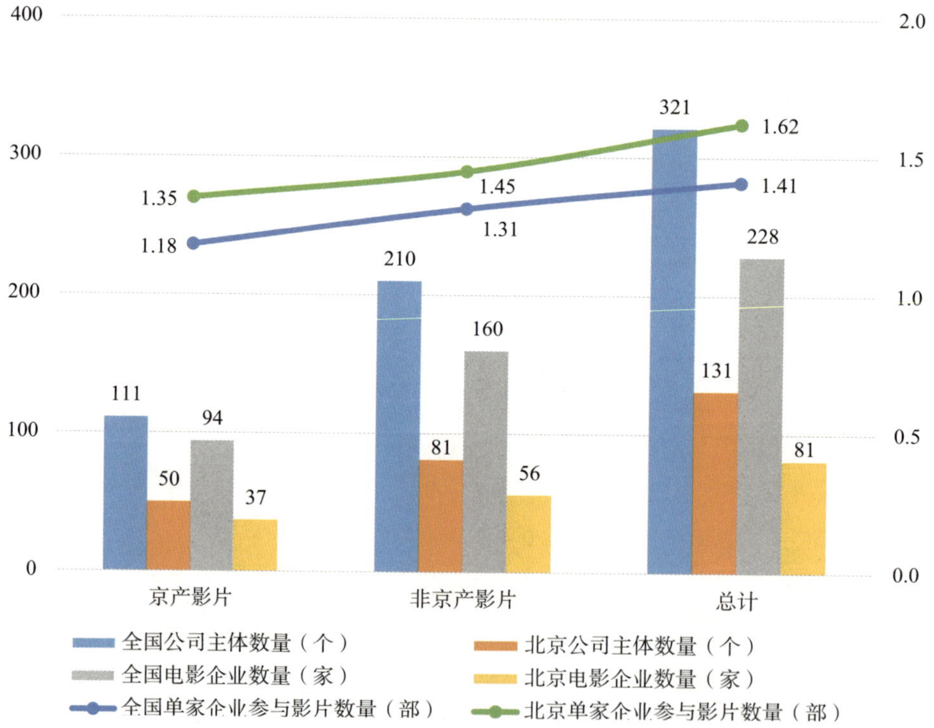

数据来源：猫眼专业版，各影片发行通知。

图 2-2　2021 年票房过千万元国产电影出品企业数量对比（不含主控出品方）

在 75 部票房过千万的非京产电影中，刨除主控出品方，共有 210 个公司主体参与，其中 81 家为北京企业，占比为 38.57%；剔除重复项后，共有 160 家电影企业（单家企业参与出品影片数量比为 1：1.31），其中 56 家为北京市电影企业（单家企业参与出品影片数量比为 1：1.45），占比为 35.00%。相比于京产电影，北京市电影企业在非京产电影中的占比略有降低，但仍占据了超过 1/3 的市场份额。

在全国层面，116 部票房过千万元的国产电影中，刨除主控出品方，共有 321 个公司主体参与，其中 131 家为北京企业，占比为 40.81%；剔除重复项后，共有 228 家市电影企业（单家企业参与影片数量比为 1：1.41），其中 81 家为北京市电影企业（单家企业参与影片数量比为 1：1.62），占比为 35.53%。具体而言，中国电影股份有限公司参与出品 12 部电影，再度位居首位，阿里巴巴影业（北京）有限公司和华夏电影发行有限责任公司分别以 10 部和 9 部的数量紧随其后，遥遥领先其他北京市电影企业。墨客行影业（北京）有限公司、凡鱼传媒（北京）有限公司、北京网易影业文化有限公司 3 家企业各参与了 3 部电影的出品，万达影视传媒有限公司、北京光线影业有限公司、英皇（北京）影视文化传媒有限公司、中国人民解放军八一电影制片厂、大地时代文化传播（北京）有限公司、北京精彩时间文化传媒有限公司等也各参与了 2 部电影的出品工作。

3. 联合出品

相比于主控出品与出品，联合出品的参与难度较小，投入的资源也有限，因此在项目开发制作各环节的话语权稍弱，但仍然可以反映出电影企业的活跃度和参与度。一般而言，除少数头部项目之外，多数影片的联合出品方多为成立时间较短、整体规模有限、没有太多成熟项目输出的中小体量影视公司。

41 部票房过千万元的京产电影的联合出品方，共有 288 个公司主体，其中 114 家为北京企业，占比为 39.58%；剔除重复项后，共有 232 家电影企业（单家企业参与影片数量比为 1：1.24），其中 94 家为北京市电影企业（单家企业参与影片数量比为 1：1.21），占比为 40.52%（见图 2-3）。

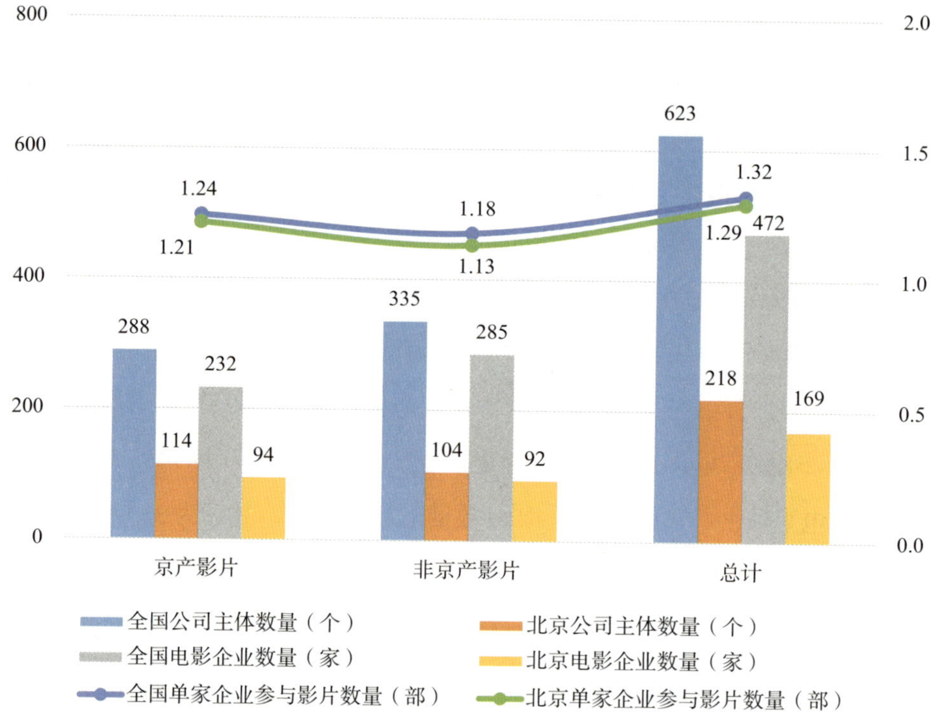

数据来源：猫眼专业版，各影片发行通知。

图 2-3　2021 年票房过千万元国产电影联合出品企业数量对比

75 部票房过千万元的非京产电影的联合出品方，共有 335 个公司主体，其中 104 家为北京企业，占比为 31.04%；剔除重复项后，共有 285 家电影企业（单家企业参与影片数量比为 1∶1.18），其中 92 家为北京市电影企业（单家企业参与影片数量比为 1∶1.13），占比为 32.28%。

在全国层面，116 部票房过千万元的国产电影中，共有 623 个公司主体参与，其中 218 家为北京企业，占比为 34.99%；剔除重复项后，共有 472 家电影企业（单家企业参与影片数量比为 1∶1.32），其中 169 家为北京市电影企业（单家企业参与影片数量比为 1∶1.29），占比为 35.81%。具体而言，参与联合出品影视数量 5 部及以上的北京影视企业共 4 家，分别为华文映像（北京）影业有限公司（10 部）、阿那亚影视文化有限公司（6

部)、北京国影纵横电影发行有限公司(5部)、爱奇艺影业(北京)有限公司(5部),除阿那亚影视文化有限公司以外,其余3家企业均还同时参与了1部以上影片的出品。此外,一直活跃的阿里巴巴影业(北京)有限公司也参与了4部影片的联合出品;北京无限自在文化传媒股份有限公司、英皇电影发行(北京)有限公司、北京微梦创科网络技术有限公司、北京耀影电影发行有限公司各参与了3部影片。

(二)北京市重点电影企业2021年电影出品情况分析[①]

结合以上三个维度,在投资制作方面,2021年参与出品(含联合出品)2部以上票房收入过千万元电影的北京市电影企业共53家(见表2-1);此外,还有2家仅以主控形式参与过1部影片。累计票房超过1亿元的北京市电影企业共2家,为北京博纳影业集团有限公司、追光人动画设计(北京)有限公司,分别出品了《长津湖》和《新神榜:哪吒重生》。

其中,国企龙头中国电影股份有限公司(简称"中影股份")无论是在主控出品、出品、联合出品影片数量方面,还是在累计票房方面,都遥遥领先,凭借《我和我的父辈》《悬崖之上》《峰爆》《穿过寒冬拥抱你》《关于我妈的一切》《妈妈的神奇小子》等6部主控出品影片,《长津湖》《唐人街探案3》《中国医生》等12部出品影片,《你好,李焕英》《西游记之再世妖王》等2部联合出品影片风光无限,几乎囊括了所有的头部项目,最终以22部影片累计239.39亿元票房的成绩位列榜首,成为2021年北京市甚至是全国电影投资出品领域的最大赢家,占年度票房总量的54.89%(中影股份2021年全年共出品电影24部,累计票房239.60亿元)。资金实力雄厚,项目储备丰富,政策优势明显,未来,中影股份的领先地位还将进一步巩固。

而民营企业龙头万达影视传媒有限公司同样坚持主投主控的策略,主

① 如无特殊说明,本章以下所有数据,仅统计票房超过千万元的电影。

控出品了《唐人街探案3》《误杀2》《海底小纵队：火焰之环》《2哥来了怎么办》等4部影片，前两部影片进入年度国产电影票房前10位；此外，还出品了《新大头儿子和小头爸爸4：完美爸爸》《皮皮鲁与鲁西西之罐头小人》等2部动画及儿童向影片，联合出品了《我和我的父辈》《我的父亲焦裕禄》等2部主旋律影片，参与影片累计票房收益为70.96亿元。目前，万达电影的投资生产逻辑已逐渐清晰并逐步成熟，未来一段时间，基于现有IP的“商业类型片+动画电影”仍将是其开发制作的重点。此外，部分优质主旋律影片也在其参与合作的视野范围之内。

北京光线影业有限公司（简称“光线影业”）则表现比较平稳，主控出品了4部京产电影，虽然没有超级爆款出现，但《你的婚礼》《以年为单位的恋爱》《五个扑水的少年》仍延续了一贯的青春、爱情风格，尤其是《你的婚礼》，再次成为以小博大的经典案例，而《革命者》也成为其涉足主旋律的首次尝试；此外，光线影业还出品了《误杀2》《人潮汹涌》等2部影片，联合出品了翻拍自韩国同名影片的《阳光姐妹淘》。值得注意的是，光线影业的母公司主体——上市企业北京光线传媒股份有限公司同样出品了《阳光姐妹淘》《明天会好的》等2部影片，联合出品了春节档影片《人潮汹涌》。剔除重复影片之后，整个光线系在2021年参与了8部影片，累计票房为27.94亿元，相比于2020年的62.85亿元有大幅下滑（虽然2部重头项目《八佰》《金刚川》均为联合出品），与2019年《哪吒之魔童降世》大爆之后的18部影片、138.67亿元的总票房更是不可同日而语。缺少主控出品的头部大片，是疫情以来光线影业面临的最大困境，也在一定程度上限制了其年度票房收益。

背靠中国香港英皇电影的英皇（北京）影视文化传媒有限公司（简称“英皇北京”）则通过主导内地与香港合拍片的方式抢占市场空间，2021年主控出品了《古董局中局》《感动她77次》等2部影片，出品了《再见，少年》《合法伴侣》等2部影片，联合出品了《悬崖之上》。不过就市场表现而言，英皇北京主控出品及出品的影片成绩并没有十分突出，仅有4.92亿元票房，算上联合出品的影片，年度累计票房也只有16.83亿元。同样主控出品影片票房表现一般的还有北京劳雷影业有限公司和电影频道节目中心，前者主控出品了《阳光劫匪》《兔子暴力》等2部偏文艺类影片，累计票房0.70亿元，后者则主控出品了《武汉日夜》《千顷澄碧的时代》等2部主旋律影片，累计票房0.38亿元。

表 2-1　2021 年北京市重点电影企业影片出品及票房收益情况

序号	电影企业	年度总票房收入（亿元）	参与类型	累计票房（万元）	参与影片数量（部）	参与影片
1	中国电影股份有限公司	239.39	主控出品	354398.64	6	《我和我的父辈》
						《悬崖之上》
						《峰爆》
						《穿过寒冬拥抱你》
						《关于我妈的一切》
						《妈妈的神奇小子》
			出品	1486734.61	12	《长津湖》
						《唐人街探案 3》
						《中国医生》
						《我的姐姐》
						《误杀 2》
						《1921》
						《盛夏未来》
						《侍神令》
						《燃野少年的天空》
						《铁道英雄》
						《第十一回》
						《火山地狱》
			联合出品	552761.58	2	《你好，李焕英》
						《西游记之再世妖王》

续表

序号	电影企业	年度总票房收入（亿元）	参与类型	累计票房（万元）	参与影片数量（部）	参与影片
2	万达影视传媒有限公司	70.96	主控出品	543768.96	4	《唐人街探案 3》
						《误杀 2》
						《海底小纵队：火焰之环》
						《2 哥来了怎么办》
			出品	15112.45	2	《新大头儿子和小头爸爸 4：完美爸爸》
						《皮皮鲁与鲁西西之罐头小人》
			联合出品	150751.14	2	《我和我的父辈》
						《我的父亲焦裕禄》
3	北京光线影业有限公司	27.94（剔除重复项）	主控出品	106717.8	4	《你的婚礼》
						《革命者》
						《以年为单位的恋爱》
						《五个扑水的少年》
			出品	160128.01	2	《误杀 2》
						《人潮汹涌》
			联合出品	9497.23	1	《阳光姐妹淘》
	北京光线传媒股份有限公司		出品	12552.98	2	《阳光姐妹淘》
						《明天会好的》
			联合出品	76234.57	1	《人潮汹涌》
4	英皇（北京）影视文化传媒有限公司	16.83	主控出品	46139.52	2	《古董局中局》
						《感动她 77 次》
			出品	3093.49	2	《再见，少年》
						《合法伴侣》
			联合出品	119020.04	1	《悬崖之上》
5	北京劳雷影业有限公司	0.7	主控出品	7040.27	2	《阳光劫匪》
						《兔子暴力》

续表

序号	电影企业	年度总票房收入（亿元）	参与类型	累计票房（万元）	参与影片数量（部）	参与影片
6	电影频道节目中心	0.38	主控出品	3836.57	2	《武汉日夜》
						《千顷澄碧的时代》
7	华夏电影（北京）有限公司	0.51	主控出品	5079.47	1	《没有过不去的年》
	华夏电影发行有限责任公司	92.3	出品	919886.59	9	《长津湖》
						《中国医生》
						《悬崖之上》
						《1921》
						《守岛人》
						《革命者》
						《不速来客》
						《没有过不去的年》
						《红船》
			联合出品	3077.94	1	《我的父亲焦裕禄》
8	阿里巴巴影业（北京）有限公司	174.21	主控出品	1174.25	1	《野马分鬃》
			出品	1454865.27	10	《长津湖》
						《你好，李焕英》
						《中国医生》
						《白蛇2：青蛇劫起》
						《新神榜：哪吒重生》
						《我要我们在一起》
						《穿过寒冬拥抱你》
						《秘密访客》
						《燃野少年的天空》
						《日常幻想指南》
			联合出品	286010.8	4	《我和我的父辈》
						《悬崖之上》
						《铁道英雄》
						《没有过不去的年》

续表

序号	电影企业	年度总票房收入（亿元）	参与类型	累计票房（万元）	参与影片数量（部）	参与影片
9	中国人民解放军八一电影制片厂	61.11	主控出品	13797.82	1	《守岛人》
			出品	583615.61	2	《长津湖》
						《三湾改编》
			联合出品	13691.02	1	《革命者》
10	大地时代文化传播（北京）有限公司	46.42	主控出品	2025.12	1	《再见，少年》
			出品	10634.45	2	《贝肯熊 2：金牌特工》
						《日常幻想指南》
			联合出品	451510.92	1	《唐人街探案 3》
11	北京精彩时间文化传媒有限公司	55.92	主控出品	16492.69	1	《雄狮少年》
			出品	542754.7	2	《你好，李焕英》
						《有一点动心》
12	央视动漫集团有限公司	1.87	主控出品	9328.02	1	《新大头儿子和小头爸爸 4：完美爸爸》
			出品	5313.93	1	《海底小纵队：火焰之环》
			联合出品	4064.19	1	《济公之降龙降世》
13	北京京西文化旅游股份有限公司	54.77	主控出品	541308.06	1	《你好，李焕英》
			出品	6409.67	1	《热带往事》
14	耳东影业（北京）有限公司	2.59	主控出品	24365.85	1	《追虎擒龙》
			出品	1557.74	1	《真·三国无双》
15	北京耀莱影视文化传媒有限公司	2.04	主控出品	16821.45	1	《许愿神龙》
			出品	3611.17	1	《不老奇事》
16	墨客行影业（北京）有限公司	5.92	出品	55616.27	3	《追虎擒龙》
						《雄狮少年》
						《反贪风暴 5：最终章》
			联合出品	3602.68	1	《曾经相爱的我们》

续表

序号	电影企业	年度总票房收入（亿元）	参与类型	累计票房（万元）	参与影片数量（部）	参与影片
17	凡鱼传媒（北京）有限公司	2.39	出品	18168.22	3	《贝肯熊 2：金牌特工》
						《八月未央》
						《感动她 77 次》
			联合出品	5773.75	2	《曾经相爱的我们》
						《兰心大剧院》
18	北京网易影业文化有限公司	6.67	出品	66744.74	3	《我要我们在一起》
						《侍神令》
						《不速来客》
19	北京国影纵横电影发行有限公司	75.57	出品	9378.58	2	《猪猪侠大电影·恐龙日记》
						《有一点动心》
			联合出品	746280.67	5	《唐人街探案 3》
						《我和我的父辈》
						《人潮汹涌》
						《熊出没·狂野大陆》
						《关于我妈的一切》
20	中央党校大有影视中心有限公司	6.64	出品	51502.07	2	《1921》
						《红船》
			联合出品	14848.83	2	《革命者》
						《九零后》
21	北京壹同传奇影视文化有限公司	66.82	出品	535404.36	2	《唐人街探案 3》
						《误杀 2》
			联合出品	132822.69	1	《中国医生》
22	北京光线传媒股份有限公司	8.88	出品	12552.98	2	《阳光姐妹淘》
						《明天会好的》
			联合出品	76234.57	1	《人潮汹涌》

续表

序号	电影企业	年度总票房收入（亿元）	参与类型	累计票房（万元）	参与影片数量（部）	参与影片
23	北京拉近影业有限公司	0.61	出品	4044.02	2	《日常幻想指南》
						《真・三国无双》
			联合出品	2025.12	1	《再见，少年》
24	北京登峰国际文化传播有限公司	72.49	出品	724913.86	2	《长津湖》
						《我和我的父辈》
25	北京真乐道文化传播有限公司	15.98	出品	159791.92	2	《我和我的父辈》
						《爱情神话》
26	北京阿里巴巴影业文化有限公司	2.13	出品	21276.53	2	《关于我妈的一切》
						《热带往事》
27	北京捕影传奇文化传媒有限公司	1.36	出品	13619.06	2	《爱情神话》
						《乌海》
28	北京启泰远洋文化传媒有限公司	0.45	出品	4483.61	2	《再见汪先森》
						《一百零八》
29	华文映像（北京）影业有限公司	192.53	出品	24226.19	1	《门锁》
			联合出品	1901123.47	10	《长津湖》
						《你好，李焕英》
						《唐人街探案 3》
						《怒火・重案》
						《误杀 2》
						《1921》
						《秘密访客》
						《雄狮少年》
						《反贪风暴 5：最终章》
						《缉魂》

续表

序号	电影企业	年度总票房收入（亿元）	参与类型	累计票房（万元）	参与影片数量（部）	参与影片
30	爱奇艺影业（北京）有限公司	14.66	出品	24226.19	1	《门锁》
			联合出品	122398.29	5	《误杀 2》
						《秘密访客》
						《不速来客》
						《我的青春有个你》
						《济公之降龙降世》
31	北京无限自在文化传媒股份有限公司	5.07	出品	5784.43	1	《皮皮鲁与鲁西西之罐头小人》
			联合出品	44944.08	3	《侍神令》
						《反贪风暴 5：最终章》
						《测谎人》
32	北京自由酷鲸影业有限公司	17.98	出品	103518.14	1	《刺杀小说家》
			联合出品	76234.57	1	《人潮汹涌》
33	北京联瑞文化有限公司	23.37	出品	86020.14	1	《我的姐姐》
			联合出品	147673.2	1	《我和我的父辈》
34	耳东文化（北京）有限公司	1.98	出品	14757.73	1	《反贪风暴 5：最终章》
			联合出品	5079.47	1	《没有过不去的年》
35	北京金逸嘉逸电影发行有限公司	1.51	出品	8148.17	1	《贝肯熊 2：金牌特工》
			联合出品	6992.92	1	《俑之城》
36	中国长安出版传媒有限公司	4.59	出品	5383.47	1	《平安中国之守护者》
			联合出品	40546.86	1	《扫黑·决战》

续表

序号	电影企业	年度总票房收入（亿元）	参与类型	累计票房（万元）	参与影片数量（部）	参与影片
37	阿那亚影视文化有限公司	45.68	联合出品	456763.25	6	《我和我的父辈》 《悬崖之上》 《人潮汹涌》 《峰爆》 《古董局中局》 《穿过寒冬拥抱你》
38	英皇电影发行（北京）有限公司	21.86	联合出品	218593.91	3	《我和我的父辈》 《峰爆》 《穿过寒冬拥抱你》
39	北京微梦创科网络技术有限公司	12.53	联合出品	125280.95	3	《误杀 2》 《穿过寒冬拥抱你》 《铁道英雄》
40	北京耀影电影发行有限公司	8.56	联合出品	85619.71	3	《熊出没·狂野大陆》 《关于我妈的一切》 《反贪风暴 5：最终章》
41	冠宇影业（北京）有限公司	55.61	联合出品	556065.79	2	《你好，李焕英》 《反贪风暴 5：最终章》
42	北京长城沃美电影院线有限公司	50.19	联合出品	501906.69	2	《唐人街探案 3》 《1921》
43	北京中新网信息科技有限公司	26.67	联合出品	266693.24	2	《我和我的父辈》 《悬崖之上》
44	华鸣星空文化传媒有限公司	20.91	联合出品	209057.26	2	《中国医生》 《人潮汹涌》
45	咪咕文化科技有限公司	19.14	联合出品	191444.49	2	《我和我的父辈》 《峰爆》
46	郭帆（北京）影业有限公司	17.98	联合出品	179752.71	2	《刺杀小说家》 《人潮汹涌》

续表

序号	电影企业	年度总票房收入（亿元）	参与类型	累计票房（万元）	参与影片数量（部）	参与影片
47	北京嘉映文化传媒有限公司	17.48	联合出品	174822.62	2	《我和我的父辈》
						《穿过寒冬拥抱你》
48	完美星空传媒有限公司	10.83	联合出品	108259.29	2	《误杀2》
						《追虎擒龙》
49	北京滢火虫影业有限公司	10.81	联合出品	108119.63	2	《误杀2》
						《门锁》
50	北京泡泡玛特文化创意有限公司	10.37	联合出品	103654.51	2	《白蛇2：青蛇劫起》
						《新神榜：哪吒重生》
51	北京新影联影业有限责任公司	9.53	联合出品	95346.96	2	《误杀2》
						《西游记之再世妖王》
52	思婉影业（北京）有限公司	8.77	联合出品	87688.09	2	《人潮汹涌》
						《西游记之再世妖王》
53	北京卡酷传媒有限公司	1.73	联合出品	17259.96	2	《新大头儿子和小头爸爸4：完美爸爸》
						《猪猪侠大电影·恐龙日记》

数据来源：猫眼专业版，各影片发行通知。

备注：本表分别以主控出品/出品/联合出品影片数量排序，仅选取票房过千万元的国产电影。

相较而言，阿里巴巴影业（北京）有限公司虽然在主控出品项目方面略有欠缺（仅主控出品了一部《野马分鬃》），但仍因参与出品多部现象级电影及相对较为可观的影片数量而成绩斐然，先后参与了《长津湖》《你好，李焕英》《中国医生》《白蛇2：青蛇劫起》《新神榜：哪吒重生》等10

部不同体量优质影片的出品，联合出品了《我和我的父辈》《悬崖之上》《铁道英雄》《没有过不去的年》等 4 部影片，参与影片累计票房达 174.21 亿元。

与之类似的还有另一国企华夏电影发行有限责任公司，虽然仅以关联公司华夏电影（北京）有限公司的身份主控出品了一部《没有过不去的年》，但得益于对主旋律影片的深度参与，仍斩获了非凡的成绩。2021 年，华夏电影发行有限责任公司出品了《长津湖》《中国医生》《悬崖之上》《1921》《守岛人》《革命者》等 9 部影片，联合出品了《我的父亲焦裕禄》，累计票房收益高达 92.30 亿元。此外，《守岛人》《长津湖》这两部主旋律影片也让作为传统电影制片厂的中国人民解放军八一电影制片厂受益良多，前者还是八一电影制片厂的主控出品项目，连同参与出品的《三湾改编》和联合出品的《革命者》，2021 年八一电影制片厂出品的 4 部影片共收获 61.11 亿元票房。

同样因为出品了爆款影片而受益的还有北京精彩时间文化传媒有限公司（简称“北京精彩”），主控出品了动画片《雄狮少年》，获得了业内不少赞誉，豆瓣网评分高达 8.3 分，同时还出品了春节档爆款影片《你好，李焕英》和爱情片《有一点动心》，在前者的带动下，北京精彩年度累计票房达到了 55.92 亿元；而《你好，李焕英》真正的主控出品方则为北京京西文化旅游股份有限公司（简称“北京文化”），相比于前几年的爆款频现，最近两年负面消息缠身的北京文化表现相对一般，除该片之外，仅参与了 1 部影片《热带往事》的出品，年度累计票房收益为 54.77 亿元，经历了税务风波、核心人员出走之后，北京文化接下来的内容生产能力还需谨慎观察。

此外，还有部分影视企业虽然在统计表内数据亮眼，但主要归功于其联合出品影片的突出表现，最具代表性的当属华文映像（北京）影业有限公司（简称“华文映像”），2021 年仅出品了 1 部影片《门锁》，但却以联合出品的方式参与了包括《长津湖》《你好，李焕英》《唐人街探案 3》《怒火·重案》《误杀 2》等在内的 10 部影片，累计票房成绩高达 192.53 亿元，虽然联合出品的参与难度较低，但能挤进如此众多的头部项目，可见华文映像实力不俗，作为2018年才成立的新入局者，其未来发展走向值得重点关注。与之类似的还有大地时代文化传播（北京）有限公司、北京国影纵横电影发行有限公司、阿那亚影视文化有限公司、冠宇影业（北京）有限公司、北京长城沃美电影院线有限公司等，其年度统计表内票房数据均超过了40亿元。

除了以上种种，还有四类电影企业需要特别关注。第一类是有主控出品及项目操盘经验的大型企业子公司或中小影视公司等，前者如北京博纳影业集团有限公司、爱奇艺影业（北京）有限公司等，这类企业往往由于种种因素被母公司选择以不同的主体进行项目的操盘，但其背后雄厚的综合实力决定了所参与项目具有较强的市场潜力；后者如追光人动画设计（北京）有限公司，北京耀莱影视文化传媒有限公司及关联企业北京耀影电影发行有限公司，墨客行影业（北京）有限公司，北京联瑞文化有限公司及关联企业北京联瑞木马影业有限公司、北京联瑞影视制作有限公司等，虽然公司及主导项目体量有限，但凭借多年的行业经验，往往十分活跃，是市场的重要参与者和补充者。

第二类是以电影人为中心的独立电影公司。如吴京的北京登峰国际文化传播有限公司近年出品了《战狼Ⅱ》《流浪地球》两部爆款影片，2021年的《长津湖》《我和我的父辈》更是再攀高峰；贾玲的北京大碗娱乐文化传媒有限公司凭借《你好，李焕英》声名大噪；陈思诚的北京壹同传奇影视文化有限公司通过《唐人街探案3》《误杀2》继续挖掘IP价值；徐峥的北京真乐道文化传播有限公司参与出品了《我和我的父辈》《爱情神话》；路阳的北京自由酷鲸影业有限公司和郭帆的郭帆（北京）影业有限公司均参与了《刺杀小说家》《人潮汹涌》；肖央的北京不好意思影业有限公司也是《误杀2》的出品方之一。这批以知名电影人为核心的电影公司往往能够为电影项目的孵化生成、品质把控以及市场影响做出重要保障，也是众多头部项目的重要参与方。

第三类为各大官方机构及国有企业下属宣传及影视公司。除了央视动漫集团有限公司、中央广播电视总台之外，越来越多各类中央机构及国有企业也加入电影的出品制作中，如中共中央党校三级公司中央党校大有影视中心有限公司，参与出品了《1921》《红船》，联合出品了《革命者》《九零后》；中央政法委下属的中国长安出版传媒有限公司，参与出品了《平安中国之守护者》，联合出品了《扫黑·决战》；中国铁道建筑集团有限公司联合出品了《峰爆》。此类企业最初多以意识形态宣传为主要目的，而随着电影划归中宣部直管，这种跨界联动也将越来越频繁。

第四类是各大互联网企业及新成立的影视企业。网易旗下的北京网易影业文化有限公司，出品了《我要我们在一起》《侍神令》《不速来客》等3部影片，累计票房6.67亿元；微博的主体公司北京微梦创科网络技术有限公司联合出品了《误杀2》《穿过寒冬拥抱你》《铁道英雄》等3部影片，累计票房12.53亿元；北京泡泡玛特文化创意有限公司联合出品了《白蛇2：青蛇劫起》《新神榜：哪吒重生》等2部动画电影，累计票房10.37亿元。近年来，互联网大厂进军影视企业似乎成为一种潮流，但真正能够开花结果的并不多，作为非传统意义上的电影企业，此类公司目前多以联合出品的方式介入项目之中，借鉴创作经验，但背后强大的技术支撑和流量优势，也为其成功操盘重点项目提供了丰富的想象空间，未来，期待此类企业能够持续发力，成为电影产业的重要补充。①

二、北京市电影企业年度影片发行情况分析

（一）北京市电影企业2021年影片发行参与情况

与参与影片出品情况一样，根据其参与程度不同，可以从主控发行方、发行方、联合发行方三个角度出发，分析北京市电影企业在电影发行领域

① 与之类似的还有抖音文化（厦门）有限公司，因注册地不在北京，未统计在内。

的表现和市场占有率。

1. 主控发行

由于出品与发行阶段的职责不同，除少数涵盖出品制作与宣传发行等各个环节的龙头影视企业之外，多数影片的发行工作均由专业电影发行公司执行，因此也就造成了主控发行方与主控出品方不一致的情况出现。

具体而言，41 部票房过千万元的京产电影背后的主控发行主体，共有 32 个为北京市电影企业，占比为 78.05%；剔除重复项后，共有 21 家电影企业（单家企业参与主控发行影片数量比为 1：1.95），其中 14 家为北京市电影企业（单家企业参与主控发行影片数量比为 1：2.29），占比为 66.67%（见图 2-4）。其中，中国电影股份有限公司主控发行了 7 部影片，万达影视传媒有限公司主控发行了 5 部影片，北京光线影业有限公司主控发行了 4 部影片，这也是少数可以同时完成主控出品与主控发行的头部影视企业。此外，以发行见长的华夏电影发行有限责任公司和北京聚合影联文化传媒有限公司则分别主控发行了 4 部和 3 部京产电影。

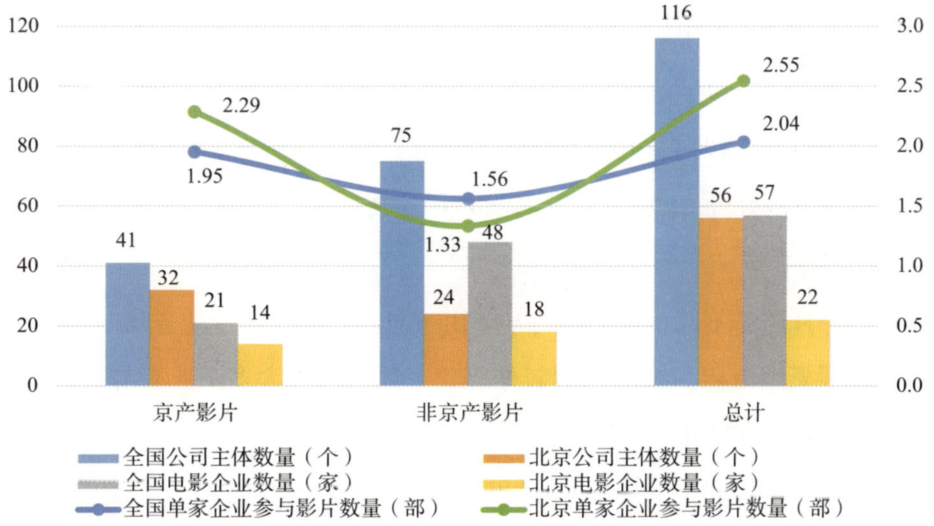

数据来源：猫眼专业版，各影片发行通知。

图 2-4　2021 年票房过千万元国产电影主控发行企业数量对比

75 部票房过千万元的非京产电影中也有不少依靠北京市电影企业完成主控发行的，主控发行主体中共有 24 个为北京市电影企业，占比为 32.00%；剔除重复项后，共有 48 家电影企业（单家企业参与主控发行影片数量比为 1∶1.56），其中 18 家为北京市电影企业（单家企业参与主控发行影片数量比为 1∶1.33），占比为 37.50%。相比于京产电影，虽然在占比上低出不少，但仍然成功抢占了 1/3 左右的市场，显示了北京市电影企业在发行领域的强大实力和竞争力。

在全国层面，116 部票房过千万元的国产电影的主控发行主体中，北京市电影企业占据 56 席，占比为 48.28%；剔除重复项后，共有 57 家电影企业（单家企业参与主控发行影片数量比为 1∶2.04），其中 22 家为北京市电影企业（单家企业参与主控发行影片数量比为 1∶2.55），占比为 38.60%。其中，中国电影股份有限公司实力最为强劲，主控发行了 10 部影片；万达影视传媒有限公司凭借出品优势，也主控发行了 7 部影片；北京光线影业有限公司则主控发行了 6 部影片，其母公司主体北京光线传媒股份有限公司也主控发行了 1 部影片；华夏电影发行有限责任公司、北京聚合影联文化传媒有限公司两大专业发行公司各主控发行了 5 部影片；北京环鹰时代文化传媒有限公司主控发行了 3 部影片；阿里巴巴影业（北京）有限公司、北京精彩时间文化传媒有限公司、一九零五影业（北京）有限公司、北京国影纵横电影发行有限公司各主控发行了 2 部影片。

2. 发行

与影片出品不同，电影发行环节由于时间周期较短、业务环节相对简单、所需资金有限、投资风险较低等，一般不需要太多企业参与，因此，除了主控发行方之外，其余发行方的数量相对较少。

在 41 部票房过千万元的京产电影中，除主控发行方外，另有 29 个公司主体参与，其中 12 家为北京企业，占比为 41.38%；剔除重复项后，共有 19 家电影企业（单家企业参与发行影片数量比为 1∶1.53），其中 9 家为北京市电影企业（单家企业参与发行影片数量比为 1∶1.33），占比为 47.37%（见图 2-5）。相比于主控发行方，参与京产电影发行的北京市电影企业占比较低，且多为中小体量的企业，整体活跃度也偏低，仅有北京人间指南影业有限公司、英皇电影发行（北京）有限公司、英皇（北京）影视文化传媒有限公司等 3 家企业各参与发行了 2 部影片，其中，后两家企业因为同属一家集团公司，所参与的影片完全一致。

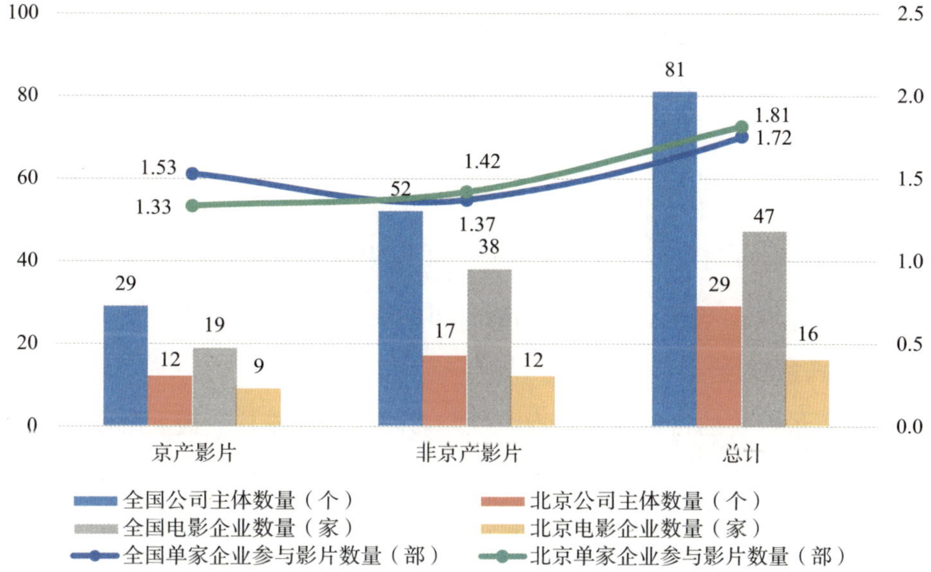

数据来源：猫眼专业版，各影片发行通知。

图 2-5　2021 年票房过千万元国产电影发行企业数量对比（不含主控发行方）

在 76 部票房过千万元的非京产电影中，除主控发行方外，另有 52 个公司主体参与，其中 17 家为北京企业，占比为 32.69%；剔除重复项后，共有 38 家电影企业（单家企业参与发行影片数量比为 1∶1.37），其中 12 家为北京市电影企业（单家企业参与发行影片数量比为 1∶1.42），占比为 31.58%。与京产电影头部公司主控、中小企业配合的发行策略不同，非京产电影的发行，往往要借助北京头部影视企业的资源，如中国电影股份有限公司及其下属子公司、阿里巴巴影业（北京）有限公司及关联企业等。

在全国层面，116 部票房过千万元的国产电影中，除主控发行方外，共有 81 个公司主体，其中 29 家为北京企业，占比为 35.80%；剔除重复项后，共有 47 家电影企业（单家企业参与发行影片数量比为 1∶1.72），其中 16 家为北京市电影企业（单家企业参与发行影片数量比为 1∶1.81），占比为 34.04%。其中中影系最为活跃，中国电影股份有限公司参与发行了 2 部影片，其下属分公司及全资子公司中国电影股份有限公司北京电影发行分公司、中影数字电影发展（北京）有限公司分别参与发行了 3 部和 2 部影片；阿里系共参与发行了 5 部影片，其中阿里巴巴影业（北京）有限公司和北京阿里巴巴影业文化有限公司分别参与发行了 3 部和 2 部影片；英皇系下属的 2 家企业——英皇电影发行（北京）有限公司、英皇（北京）影视文化传媒有限公司同步参与发行了 3 部影片；2 家小型发行公司——北京人间指南影业有限公司和北京果然影视文化有限公司也分别参与发行了 2 部影片。

3. 联合发行

发行最重要的目标就是争取院线与影院更多的排片、最大限度加速票房回款结算流程，因此，除头部影视企业把控的重点项目之外，更多影视企业还会邀请拥有排片话语权的院线影院企业、拥有票房结算权的中影或华夏参与其中，通过合作捆绑的形式，为影片护航。

在 41 部票房过千万元的京产电影中，共有 97 个公司主体作为联合发行方，其中 51 家为北京企业，占比为 52.58%；剔除重复项后，共涉及 59 家电影企业（单家企业参与联合发行影片数量比为 1∶1.64），其中 28 家为北京市电影企业（单家企业参与影片数量比为 1∶1.82），占比为 47.46%（见图 2-6）。其中尤以华夏电影发行有限责任公司表现最为突出，联合发行了 15 部影片；中国电影股份有限公司及子公司中影数字电影发展（北京）有限公司分别联合发行了 2 部和 5 部影片，合计 7 部；2 家院线影院企业——北京新探索影院管理有限公司、完美世界院线有限公司分别参与

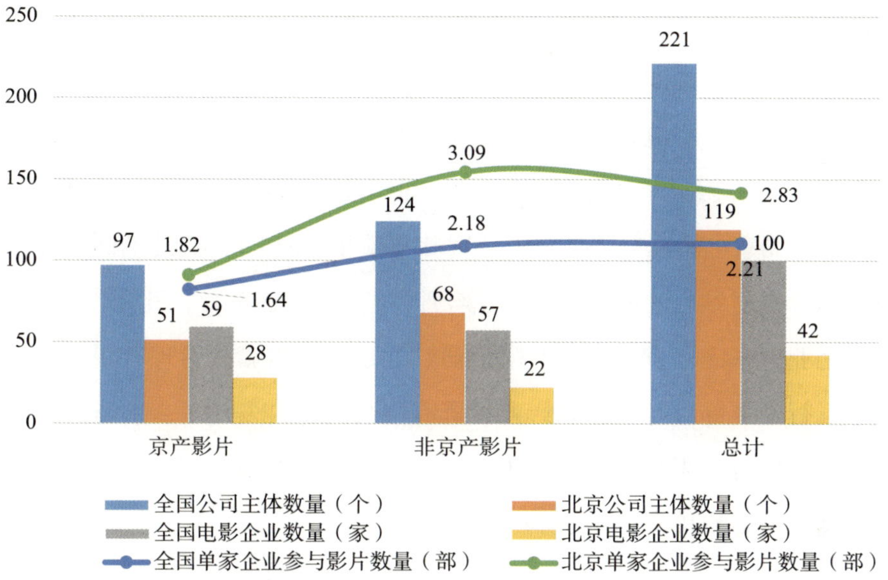

数据来源：猫眼专业版，各影片发行通知。

图 2-6　2021 年票房过千万元国产电影联合发行企业数量对比

了 3 部和 2 部影片的联合发行。

在 76 部票房过千万元的非京产电影中，则共有 124 个公司主体参与联合发行，其中 68 家为北京企业，占比为 54.84%；剔除重复项后，共计 57 家电影企业（单家企业参与联合发行影片数量比为 1：2.18），其中 22 家为北京市电影企业（单家企业参与联合发行影片数量比为 1：3.09），占比为 38.60%。非京产电影的联合发行方，同样多选择绑定中影和华夏，其中，中影旗下的中影数字电影发展（北京）有限公司、中国电影股份有限公司北京电影发行分公司分别联合发行了 16 部和 8 部影片，合计 23 部（两家企业均参与了《刺杀小说家》）；华夏电影发行有限责任公司联合发行了 22 部影片；两家企业合计参与发行了 45 部影片，占比接近六成，达到了 59.21%。

在全国层面，116 部票房过千万元的国产电影中，共计 221 个公司主体参与联合发行，其中 119 家为北京企业，占比为 53.85%；剔除重复项后，共计 100 家电影企业（单家企业参与联合发行影片数量比为 1：2.21），其中 42 家为北京市电影企业（单家企业参与联合发行影片数量比为 1：2.83），占比为 42.00%。具体而言，华夏和中影两家国企保持了绝对的领先优势，其中，华夏电影发行有限责任公司共参与联合发行 37 部影片；中国电影股份有限公司则联合发行了 3 部影片，2 家子公司（中影数字）和分公司（北京电影发行分公司）分别参与了 21 部和 9 部影片的联合发行工作，扣除重复参与的项目，中影系合计发行了 32 部影片。其余，2 家院线影院企业——完美世界院线有限公司、北京新探索影院管理有限公司分别联合发行了 4 部影片；保利影业投资有限公司联合发行了 3 部影片；北京耀影电影发行有限公司、东方美之（北京）影业有限公司、北京群像影视文化有限公司各联合发行 2 部影片。

（二）北京市重点电影企业 2021 年电影发行市场表现分析

在发行方面，同样以影片的主控发行、发行、联合发行三个维度为口径，统计列出 2021 年度北京市重点电影发行企业的整体市场表现。其中，共有 24 家北京市电影企业参与了 2 部以上影片的发行工作，由于部分企业之间存在母公司子公司，或兄弟公司之间的联系，在此也进行了一定的合并处理，具体如表 2-2 所示。

表 2-2　2021 年北京市重点电影企业影片发行及票房收益情况

序号	电影企业	年度总票房收入（亿元）	参与类型	累计票房（万元）	参与影片数量（部）	参与影片
1	中国电影股份有限公司	261.46	主控发行	1053683.25	10	《你好，李焕英》
						《我和我的父辈》
						《悬崖之上》
						《我的姐姐》
						《熊出没・狂野大陆》
						《峰爆》

续表

序号	电影企业	年度总票房收入（亿元）	参与类型	累计票房（万元）	参与影片数量（部）	参与影片
1	中国电影股份有限公司	261.46	主控发行	1053683.25	10	《穿过寒冬拥抱你》
						《燃野少年的天空》
						《关于我妈的一切》
						《妈妈的神奇小子》
			发行	77793.46	2	《1921》
						《侍神令》
			联合发行	696827.05	3	《唐人街探案 3》
						《中国医生》
						《误杀 2》
	中国电影股份有限公司北京电影发行分公司		发行	84817.99	3	《古董局中局》
						《扫黑・决战》
						《吉祥如意》
			联合发行	387766.09	9	《怒火・重案》
						《刺杀小说家》
						《扬名立万》
						《了不起的老爸》
						《反贪风暴 5：最终章》
						《西游记之再世妖王》
						《缉魂》
						《三湾改编》
						《测谎人》
	中影数字电影发展（北京）有限公司		发行	87376.54	2	《我的姐姐》
						《吉祥如意》
			联合发行	487585.37	21	《刺杀小说家》
						《白蛇 2：青蛇劫起》
						《新神榜：哪吒重生》
						《古董局中局》
						《盛夏未来》
						《我要我们在一起》

续表

序号	电影企业	年度总票房收入（亿元）	参与类型	累计票房（万元）	参与影片数量（部）	参与影片
1	中影数字电影发展（北京）有限公司	261.46	联合发行	487585.37	21	《侍神令》 《门锁》 《大红包》 《秘密访客》 《超越》 《铁道英雄》 《爱情神话》 《第一炉香》 《热带往事》 《平安中国之守护者》 《拯救甜甜圈：时空大营救》 《日常幻想指南》 《图兰朵：魔咒缘起》 《完美受害人》 《野马分鬃》
2	万达影视传媒有限公司	56.20	主控发行	561959.35	7	《唐人街探案 3》 《误杀 2》 《新大头儿子和小头爸爸 4：完美爸爸》 《皮皮鲁与鲁西西之罐头小人》 《海底小纵队：火焰之环》 《我的父亲焦裕禄》 《2 哥来了怎么办》

续表

序号	电影企业	年度总票房收入（亿元）	参与类型	累计票房（万元）	参与影片数量（部）	参与影片
3	北京光线影业有限公司	27.94	主控发行	186008.12	6	《你的婚礼》
						《人潮汹涌》
						《革命者》
						《以年为单位的恋爱》
						《五个扑水的少年》
						《明天会好的》
			联合发行	83893.44	1	《误杀 2》
	北京光线传媒股份有限公司		主控发行	9497.23	1	《阳光姐妹淘》
4	华夏电影发行有限责任公司	95.37	主控发行	28675.1	5	《守岛人》
						《跨过鸭绿江》
						《没有过不去的年》
						《千顷澄碧的时代》
						《红船》
			发行	2430.07	1	《武汉日夜》
			联合发行	922602	37	《长津湖》
						《悬崖之上》
						《你的婚礼》
						《许愿神龙》
						《雄狮少年》
						《革命者》
						《新大头儿子和小头爸爸 4：完美爸爸》
						《以年为单位的恋爱》
						《俑之城》
						《八月未央》
						《不速来客》
						《五个扑水的少年》

续表

序号	电影企业	年度总票房收入（亿元）	参与类型	累计票房（万元）	参与影片数量（部）	参与影片
4	华夏电影发行有限责任公司	95.37	联合发行	922602	37	《皮皮鲁与鲁西西之罐头小人》
						《海底小纵队：火焰之环》
						《老鹰抓小鸡》
						《一百零八》
						《我的父亲焦裕禄》
						《2 哥来了怎么办》
						《天书奇谭》4K 纪念版
						《大城大楼》
						《潜艇总动员：地心游记》
						《歌声的翅膀》
						《白蛇传·情》
						《兰心大剧院》
						《日不落酒店》
						《开始而已》
						《守望青春》
						《爱遍全球》
						《乌海》
						《有一点动心》
						《山海经之小人国》
						《再见汪先森》
						《小美人鱼的奇幻冒险》
						《1950 他们正年轻》
						《合法伴侣》
						《青春作伴好还乡》
						《大事》

续表

序号	电影企业	年度总票房收入（亿元）	参与类型	累计票房（万元）	参与影片数量（部）	参与影片
5	北京聚合影联文化传媒有限公司	3.62	主控发行	19734.77	5	《八月未央》
						《济公之降龙降世》
						《老鹰抓小鸡》
						《感动她 77 次》
						《兰心大剧院》
			联合发行	16492.69	1	《雄狮少年》
6	北京环鹰时代文化传媒有限公司	0.97	主控发行	9746.99	3	《我没谈完的那场恋爱》
						《曾经相爱的我们》
						《终极代码》
7	阿里巴巴影业（北京）有限公司	28.11	主控发行	103654.51	2	《白蛇 2：青蛇劫起》
						《新神榜：哪吒重生》
			发行	36274.76	3	《我要我们在一起》
						《日常幻想指南》
						《野马分鬃》
			联合发行	132822.69	1	《中国医生》
	北京阿里巴巴影业文化有限公司		发行	8299.58	2	《热带往事》
						《图兰朵：魔咒缘起》
8	北京精彩时间文化传媒有限公司	55.92	主控发行	17939.33	2	《雄狮少年》
						《有一点动心》
			发行	541308.06	1	《你好，李焕英》
9	北京国影纵横电影发行有限公司	2.75	主控发行	10966.84	2	《猪猪侠大电影·恐龙日记》
						《你的世界如果没有我》
			联合发行	16492.69	1	《雄狮少年》

续表

序号	电影企业	年度总票房收入（亿元）	参与类型	累计票房（万元）	参与影片数量（部）	参与影片
10	一九零五影业（北京）有限公司	0.38	主控发行	3849.66	2	《武汉日夜》
						《童年周恩来》
11	北京耀影电影发行有限公司	2.98	主控发行	3611.17	1	《不老奇事》
			联合发行	24753.39	2	《许愿神龙》
						《猪猪侠大电影·恐龙日记》
	北京耀莱影视文化传媒有限公司	2.98	联合发行	1406.5	1	《千顷澄碧的时代》
12	英皇电影发行（北京）有限公司	29.81	发行	255172.09	3	《怒火·重案》
						《悬崖之上》
						《感动她 77 次》
			联合发行	42914.73	1	《古董局中局》
	英皇（北京）影视文化传媒有限公司		发行	255172.09	3	《怒火·重案》
						《悬崖之上》
						《感动她 77 次》
			联合发行	42914.73	1	《古董局中局》
13	北京人间指南影业有限公司	19.45	发行	191444.49	2	《我和我的父辈》
						《峰爆》
			联合发行	3077.94	1	《我的父亲焦裕禄》
14	北京果然影视文化有限公司	4.33	发行	43251.67	2	《穿过寒冬拥抱你》
						《燃野少年的天空》
15	北京新探索影院管理有限公司	2.39	联合发行	23918.38	4	《缉魂》
						《八月未央》
						《感动她 77 次》
						《测谎人》

续表

序号	电影企业	年度总票房收入（亿元）	参与类型	累计票房（万元）	参与影片数量（部）	参与影片
16	完美世界院线有限公司	1.29	联合发行	12939.51	4	《济公之降龙降世》 《老鹰抓小鸡》 《感动她 77 次》 《兰心大剧院》
17	保利影业投资有限公司	0.97	联合发行	9714.72	3	《济公之降龙降世》 《老鹰抓小鸡》 《兰心大剧院》
18	北京群像影视文化有限公司	6.00	联合发行	60011.92	2	《我要我们在一起》 《侍神令》
19	东方美之（北京）影业有限公司	1.00	联合发行	10020.05	2	《八月未央》 《感动她 77 次》

数据来源：猫眼专业版，各影片发行通知。

备注：仅选取作为主要发行方的公司；仅选取票房过千万元的京产电影，重复影片不计算在年度总票房内。

中国电影股份有限公司再一次彰显了自己的龙头地位，除了完成自身主控出品的 6 部影片的主控发行之外，还主导了《你好，李焕英》《我的姐姐》《熊出没 · 狂野大陆》《燃野少年的天空》等 4 部影片的发行工作；此外，还参与了《1921》《侍神令》等 2 部影片的发行和《唐人街探案 3》《中国医生》《误杀 2》等 3 部影片的联合发行，仅母公司主体的累计发行票房收入就达到了 182.83 亿元；相比于母公司多以主控发行为主，其分公司和全资子公司中国电影股份有限公司北京电影发行分公司及中影数字电影发展（北京）有限公司则多以联合发行为主，凭借数量优势，中影系 2021 年参与发行影片的累计票房超过 261.46 亿元，这一成绩还要高于中影参与出品影片的累计票房，占全年总票房的比例也达到了 55.33%。

同样主要以主控发行方式位列榜单的还有万达影视传媒有限公司和北京光线影业有限公司。前者除了自身主控出品的《唐人街探案3》《误杀2》等4部影片之外，还将自己参与出品的2部动画儿童题材影片、联合出品的主旋律影片《我的父亲焦裕禄》收入囊中，以主控7部影片的成绩，夺得56.20亿元的发行票房收入；后者同样主导了自己主控出品的《你的婚礼》《革命者》等4部影片的发行，同时还主控发行了《人潮汹涌》《明天会好的》等2部影片，联合发行了《误杀2》，而其母公司主体北京光线传媒股份有限公司则主控发行了《阳光姐妹淘》，最终，光线系共参与了8部影片的发行，累计票房为27.94亿元，与出品情况完全一致。

此外，还有互联网企业的北京子公司和部分中等体量的影视公司，也依靠出品优势主导了电影项目的发行工作，如阿里巴巴影业（北京）有限公司及兄弟公司北京阿里巴巴影业文化有限公司、北京精彩时间文化传媒有限公司、英皇电影发行（北京）有限公司及兄弟公司英皇（北京）影视文化传媒有限公司等。其中，阿里巴巴影业（北京）有限公司主控发行了2部新国漫代表作《白蛇2：青蛇劫起》《新神榜：哪吒重生》，参与发行了阿里系主控出品的《野马分鬃》等3部影片，更联合发行了《中国医生》；而北京阿里巴巴影业文化有限公司则发行了《热带往事》《图兰朵：魔咒缘起》等2部影片，最终，阿里系在京企业共参与了8部影片的发行，累计票房为28.11亿元。北京精彩时间文化传媒有限公司则依靠《雄狮少年》《有一点动心》等2部主控发行的影片和对《你好，李焕英》的发行参与，累计收获55.92亿元的票房。英皇系旗下的两家北京企业因为完全一致地参与发行了《怒火·重案》《悬崖之上》《感动她77次》，联合发行了《古董局中局》，而获得29.81亿元的票房收入。

以发行著称的华夏电影发行有限责任公司（简称“华夏电影”）同样表现亮眼。凭借国企背景和行业优势，2021年华夏电影主导了《守岛人》《跨过鸭绿江》《没有过不去的年》《千顷澄碧的时代》《红船》等5部参与出品的主旋律影片的发行，此外还参与了《武汉日夜》的发行，更凭借对37部影片的联合发行遥遥领先，最终，以43部影片的数量优势，累计收获了超过95.37亿元的发行票房成绩，远高于其出品影片的票房。

上述影视企业在出品和发行领域的表现，表明众多头部北京市电影企业的各项业务模式已经趋于成熟，倾向于将主控出品与主控发行集于一身，实现创作、发行“两手硬”。与这些全产业链的成熟头部企业以及天津猫眼微影文化传媒有限公司、上海淘票票影视文化有限公司等拥有线上平台优势的企业相比，传统电影发行企业的处境和表现更值得关注。

北京聚合影联文化传媒有限公司和北京环鹰时代文化传媒有限公司是传统电影发行企业的代表，前者主控发行了《八月未央》《济公之降龙降世》《老鹰抓小鸡》《感动她77次》《兰心大剧院》等5部影片，联合发行了《雄狮少年》，累计发行票房为3.62亿元；后者则主控发行了《我没谈完的那场恋爱》《曾经相爱的我们》《终极代码》等3部影片，累计发行票房仅为0.97亿元。两大专业发行企业的市场表现显示了当前电影发行工作的困境，如果没有参与影片出品，一般中小发行企业很难主导或者参与头部项目的发行，这也是越来越多的发行企业逐步往上游渗透的原因所在。

与之类似的还有北京国影纵横电影发行有限公司、北京耀影电影发行有限公司、北京人间指南影业有限公司等，其中北京国影纵横电影发行有限公司主控发行了参与出品的动画电影《猪猪侠大电影·恐龙日记》及青春爱情片《你的世界如果没有我》的发行，联合发行了《雄狮少年》，累计发行票房为2.75亿元。北京耀影电影发行有限公司则主导了《不老奇事》的发行，同时还联合发行了兄弟公司北京耀莱影视文化传媒有限公司主控出品的《许愿神龙》及另一部动画电影《猪猪侠大电影·恐龙日记》，而耀莱影视文化传媒有限公司则联合发行了《千顷澄碧的时代》，最终，耀莱系共参与了4部影片的发行，累计票房为2.98亿元。北京人间指南影业有限公司由于参与发行了《我和我的父辈》《峰爆》等2部主旋律影片，联合发行了《我的父亲焦裕禄》，获得累计19.45亿元的票房成绩。除此之外的其他传统发行公司则仅能参与中小体量影片的发行，票房成绩一般。当前电影行业环境愈来愈复杂，面对新兴互联网企业和全链条影视公司的左右夹攻，传统电影发行企业如何拿下头部项目、发掘潜力黑马、争夺优质资源，是其亟待解决的重点问题之一。

此外，上文提到的影院院线企业也有部分表现优异，就北京市的相关企业而言，北京新探索影院管理有限公司和完美世界院线有限公司最为突出，前者联合发行了《缉魂》《八月未央》《感动她77次》《测谎人》等4部影片，累计票房2.39亿元；后者则联合发行了《济公之降龙降世》《老鹰抓小鸡》《感动她77次》《兰心大剧院》，累计票房1.29亿元；此外，保利影业投资有限公司的重要业务范畴之一也是影院院线经营，共参与了《济公之降龙降世》《老鹰抓小鸡》《兰心大剧院》等3部影片的联合发行，累计票房0.97亿元。影院院线企业虽不能在宣发环节给予影片太多的帮助，但在排片环节拥有一定的话语权与自主性，因此越来越多的电影项目开始将其纳入出品或发行合作方之一。而出于自身业务拓展需要，不少影院院线企业也开始向中上游拓展，未来估计会有更多有实力的相关企业加入其中，实现真正的双赢。

第二节　北京市A股上市影视公司资本市场表现分析

2021年，国内经济在负压之下缓步复苏，全年国内生产总值（GDP）达114.37万亿元，同比增长8.1%，连续第二年超过100万亿元，中国经济总量占世界经济比重不断增加。具体到各省市经济发展状况，2021年多个省份的GDP总量均跨越新台阶。北京、上海两座一线城市GDP总量突破4万亿元大关，深圳、广州紧随其后，“北上广深”四大一线城市依旧领跑全国，成绩突出。其中，北京市地区生产总值达到40269.6亿元，增幅约

8.5%，科技创新带动文旅产业高质量发展，消费供给不断优化，为北京影视行业带来新的机遇和创新动力。

一、A股市场整体变化情况

2021年，全球经济在跌宕中艰难前行，随着各国疫情防控的常态化，新冠肺炎疫情带来的冲击和影响在逐步弱化，市场信心逐步恢复。据Wind数据显示，2021年全球16个主要股指中，14个实现了上涨，2个出现下跌，明显优于上一年度（11个上涨，5个下跌），不过与2020年最高时超过40%的增幅相比，2021年各大指数的增幅略小，基本呈现同步稳定增长的势头（见图2-7）。

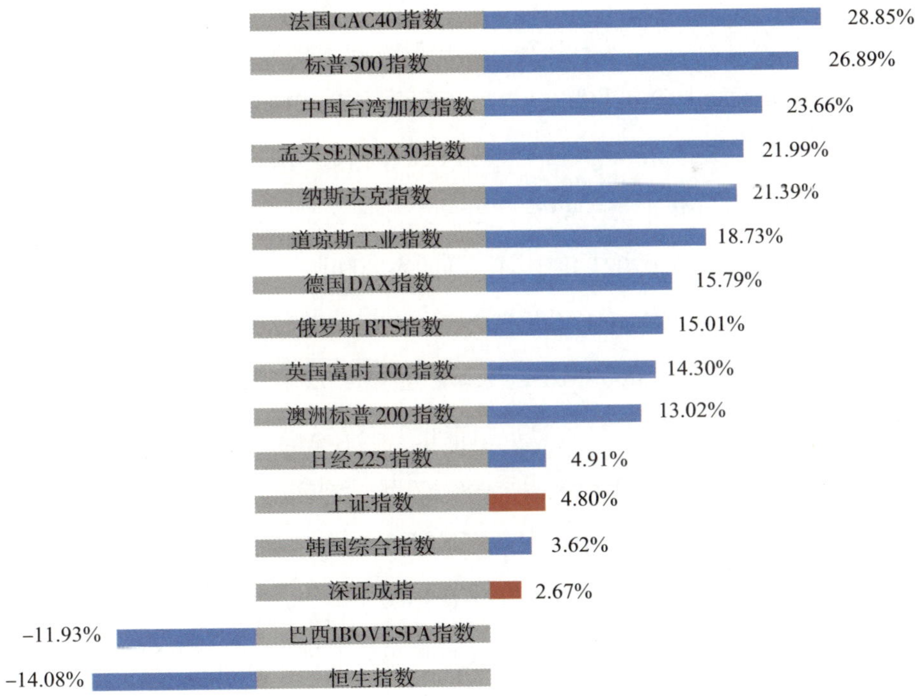

数据来源：wind数据。

图2-7　2021年全球主要股指变化

相比之下，欧美市场复苏势头明显，其中法国 CAC40 指数大涨近 28.85%，在领跑全球的同时，也创下了其 20 年来的最佳纪录；德国 DAX 指数涨幅达 15.79%，远高于 2020 年的 3.55%；俄罗斯 RTS 指数和英国富时 100 指数更是转跌为涨，分别大涨 15.01% 和 14.30%，基本恢复到疫情暴发之初的水平。而美股三大指数则继续保持了领先地位，成功实现三连涨，标普 500 指数和纳斯达克指数更是 3 年均实现双位数百分比的涨幅。具体而言，标普 500 指数全年累计涨幅 26.89%，纳斯达克指数累计涨幅 21.39%，道琼斯工业指数累计涨幅 18.73%，均位居全球前列。

与欧美地区普遍上涨不同，亚太地区分化严重。主要市场经济体中，中国台湾加权指数大涨 23.66%，印度孟买 SENSEX30 指数全年涨幅 21.99%，是表现最为坚挺的两大主要股指，涨幅位居全球前列。澳洲标普 200 指数涨幅 13.02%，表现中规中矩。而东亚经济圈则表现疲软，日经 225 指数和韩国综合指数涨幅分别为 4.91% 和 3.62%，与上证综指和深证成指相差无几，而恒生指数更是全年收跌 14.08%，在全球各大主要指数中排名垫底。此外，美洲地区重要股市——巴西 IBOVESPA 指数全年下跌 11.93%，结束自 2015 年以来连续 6 年上涨的势头，也是美洲地区唯一出现下跌的主要股指。

相比于全球市场，2021 年中国市场的震荡和调整行情更加牵动人心，指数分化明显。上证指数 2021 年开盘 3474.68 点，到 12 月 31 日最后一个交易日报收 3639.78 点（最高 3731.69 点，最低 3312.72 点），较上一年年末上涨 166.71 点，涨幅仅为 4.80%；深证成指报收 14857.35 点（最高 16293.09 点，最低 13252.24 点），较上一年年末增长 386.67 点，涨幅更是仅有 2.67%；虽然两个股指均成功实现三连涨（上证指数更是时隔 28 年达到这一成绩，见图 2-8），但相较于 2020 年深证成指 38.73%、上证指数 13.87% 的涨幅，这一成绩并不算理想。具体而言，对于代表中大市值股指的上证 50、沪深 300 来说，在 2021 年分别下跌 10.06% 和 5.2%；而代表中小股指的创业板、中证 500、中证 1000 却表现良好，涨幅均超过 10%，分别为 12.02%，15.58%，20.52%。

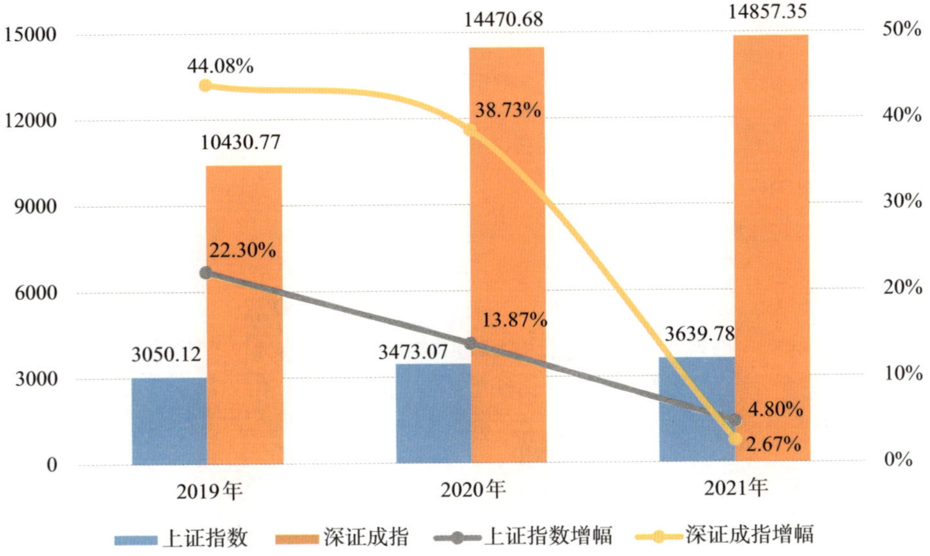

数据来源：wind数据。

图 2-8　2019—2021 年沪深两地指数变化

在市值方面，截至 2021 年 12 月 31 日最后一个交易日，沪深两地总市值高达 916088.18 亿元，首次突破 90 万亿元大关，较 2020 年末的 797238.16 亿元增加了 118850.02 亿元，增幅达到 14.91%。其中，上海市场 519698.34 亿元，较上一年度的 455321.59 亿元增加 64376.75 亿元，增幅为 14.14%；深圳市场 396389.84 亿元，较上一年度的 341916.57 亿元增加了 54473.27 亿元，增幅为 15.93%（见图 2-9）。

此外，北京证券交易所（简称“北交所”）的成立是 2021 年度资本市场最为重大的事件。2021 年 9 月 2 日，习近平总书记在 2021 年中国国际服务贸易交易会全球服务贸易峰会上的致辞中宣布，将继续支持中小企业创新发展，深化新三板改革，设立北京证券交易所，打造服务创新型中小企业主阵地。9 月 3 日，在新三板精选层的基础上，北京证券交易所正式成立，在归属上仍是新三板的一部分，与创新层、基础层一起组成“升级版”新三板。

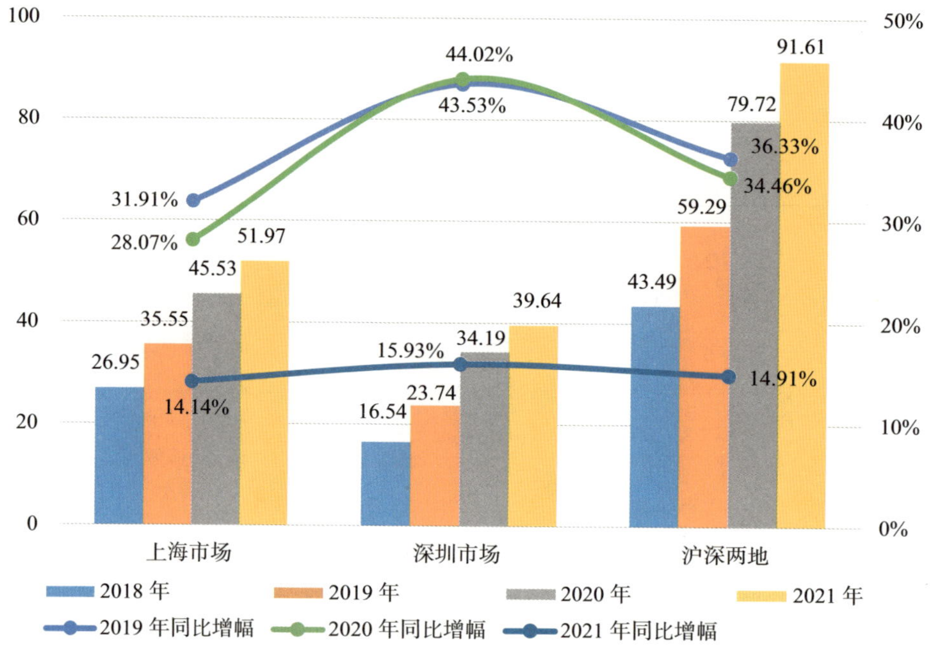

数据来源：wind 数据。

图 2-9　2018—2021 年沪深两地市值变化（单位：万亿元）

2021 年 11 月 15 日，北京证券交易所正式开市，81 家中小企业成为首批上市公司（含 71 家原新三板精选层平移企业和 10 家新公开发行企业）。至此，国内 A 股市场正式涵盖了上海、深圳、北京三地。开市首日，北京证券交易所股票成交额达到 95.76 亿元，其中 10 只新股收盘全部上涨，平均涨幅 199.80%；11 月 24 日，第 82 只个股成功登陆北交所，截至 2021 年 12 月 31 日，北京证券交易所共有上市公司 82 家，总市值为 2722.75 亿元。

与沪深两地交易所不同，北京证券交易所在功能上以服务创新型中小企业为主，坚持错位发展与互联互通，发挥好转板上市功能，在区位上也将立足北京，重点服务京津冀，甚至是整个北方地区。在此定位下，北京证券交易所的成立意义非凡，也将为北京企业，尤其是新三板挂牌北京企业的融资发展带来更多的机遇。

在三大市场同步推进的情况下，国内 A 股市场呈现出积极的活力。据

Wind 数据显示，截至 2021 年 12 月 31 日，全年共新增 524 家 A 股上市公司（包括上证及深证主板、深证创业板、上证科创板、北交所），再次刷新纪录。至此，A 股上市公司总数达到 4697 家，累计总市值也达到了 91.88 万亿元。[①]

放眼国内整体市场，各行业表现不一，按照申万一级行业分类，在 31 个行业中，有 21 个行业上涨，10 个行业下跌，其中能源行业势头最猛，电气设备以 47.86% 的涨幅位居榜首，有色金属紧随其后，年内上涨 40.47%，煤炭、基础化工、钢铁等涨幅也均超过 30%。与能源行业相对的则是众多非实体经济陷入一定困境，非银金融以 17.55% 的跌幅几近垫底，仅次于家用电器；房地产和社会服务的跌幅也均超过了 10%，分别位居跌幅榜第三、第四位。而包含影视文化在内的传媒行业全年小跌 0.47%，低于市场整体涨幅，为影视行业的资本市场表现奠定了总基调（见图 2-10）。

具体到北京市，2021 年，北京市依然保持了资本市场的领先地位，全年共新增 74 家公司登陆全球资本市场，其中港股 22 家、美股 12 家、A 股 40 家，新增 A 股上市公司数量排在广东省、浙江省、江苏省、上海市之后，位居全国第五。至此，注册地为北京市的 A 股上市公司共计 425 家，占全国总量的 9.05%（上证及深证主板 245 家、深证创业板 118 家、上证科创板 50 家、北交所 12 家），仅次于广东省（762 家）、浙江省（605 家）、江苏省（571 家），排名全国第四，高于上海市的 387 家；累计总市值达 20.14 万亿元，占 A 股总市值的 21.92%，排名全国第一。就行业分布而言，425 家北京市 A 股上市公司涵盖 67 个行业，其中计算机应用行业的公司数量最多，共计 74 家，文化传媒行业 26 家，排名第二（其中影视板块共 6 家）；银行业总市值最高，达到 62694.76 亿元。北京市科技企业聚集，创新领先优势明显，兼具金融服务体系不断完善，良好的基础环境为上市公司带来新的动力。

① 因统计口径不一致，相关数据会有部分小幅出入，下同。

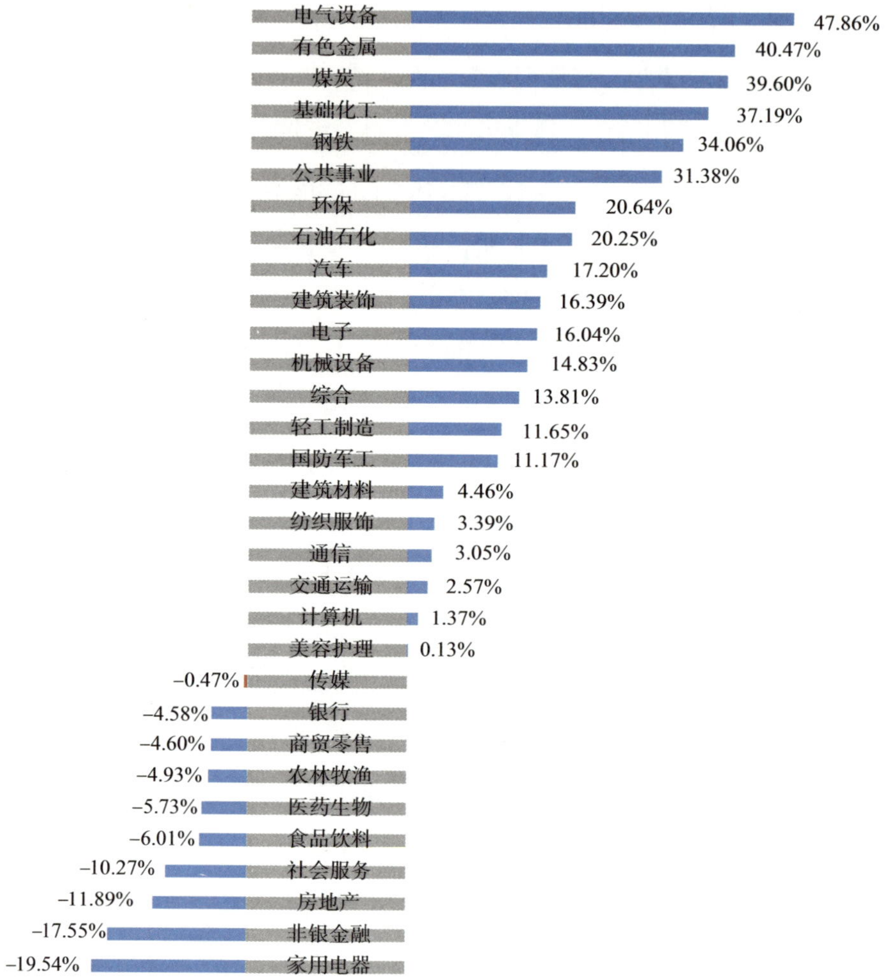

数据来源：wind数据。

图 2-10　2021 年申万一级行业涨跌幅

二、A 股上市影视公司资本市场表现

随着 2021 年 3 月 *ST 长城（长城影视）发布公告宣布退市；东方时代剥离影视业务，主营业务彻底转向量具量仪的研发、生产和销售；电广传媒更偏向文旅、投资、传媒游戏业务，国内真正持续开展影视业务的上

市公司仅剩28家（具体见表2-3），北京市共6家，分别是万达电影、中国电影、光线传媒、捷成股份、华录百纳和ST北文（北京文化），占比达到21.43%。其中，万达电影、中国电影、光线传媒和ST北文以电影业务为主，具备完善的制作、发行、放映业务体系，均已成为行业领头企业；华录百纳以电视剧制作为主要业务，但在2021年也发力电影及动漫业务，并通过动画电影的出品制作展现出不错的盈利能力；捷成股份以版权服务为主要业务，兼具音视频制作、数字教育服务等，最近两年涉及电影领域相对较少（见表2-3）。

表2-3　全国A股上市影视公司基本信息

序号	所属地区	公司名称	业务范畴	首发上市日期	主营业务	实际控股人
1	北京市	ST北文	电影制作、发行、放映等相关业务	1998年1月8日	影视文化业务	无
2		光线传媒		2011年8月3日	影视业务、动漫业务、内容关联业务、产业投资	王长田
3		万达电影		2015年1月22日	院线电影放映业务、影视投资制作与发行业务、网络游戏发行与运营业务、广告与传媒业务	王健林
4		中国电影		2016年8月9日	影视制片制作、电影发行营销、电影放映及影视服务四大业务板块	中国电影集团公司
5		华录百纳	电视剧投资、制作等相关业务	2012年2月9日	剧集业务、电影业务、营销业务、动漫业务	何剑锋
6		捷成股份	平台、版权服务及相关增长服务	2011年2月22日	新媒体版权运营、音视频技术服务、影视内容制作与发行、数字教育服务	周楠

续表

序号	所属地区	公司名称	业务范畴	首发上市日期	主营业务	实际控股人
7	浙江省	华谊兄弟	电影制作、发行、放映等相关业务	2009年10月30日	电影制作、发行及衍生业务；电视剧的制作、发行及衍生业务；艺人经纪服务及相关服务业务。主要产品包括电影、电视剧。音乐的创作、发行及衍生业务，影院的投资管理运营业务	王忠磊、王忠军
8		横店影视		2017年10月12日	院线发行、电影放映及相关衍生业务	东阳市横店社团经济企业联合会
9		慈文传媒	电视剧投资、制作等相关业务	2010年1月26日	影视、游戏产品及渠道推广、艺人经纪服务和广告业务	江西省出版集团公司
10		华策影视		2010年10月26日	为影视娱乐内容提供、运营，以及产业战略布局	赵依芳、傅梅城
11		唐德影视		2015年2月17日	电视剧投资、制作、发行和衍生业务；电影投资、制作、发行和衍生业务；艺人经纪及相关服务业务；影视广告制作及相关服务业务；影视剧后期制作服务业务	浙江广播电视集团
12		完美世界	影视+、文娱行业内容跨界	2011年10月28日	网络游戏的研发、发行和运营；电视剧、电影的制作、发行及衍生业务；综艺娱乐业务；艺人经纪服务及相关服务业务	池宇峰

续表

序号	所属地区	公司名称	业务范畴	首发上市日期	主营业务	实际控股人
13	浙江省	祥源文化	动漫及衍生业务	2003年2月20日	动漫创作、动漫衍生品研发生产、互联网金融、游戏、电竞等	俞发祥
14		浙文影业	实业跨界影视	2011年5月27日	纺织、影视业务	浙江省财政厅
15	上海市	上海电影	电影制作、发行、放映等相关业务	2016年8月17日	电影发行及放映业务	上海市国有资产监督管理委员会
16		新文化	影视+、文娱行业内容跨界	2012年7月10日	电视剧、电影等内容产品的投资、制作、发行及衍生业务以及基于户外LED大屏幕资源所拓展的线上线下媒体运营、媒体资源开发和广告发布业务	张赛美
17		中视传媒		1997年6月16日	影视拍摄、电视剧节目制作、销售经营，影视设备租赁，高清晰度影视技术、代理各类广告业务，影视拍摄基地开发、经营等	中央电视台
18	广东省	金逸影视	电影制作、发行、放映等相关业务	2017年10月16日	院线发行、电影放映及相关衍生业务、影视制作投资	李玉珍、李根长
19		奥飞娱乐	动漫及衍生业务	2009年9月10日	动漫影视片制作、发行、授权以及动漫玩具和非动漫玩具的开发、生产与销售	蔡东青、蔡晓东、李丽卿
20		鼎龙文化	影视+、文娱行业内容跨界	2010年11月17日	钛矿业务，游戏、影视业务	龙学勤

续表

序号	所属地区	公司名称	业务范畴	首发上市日期	主营业务	实际控股人
21	江苏省	幸福蓝海	电影制作、发行、放映等相关业务	2016年8月8日	电视剧业务和电影业务	江苏省人民政府
22		中南文化	实业跨界影视	2010年7月13日	工业金属管件和压力容器制造，电视剧制作、发行及其衍生业务	江阴高新技术产业开发区管委会
23	湖南省	芒果超媒	平台、版权服务及相关增长服务	2015年1月21日	芒果TV互联网视频、新媒体互动娱乐内容制作、媒体零售及其他	湖南广播电视台
24		中广天择		2017年8月11日	电视、互联网和移动互联网等视频内容的制作、发行和营销；电视剧播映权运营、影视剧投资、MCN运营、电商销售	长沙广播电视集团有限公司
25	辽宁省	文投控股	电影制作、发行、放映等相关业务	1996年7月1日	影城运营管理、影视投资制作及发行、游戏研发与运营、“文化+”业务，涉及文化娱乐相关产业	北京市国有文化资产管理中心
26	重庆市	欢瑞世纪	电视剧投资、制作等相关业务	1999年1月15日	影视剧制作发行、艺人经纪、游戏及其衍生业务	赵枳程
27	湖北省	当代文体（ST明诚）	影视+、文娱行业内容跨界	1998年3月3日	影视产品制作销售及发行、艺人经纪、节目制作、影院投资及管理、娱乐营销、体育营销、体育版权贸易、体育经纪、体育场馆运营、体育培训、赛事运营	武汉市人民政府国有资产监督管理委员会

续表

序号	所属地区	公司名称	业务范畴	首发上市日期	主营业务	实际控股人
28	山西省	*ST当代	影视+、文娱行业内容跨界	1997年1月24日	电视剧、影院运营以及云计算、大数据、IT系统集成业务等	王玲玲

资料来源：wind数据，截至2021年12月31日。

除北京市外，全国上市影视公司最多的当属浙江省，凭借东阳的政策优势及杭州的区位优势，共有包括华谊兄弟、横店影视、慈文传媒、华策影视、唐德影视、完美世界、浙文影业等在内的8家企业，占比28.57%，为全国最多（其中华谊兄弟、横店影视属于电影范畴）；其次为上海市和广东省，分别拥有以上海电影、金逸影视等2家电影范畴企业为代表的3家A股上市影视公司，占比均为10.47%；江苏省和湖南省则有2家上市影视公司，代表公司分别为幸福蓝海和芒果超媒（前者属于电影范畴）；辽宁省、重庆市、湖北省、山西省则各有1家，其中，文投控股虽然注册地在辽宁，但实际控股人为北京市国有文化资产管理中心，属于电影业务范畴（见图2-11）。

随着新冠肺炎疫情的有效防控和宏观经济环境的回暖，2021年上半年，各大影视公司的营业状况陆续好转，但下半年的疫情反复迫使部分影院停业，也给影视公司，尤其是以电影为主营业务的公司带来一定的震荡和冲击。据统计，截至2021年末，28家A股上市影视公司的总市值为3716.94亿元，相较于2020年同期的3948.62亿元缩水231.68亿元，跌幅5.87%。具体到电影板块，10家电影范畴公司的总市值为1353.40亿元，比2020年的1423.31亿元下降69.91亿元，跌幅为4.91%，略好于影视公司的整体情况。但值得注意的是，这已经是10家公司总市值的连续2年下跌，总额已经跌破2018年的1381.66亿元，为近五年最低。

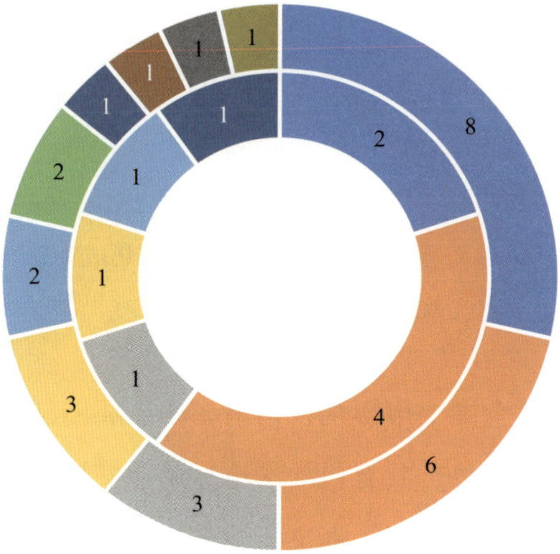

数据来源：wind 数据。

备注：外圈为A股总上市公司数量，内圈为电影业务范畴A股上市影视公司数量。

图 2-11　2021 年各省市 A 股总上市公司及电影业务范畴影视公司数量对比（单位：家）

具体而言，28 家上市影视公司中，17 家成功实现市值增长（其中仅光线传媒、中国电影、文投控股、幸福蓝海等 4 家为电影范畴内的影视公司，占比仅为 23.53%），远高于 2020 年的 7 家，与 2019 年相当。其中，涨幅最高的为捷成股份，达到 95.98%，*ST 当代也达到了 89.05%，欢瑞世纪的涨幅为 72.80%。而 11 家市值下跌的企业（万达电影、华谊兄弟、横店影视、上海电影、ST 北文、金逸影视等 6 家为电影范畴，占比高达 54.55%）中，跌幅最大的为完美世界，达到 31.15%，横店影视、金逸影视的跌幅也超过了 20%（见表 2-4）。

市值最高的为一枝独秀的芒果超媒，虽然因为疫情红利消退和热门综艺后续乏力等，芒果超媒的股价和市值大幅下跌，但截至 2021 年末，仍然守住了千亿元大关，达到 1070.43 亿元，也是唯一一家市值超过一千亿元的上市影视公司（不过，随着爆款内容的持续缺席，步入 2022 年的芒果超媒，其股价和市值下跌的趋势并没有得到缓解，总市值一度跌破500亿元）。市值在100亿元至1000亿元之间的共7家，分别为完美世界、光线传媒、万达电影、中国电影、捷成股份、华策影视、华谊兄弟，其中4家来自北京，3家来自浙江。完美世界曾同样坐享疫情红利，但在2021年却跌幅明显，市值直接跌破400亿元，仅为394.01亿元，虽然勉强保住了第二的位置，但与第三名的差距越来越小；光线传媒、万达电影的市值均超过了300亿元，中国电影市值超200亿元。其余20家的市值则低于100亿元，其中*ST当代虽然实现了89.05%的增幅，但总市值仅18.56亿元，继续垫底（见表2-4）。

表2-4　2021年A股上市影视公司股价及市值变化

序号	公司名称	2020年末股票收盘价（元）	2021年末股票收盘价（元）	2021年股价涨幅	2020年末总市值（亿元）	2021年末总市值（亿元）	2021年市值涨跌幅
1	芒果超媒	72.50	57.22	–20.94%	1290.77	1070.43	–17.07%
2	完美世界	29.50	20.31	–30.66%	572.29	394.01	–31.15%
3	光线传媒	12.07	12.85	6.55%	354.09	376.97	6.46%
4	万达电影	18.08	15.48	–14.38%	403.32	345.32	–14.38%
5	中国电影	12.46	12.81	2.81%	232.63	239.16	2.81%
6	捷成股份	3.23	6.33	95.98%	83.17	163.00	95.98%
7	华策影视	6.18	6.77	9.90%	108.50	128.70	18.62%
8	华谊兄弟	4.30	3.96	–7.91%	119.51	109.87	–8.06%
9	奥飞娱乐	6.09	6.33	3.94%	82.65	93.60	13.25%
10	横店影视	18.85	13.21	–29.92%	119.55	83.78	–29.92%
11	中南文化	2.04	3.30	61.76%	49.01	78.93	61.03%
12	华录百纳	4.89	6.85	40.08%	44.94	62.94	40.06%
13	文投控股	2.36	3.33	41.10%	43.77	61.77	41.10%

续表

序号	公司名称	2020 年末股票收盘价（元）	2021 年末股票收盘价（元）	2021 年股价涨幅	2020 年末总市值（亿元）	2021 年末总市值（亿元）	2021 年市值涨跌幅
14	上海电影	10.91	10.82	−0.82%	48.90	48.50	−0.82%
15	中视传媒	11.90	11.40	−4.20%	47.33	45.34	−4.20%
16	欢瑞世纪	2.61	4.51	72.80%	25.60	44.24	72.80%
17	鼎龙文化	2.78	4.35	56.47%	23.85	40.02	67.78%
18	当代文体	6.84	6.70	−2.05%	39.99	39.17	−2.05%
19	浙文影业	2.78	3.35	20.50%	24.82	38.88	56.65%
20	唐德影视	6.54	8.59	31.35%	27.40	35.63	30.05%
21	ST 北文	5.87	4.92	−16.18%	42.02	35.22	−16.18%
22	新文化	3.23	3.87	19.81%	26.04	31.20	19.81%
23	祥源文化	3.58	5.03	40.50%	22.17	31.16	40.50%
24	金逸影视	9.60	7.54	−21.46%	36.13	28.37	−21.46%
25	慈文传媒	6.44	5.79	−10.09%	30.59	27.50	−10.09%
26	幸福蓝海	6.28	6.56	4.46%	23.40	24.44	4.46%
27	中广天择	12.59	15.58	23.75%	16.37	20.25	23.75%
28	*ST 当代	1.24	2.35	89.52%	9.82	18.56	89.05%

数据来源：wind 数据，标红为北京市 A 股上市影视公司。

与国内影视行情整体走低有所不同，北京市 A 股上市的 6 家影视公司 2021 年度总市值为 1222.60 亿元（占全国总市值的 32.89%），继续保持全国第一，比 2020 年度总市值 1160.16 亿元（占全国总市值的 29.38%）增长 62.44 亿元，增幅为 5.38%，表现明显高于全国水平；其中电影板块的 4 家公司的总市值则达到了 996.67 亿元（占全国总量的 73.64%），比 2020 年的 1032.05 亿元（占全国总量的 74.70%）缩水 35.38 亿元，跌幅为 3.43%，同样好于全国平均水平（见图 2-12）。

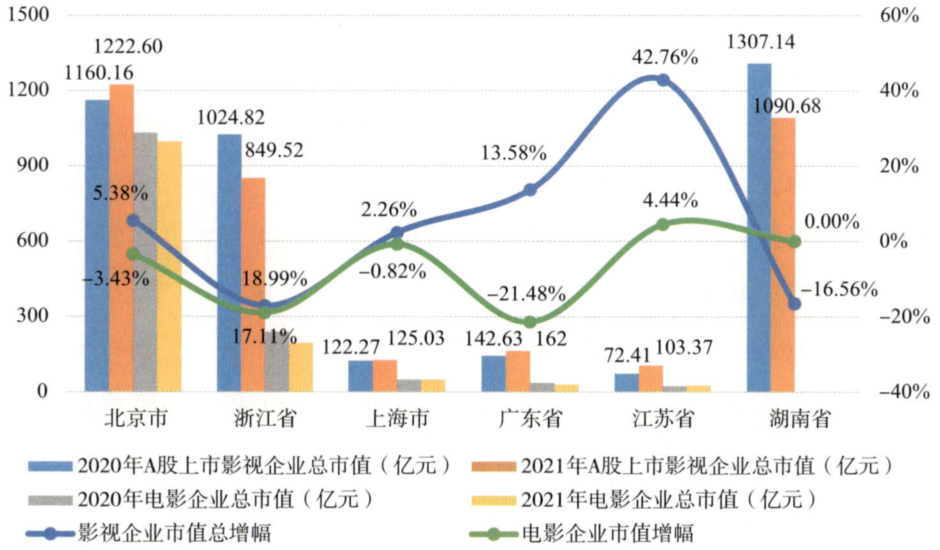

数据来源：wind数据。

图 2-12　2021 年各主要省市 A 股上市及电影业务范畴影视公司市值变化

拥有 8 家 A 股上市影视公司的浙江省，2021 年度总市值为 849.52 亿元（占全国总市值的 22.86%），比 2020 年的 1024.82 亿元（占全国总市值的 25.95%）减少了 175.3 亿元，跌幅近 17.11%；其中电影板块的 2 家公司总市值为 193.65 亿元（占全国总量的 14.31%），比 2020 年的 239.05 亿元（占全国总量的 16.80%）下跌 19.88%；上海市和广东省的 3 家上市影视公司的总市值分别为 125.03 亿元和 162.00 亿元，同比增长分别为 2.26% 和 13.58%；而江苏省和湖南省的 2 家影视公司的总市值分别为 103.37 亿元和 1090.68 亿元，同比增幅分别为 42.76% 和 -16.56%。

北京市 A 股上市影视公司，虽然在数量和总市值方面与浙江省长期保持你追我赶的竞争态势，但在电影板块却保持了显著的领先优势。具体而言，6 家 A 股上市影视公司中，共有捷成股份、华录百纳、光线传媒和中国电影等 4 家公司实现市值正增长，而作为影视板块龙头企业的万达电影和风波不断的 ST 北文则出现了市值缩水。

在几家公司中，表现最为突出的是捷成股份，年度总市值从 83.17 亿元一跃升至 163.00 亿元，涨幅 95.98%，领跑全国。随着国内版权意识及相应政策法规的不断完善，版权服务已经成为影视领域的一大重要板块，作为以“内容版权运营”为战略核心的企业，捷成股份与众多视频平台、运营商以及硬件提供商保持着良好的合作关系，并不断扩大版权采购规模。2021 年 12 月，国家版权局印发《版权工作“十四五”规划》，对版权产业做出明确规划，保护力度进一步加强，受到有利外部政策环境的影响，捷成股份的营收持续增长，2021 年全年营收达到约 30.87 亿元，同比增幅为 28.63%，其股价也由年初开盘时的 3.23 元涨至 12 月 31 日收盘时的 6.33 元。华录百纳的市值涨幅则达到 40.06%，从 2020 年的 44.94 亿元升至 62.94 亿元，凭借自身多年的行业积累及控股子公司北京精彩的异军突起，2021 年华录百纳在电影领域取得重大突破，参与了《你好，李焕英》《唐人街探案 3》《雄狮少年》《我们是第一书记》等 4 部影片的出品和发行，逐步从以电视剧制作为主营业务稳步拓展至电影领域。

2021 年上市电影企业出现的最大变化，莫过于光线传媒超越万达电影，成为电影业务范畴内市值最高的企业。虽然 2020 年度两家企业均实现市值正增长，但 2021 年仅光线传媒保持了增长态势，以 376.97 亿元的总市值超过万达电影，增幅为 6.46%，但二级市场却表现一般，年末收盘股价仅比去年同期上涨 0.78 元。万达电影则在疫情影响之下，受影院等重资产的严重拖累，市值下跌了近 60 亿元，仅剩 345.32 亿元，跌幅为 14.38%，暂时位居全国第二。中国电影年末总市值为 239.16 亿元，相比 2020 年市值增加 6.53 亿元，整体情况已逐渐好转，加之 2021 年恰逢中国共产党成立 100 周年，中国电影参与出品《长津湖》《我和我的父辈》等精品影片，持续推动电影产业的高质量发展（见图 2-13）。

负面消息不断的 ST 北文，在 2020 年市值同比下跌 24.49 亿元后，

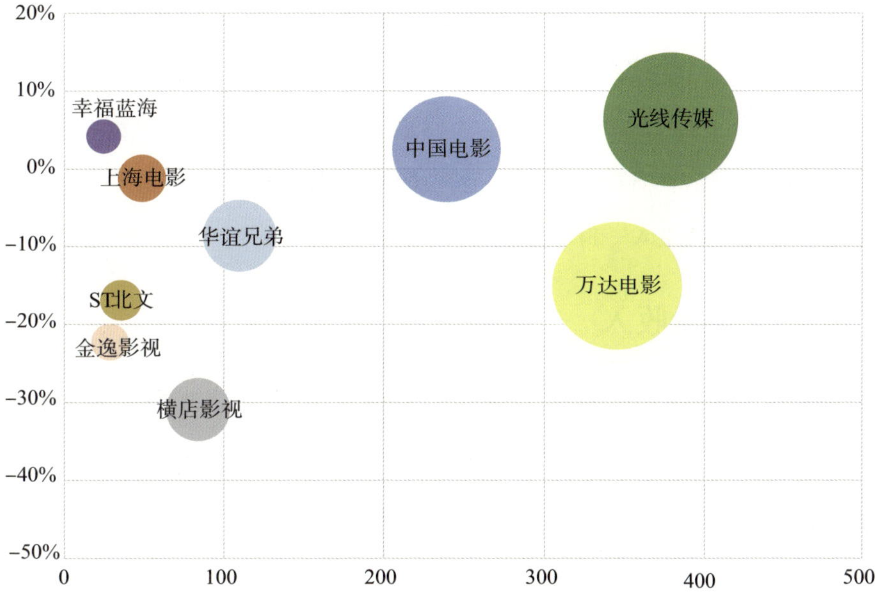

备注：X轴为2021年市值（单位：亿元）；Y轴为2021年市值增长率。

图2-13　2021年A股10家电影业务范畴上市影视公司市值变化

2021年再度下跌了6.80亿元，跌幅达到16.18%。ST北文原名北京文化，自2021年5月6日开盘起被警示变更为“ST北文”，虽然押中春节档黑马电影《你好，李焕英》，但却将其保底发行权委托给恒腾网络，自身所获收益相对有限，经营状况并没有因此改善太多。从连续曝出信息披露违法违规到因郑爽事件被证监会处罚，ST北文不断陷入各种危机，股价也从年初开盘的5.87元跌至4.92元，一路走低，也是全国唯一被ST的上市电影公司。

三、A股影视公司营业收入及净利润变化情况

疫情的持续给人们的日常生产生活带来严重影响，市场供给和需求均下降，影视行业各公司营业收入和净利润普遍不佳，经过一年的缓冲和调整，2021年影视行业缓步复苏，不仅网络视听内容的生产、制作、播出持

续稳步增长，依靠电影院等传统线下经营模式的电影产业也进一步回暖。2021 年初的春节档黑马《你好，李焕英》表现亮眼，最终票房突破 50 亿元，国庆档的《长津湖》则超越《战狼Ⅱ》刷新中国电影票房纪录，将票房成绩最终定格在 57.75 亿元。这些都展现出了积极的消费趋势，为未来电影市场的发展注入一针“强心剂”。

（一）营业收入

截至 2021 年末，28 家 A 股上市影视公司累计营业收入为 706.44 亿元，较 2020 年的 552.55 亿元增长 153.89 亿元，增幅达到 27.85%，但这一数据仍低于 2019 年的 816.90 亿元；具体到电影板块，10 家电影上市公司的营业收入累计近 273.54 亿元（占全国影视企业营收总额的 38.72%，略高于数量占比），较 2020 年的 153.18 亿元（占全国影视企业营收总额的 27.72%）暴涨 120.36 亿元，增幅高达 78.57%，显示了电影产业强劲的复苏实力，但这一数据仍与 2019 年的 409.04 亿元有着不小的差距。

具体而言，28 家 A 股上市影视公司，共有 20 家实现营业收入的正增长，远多于 2020 年的 5 家，显示了整个行业的强劲复苏实力，其中尤以地处北京市的华录百纳增幅最高，达到 182.76%，唐德影视、横店影视、上海电影的增幅也接近 140%，当代文体、欢瑞世纪的增幅也均超过了 100%；7 家营业收入下跌的公司中，跌幅最大的当属新文化，营收从 2020 年的 3.39 亿元跌至 1.42 亿元，跌幅高达 57.96%，濒临退市红线；而慈文传媒、ST 北文的跌幅也均超过了 30%（见表 2-5）。

营业收入超过 100 亿元的共 2 家企业，排在榜首的依然是芒果超媒，以 153.56 亿元的总收入和 9.64% 的增幅，连续两年保持了影视第一股的优势地位；而在上一年度惨遭腰斩的万达电影则以 98.40% 的增幅，暴涨至 124.90 亿元，超越完美世界，排在榜单第二位。作为曾经绝对的王者，拥有众多影院重资产的万达电影深受疫情冲击，几经波折，但逐步恢复的趋势越发明显。营业收入在50亿元至100亿元的企业同样是2家，为完美世界和中国电影，其中中国电影与万达电影类似，同样因为受影院等重资产拖累在2020年经历了营收的大幅下滑，又在2021年快速回暖，最终年度营收达到了58.16亿元，但与疫情前的90.68亿元仍有一定的差距。营业收入在10亿元至50亿元的企业共10家，电影范畴的共有横店影视、华谊兄弟、金逸影视、光线传媒等4家，其中华谊兄弟、光线传媒这2家以内容生产为主营业务的企业表现不佳，小幅下跌或仅微弱增长，而另外2家有院线支撑的企业均实现了大幅增长。营业收入低于10亿元的企业共14家，电影范畴的有幸福蓝海、文投控股、上海电影、ST北文等4家企业，同样维持了院线业务回暖、内容生产业务持续受压的态势。

表2-5　2021年A股上市影视公司营业收入变化

序号	公司名称	2019年营业收入（亿元）	2020年营业收入（亿元）	2021年营业收入（亿元）	2020年增幅	2021年增幅
1	芒果超媒	125.01	140.06	153.56	12.04%	9.64%
2	万达电影	154.35	62.95	124.90	–59.21%	98.40%
3	完美世界	80.39	102.25	85.18	27.19%	–16.69%
4	中国电影	90.68	29.50	58.16	–67.47%	97.16%
5	华策影视	26.31	37.32	38.07	41.88%	2.00%
6	捷成股份	36.05	31.84	37.27	–11.69%	17.07%
7	奥飞娱乐	27.27	23.68	26.44	–13.15%	11.66%
8	浙文影业	30.35	16.93	24.52	–44.24%	44.86%
9	横店影视	29.34	9.90	23.66	–66.27%	139.06%
10	当代文体	17.82	7.00	15.54	–60.74%	122.03%
11	华谊兄弟	22.44	15.00	13.99	–33.14%	–6.73%
12	金逸影视	20.69	5.89	13.62	–71.51%	131.12%
13	中视传媒	8.56	7.78	11.88	–9.05%	52.64%
14	光线传媒	28.29	11.59	11.68	–59.04%	0.74%
15	幸福蓝海	21.38	5.71	9.47	–73.28%	65.86%

续表

序号	公司名称	2019 年营业收入（亿元）	2020 年营业收入（亿元）	2021 年营业收入（亿元）	2020 年增幅	2021 年增幅
16	华录百纳	6.11	2.84	8.03	–53.57%	182.76%
17	文投控股	22.24	5.28	7.76	–76.26%	46.99%
18	上海电影	11.07	3.09	7.31	–72.05%	136.37%
19	鼎龙文化	10.64	4.45	6.54	–58.19%	47.06%
20	中南文化	5.98	3.87	4.82	–35.26%	24.49%
21	唐德影视	–1.15	1.99	4.76	273.35%	139.27%
22	慈文传媒	11.71	6.74	4.05	–42.45%	–39.88%
23	欢瑞世纪	5.40	1.85	3.88	–65.76%	109.71%
24	ST 北文	8.55	4.26	2.98	–50.22%	–30.02%
25	中广天择	2.69	2.99	2.73	11.27%	–8.65%
26	祥源文化	4.22	2.32	2.47	–45.01%	6.20%
27	*ST 当代	4.95	2.08	1.75	–57.94%	–15.93%
28	新文化	5.56	3.39	1.42	–39.06%	–57.96%

数据来源：wind 数据，标红为北京市 A 股上市影视公司。

全国经济民生回暖的整体态势，也让北京市的 A 股上市公司打了个漂亮的翻身仗，在 2020 年全员营收下跌的情况下，2021 年除 ST 北文受客观因素影响延续了收缩的态势外，其余 5 家均实现了恢复性增长。万达电影、中国电影分别位列全国榜单的第二、第四位；捷成股份以小幅增长的态势恢复至 2019 年的水平，在全国榜单中也排在第六位；光线传媒继续稳扎稳打，与上一年度基本持平，华录百纳则拥有全国第一的同比增速，达到近三年最高水平。

整体而言，6 家北京市 A 股上市影视公司 2021 年的总营业收入为 243.02 亿元（占全国总营收的 34.40%），较 2020 年的 142.98 亿元（占全国总营收的 25.88%），增长约 100.04 亿元，增幅为 69.97%，明显高于全国平均水平，并成功超越浙江省，重新回到全国第一的位置，但仍远低于2019年的324.03亿元；而4家电影业务的公司（万达电影、中国电影、光线传媒、ST北文），总营业收入近197.72亿元（占全国总量的72.28%），较2020年的108.30亿元（占全国总量的70.70%）增长89.42亿元，涨幅为82.57%，略高于全国平均水平（见图2-14）。

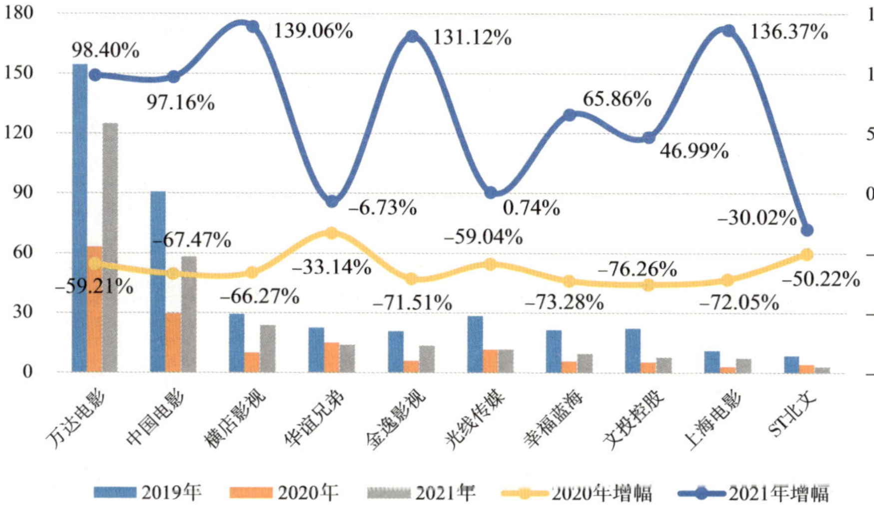

数据来源：wind数据。

图2-14　2019—2021年10家A股电影公司营业收入变化（单位：亿元）

浙江省的8家A股上市影视公司，2021年的总营收为196.70亿元（占全国总营收的27.84%），较2020年的192.45亿元（占全国总营收的34.83%），仅增长不足4.25亿元，增幅仅为2.21%，明显低于全国平均水平；2家电影业务的公司（横店影视、华谊兄弟）总营收仅为37.65亿元（占全国总量的13.76%），较2020年的24.90亿元（占全国总量的16.26%）增长51.20%。上海市和广东省3家上市公司总营收分别为20.62亿元和46.61亿元，同比增长44.52%和35.47%。江苏省和湖南省2家企业的总营收分别为14.29亿元和156.29亿元，同比增幅分别为49.16%和9.26%（见图2-15）。

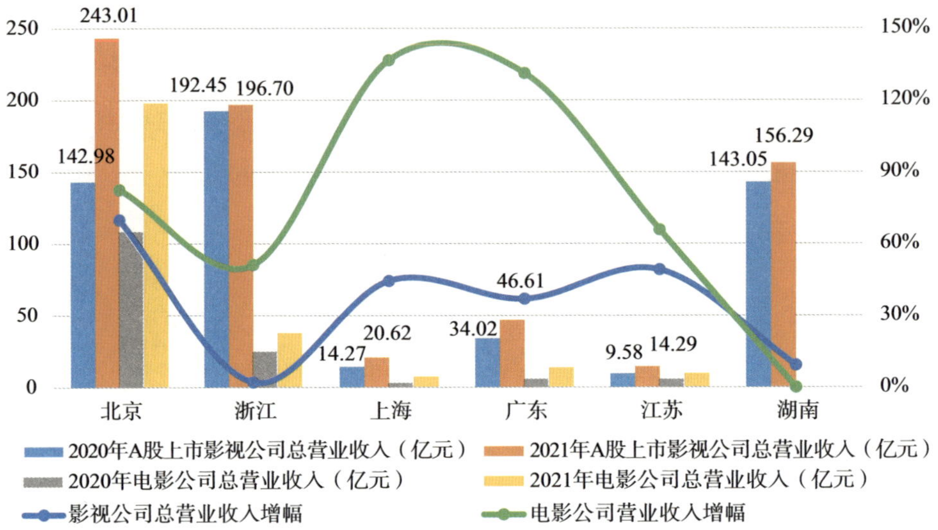

数据来源：wind 数据。

图 2-15　2020—2021 年各主要省市 A 股上市及电影业务范畴影视公司营业收入变化

（二）净利润

在归属上市公司股东的净利润方面，得益于营业收入的普遍性增长，各大影视企业的净利润迎来恢复性增长。截至 2021 年末，28 家 A 股上市影视公司的累计净利润为 –5.79 亿元，虽然整体仍处于亏损状态，但相较 2020 年的 –174.24 亿元、2019 年的 –156.90 亿元、2018 年的 –50.42 亿元，已呈现出极强的反弹态势，经历了市场整顿和前两年的商誉减值，各大上市影视公司开始轻装上阵，表现出恢复盈利的趋势。而 10 家电影业务范畴的企业，累计净利润为 –15.57 亿元，表现要弱于行业整体水平，但相比于 2020 年亏损 140.18 亿元、2019 年亏损 84.39 亿元，同样有较大幅度的回暖，不过相比于 2018 年的盈利 33.83 亿元，差距仍然较大。

具体而言，在 28 家公司中，共有 15 家实现盈利（电影类公司共 4 家），超过半数，在绝对数量上也远高于 2020 年的 9 家。其中 22 家实现了净利润的正增长或恢复性增长，远高于 2020 年 10 家公司的数量，其中增幅最高的为中广天择，达到 193.66%，成功扭亏为盈，中国电影和捷成股份的增幅也达到了 142.50% 和 134.83%，唐德影视、浙文影业、上海电影、横店影视、万达电影的增幅也超过了 100%；6 家同比下降的企业中，*ST 当代的跌幅最高，达到了 688.51%，为全国最高，而一向步伐稳健的光线传媒则罕见地出现了净利润亏损，跌幅达到了 207.09%，鼎龙文化和完美世界的跌幅也超过了 50%（见表 2-6）。

表 2-6　2021 年 A 股上市影视公司归属上市公司股东的净利润变化

序号	公司名称	年度状态（三年内）	2019 年归属上市公司股东的净利润（万元）	2020 年归属上市公司股东的净利润（万元）	2021 年归属上市公司股东的净利润（万元）	2020 年增幅	2021 年增幅
1	芒果超媒	增长	115628.53	198215.95	211409.02	71.42%	6.66%
2	捷成股份	扭亏	−232506.13	−123857.50	43144.76	46.73%	134.83%
3	华策影视	增长	−146705.62	39918.65	40039.44	127.21%	0.30%
4	完美世界	略减	150279.67	154850.34	36915.40	3.04%	−76.16%
5	中国电影	扭亏	106144.66	−55626.36	23639.26	−152.41%	142.50%
6	中南文化	增长	−179847.43	13125.92	20719.58	107.30%	57.85%
7	万达电影	扭亏	−472858.60	−666869.55	10633.33	−41.03%	101.59%
8	浙文影业	扭亏	−96574.75	−102212.38	8528.46	−5.84%	108.34%
9	华录百纳	略减	11379.24	11229.98	6632.77	−1.31%	−40.94%

续表

序号	公司名称	年度状态（三年内）	2019 年归属上市公司股东的净利润（万元）	2020 年归属上市公司股东的净利润（万元）	2021 年归属上市公司股东的净利润（万元）	2020 年增幅	2021 年增幅
10	中广天择	扭亏	1934.91	-2395.50	2243.58	-223.80%	193.66%
11	上海电影	扭亏	13713.64	-43121.71	2187.15	-414.44%	105.07%
12	唐德影视	扭亏	-10675.38	-7889.05	1884.60	26.10%	123.89%
13	祥源文化	略减	-85334.48	1895.02	1811.94	102.22%	-4.38%
14	横店影视	扭亏	30060.22	-48052.58	1366.75	-259.85%	102.84%
15	鼎龙文化	略减	-83915.64	3354.51	429.58	104.00%	-87.19%
16	中视传媒	减亏	8989.24	-10707.23	-209.49	-219.11%	98.04%
17	ST 北文	减亏	-230583.48	-76737.35	-13339.66	66.72%	82.62%
18	*ST 当代	转亏	-61280.06	2468.57	-14527.83	104.03%	-688.51%
19	幸福蓝海	减亏	657.17	-38850.74	-17040.01	-6011.81%	56.14%
20	慈文传媒	减亏	16472.45	-35165.34	-23396.99	-313.48%	33.47%
21	华谊兄弟	减亏	-397769.17	-104806.00	-24624.34	73.65%	76.50%
22	光线传媒	首亏	94758.77	29105.48	-31168.26	-69.28%	-207.09%
23	欢瑞世纪	减亏	-55115.78	-78485.53	-33368.20	-42.40%	57.48%

续表

序号	公司名称	年度状态（三年内）	2019年归属上市公司股东的净利润（万元）	2020年归属上市公司股东的净利润（万元）	2021年归属上市公司股东的净利润（万元）	2020年增幅	2021年增幅
24	金逸影视	减亏	10660.54	-50595.73	-35594.94	-574.61%	29.65%
25	奥飞娱乐	减亏	12010.05	-45028.89	-41706.56	-474.93%	7.38%
26	新文化	减亏	-94844.66	-167261.54	-64963.79	-76.35%	61.16%
27	文投控股	减亏	1296.63	-346264.93	-71801.37	-26804.96%	79.26%
28	当代文体	减亏	10508.27	-192614.95	-97777.37	-1932.98%	49.24%

数据来源：wind数据，标红为北京上市影视公司。

全国盈利能力最出色的依然是芒果超媒，高达21.14亿元，在实现净利润三连涨的同时，更以断档式优势一枝独秀。捷成股份、华策影视、完美世界等3家位列第二梯队，虽然净利润均在4亿元上下，但各自表现却千差万别，其中捷成股份由上一年度的亏损12.39亿元一路逆袭，华策影视仅是平移式增长，而完美世界则是由上一年度的盈利15.49亿元大幅跌至3.69亿元。盈利超过1亿元的还有中国电影、中南文化、万达电影等3家，其中中国电影为表现最好的电影类上市公司，成功扭亏至盈利2.36亿元，而上一年度因为商誉减值也超大幅亏损66.69亿元的万达电影，在甩掉包袱后成功盈利1.06亿元。净利润低于1亿元的共8家，其中上海电影、横店影视这2家为电影类公司，分别盈利2187.15万元和1366.75万元。净利润亏损的13家企业中，ST北文、幸福蓝海、华谊兄弟、光线传媒、金逸影视、文投控股等6家为电影类公司（见图2-16）。

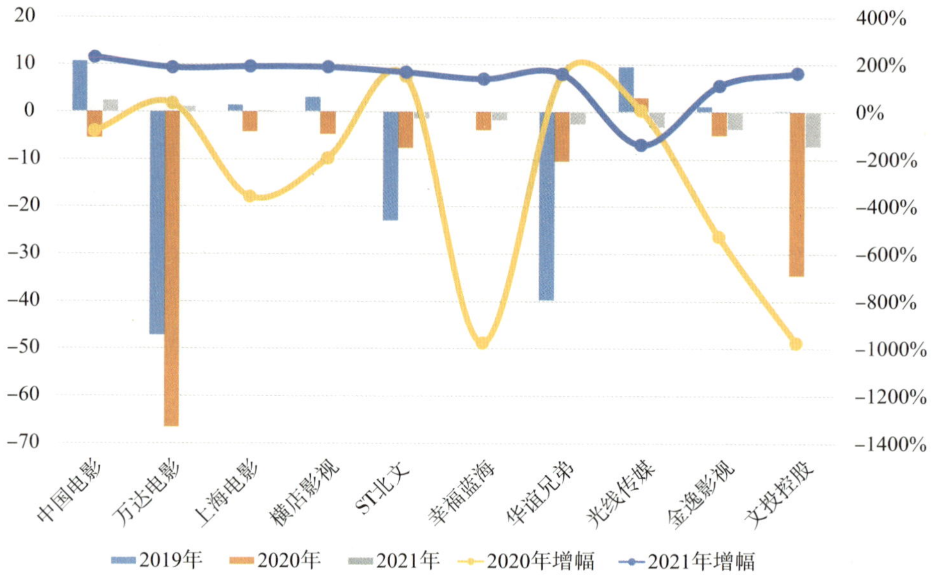

备注：2020 年文投控股与幸福蓝海增长率分别为 -26804.96% 和 -6011.81%，因与其他上市企业增长率差距过大，为不影响图表显示效果，在此均以增长率为 -1000% 处理。

图 2-16　2019—2021 年 10 家 A 股电影公司净利润变化（单位：亿元）

资本市场大环境的复苏，也使北京市影视公司的盈利能力得到极大恢复，2020 年，6 家北京市 A 股上市影视公司中，仅光线传媒和华录百纳等 2 家实现盈利，而在 2021 年，这一数据变成了 4 家，捷成股份、万达电影、中国电影等 3 家公司实现了净利润扭亏为盈，华录百纳与 2020 年相比有所减少，但仍为盈利；ST 北文虽然自 2019 年起已经连续第三年亏损，但亏损额已逐步收窄；唯一让人意外的是光线传媒，虽然在 2022 年 1 月份的业绩预告中显示净利润为正，但直至年报披露后，由于遵循 2021 年非上市企业全面执行新准则，投资的 2 家合伙企业核算方法有所调整，导致利润减为负值。

整体而言，2021 年北京市 6 家 A 股上市影视公司累计净利润为 3.95 亿元，轻松跑赢全国大盘，也较 2020 年的亏损近 88.28 亿元、2019 年的亏损近 72.37 亿元，实现大幅逆转，同比增幅达到 104.47%；4 家电影业务范畴公司的累计净利润为 1.02 亿元，与 2020 年的亏损 77.01 亿元、2019 年的亏损 50.25 亿元相比同样实现了跨越式恢复，同比增幅为 101.32%（见图 2-17）。

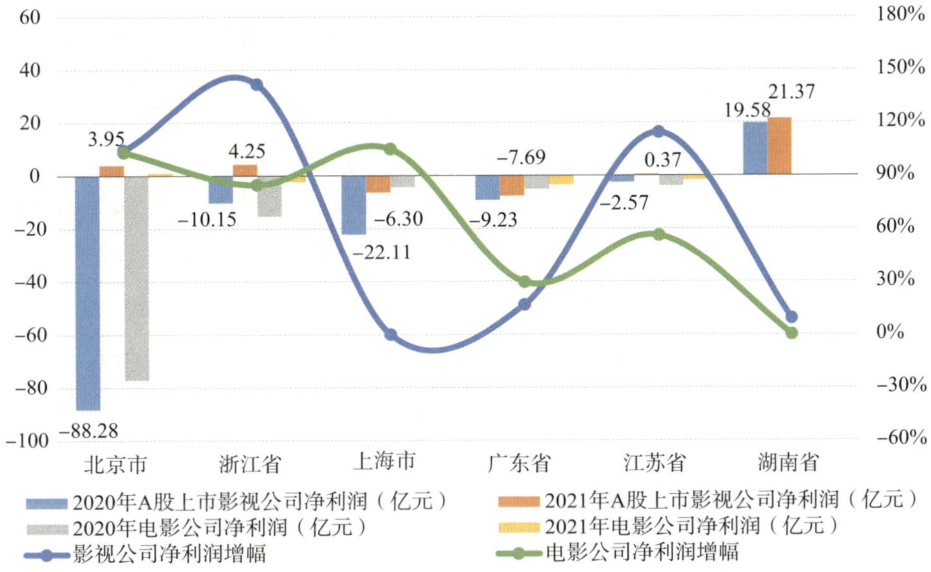

数据来源：wind 数据。

图 2-17　2020—2021 年各主要省市 A 股上市及电影业务范畴影视公司净利润变化

浙江省的 8 家公司在 2021 年表现抢眼，累计净利润由上一年度的亏损 10.15 亿元成功扭转为 4.25 亿元，同比增幅为 141.87%，连续多年优于北京市；而 2 家主营业务为电影的上市公司累计亏损近 2.33 亿元，相较于 2020 年的亏损 15.29 亿元同样大幅收窄，涨幅为 84.76%。上海市和广东省的 3 家上市影视公司分别累计亏损近 6.30 亿元和 7.69 亿元，均维持了全国统一的亏损收窄态势，涨幅分别为 71.51% 和 16.68%。江苏省与湖南省 2 家上市影视公司的累计净利润分别为 0.37 亿元和近 21.37 亿元，同比涨幅分别为 114.40% 和 9.14%。

四、北京市 A 股上市影视公司具体分析

在 A 股各大板块中，影视领域堪称受疫情影响最大的行业之一，影院关闭、创作停顿带来的持续性影响，使得电影票房产出大幅回落，这给以电影为主营业务的企业带来不小的冲击。所幸 2021 年电影市场行情向好发展，年度总票房达到了 470.36 亿元，整体规模有了显著回升。

北京市作为全国政治、文化中心，影视资源储备丰富，影视公司分布集中，更有中国电影、万达电影、光线传媒这样的影视龙头企业聚集。在所有的 28 家 A 股上市影视公司中，6 家北京市影视公司成绩突出，截至 2021 年 12 月 31 日，这 6 家公司的年度总市值分别排在 A 股影视公司榜单的第 3，4，5，6，13，22 位。其中除捷成股份主营版权业务外，万达电影、中国电影、光线传媒和 ST 北文等 4 家公司在电影制作、发行、放映中领先优势明显。而以电视剧生产制作为主营业务的华录百纳也开始涉足电影和动漫产业，在 2021 年收购了主营动漫制作开发和电影推广发行的北京光云动漫文化有限公司、北京精彩时间文化传媒有限公司，参与出品的多部影片获得了市场和观众的高度认可。

光线传媒近两年营业状况一直呈现积极的发展态势，市值从 2020 年的 354.09 亿元增长到 2021 年的 376.97 亿元，超过万达电影成为北京市值最高的上市影视公司。2021 年，光线传媒参与制作、发行了《你的婚礼》《以年为单位的恋爱》等多部中小成本电影，通过这种以小搏大的方式为公司带来更大收益。由于无影院等重资产，光线传媒全年营业收入为 11.68 亿元，位列全国影视股的第 14 位。虽然在多个公司实现扭亏为盈的上行状态下，光线传媒净利润出现了罕见的亏损，但主要原因在于对外投资公司项目核算方法调整带来的损失，其基本经营能力并未出现大幅波动。

具体到光线传媒 2021 年四个季度的营业情况，第一、二季度净利润分

别为 19844.70 万元和 28611.52 万元，上半年总盈利 48456.22 万元，同比增长 2255.45%，增长幅度惊人；但在上半年电影市场逐步稳定向前的情况下，下半年河南省、黑龙江省、陕西省等多地疫情反弹，中高风险地区再次面临影院停业的危机，电影市场受到不小的影响，光线传媒第三季度净利润回落至 6831.38 万元，但仍高于去年同期的 4314.82 万元，直至第四季度，才由于客观因素导致亏损 86455.86 万元（见表 2-7）。

表 2-7　2021 年北京 A 股上市影视公司各季度净利润

序号	公司名称	第一季度净利润（万元）	第二季度净利润（万元）	第三季度净利润（万元）	第四季度净利润（万元）
1	光线传媒	19844.70	28611.52	6831.38	–86455.86
2	万达电影	52421.87	11453.09	–34818.79	–18422.84
3	中国电影	14351.02	16172.55	–4361.95	–2522.35
4	捷成股份	9736.97	20810.48	15565.14	–2967.84
5	华录百纳	1939.03	–1108.74	5110.14	692.34
6	ST 北文	–2688.62	–1817.64	1733.95	–10567.35

数据来源：wind 数据。

如果说光线传媒作为以内容为主的电影公司，没有受影院经营方面的拖累，在疫情时期仍能维持一定的稳定性，那么万达电影在近两年的表现就没有那么乐观了，疫情的反复使国内电影院线业务受到很大冲击，海外业务同样受阻。2012 年，万达集团收购美国 AMC（American Multi-Cinema）公司 100% 股权，并推动其上市和并购，成为全球最大的电影院线企业，2021 年 5 月，万达集团发布公告称已全部退出 AMC 公司董事会，并大幅减持该公司股份。

受多方因素影响，2021 年万达电影总市值同比下跌 58 亿元，跌幅达到 14.8%，股价也从年初开盘的 18.08 元跌至年末收盘的 15.48 元。但即便如此，凭借市场整体恢复态势和《唐人街探案 3》《误杀 2》等影片的高票房，万达电影的年度总营业收入仍快速恢复至 124.92 亿元，在所有影视股中排名第二，仅次于芒果超媒。2019—2020 年，万达电影已连续两年亏损，亏损额度分别为 47.28 亿元和 66.69 亿元，2021 年终于扭亏为盈，盈利 1.06 亿元。分季度看，第一季度，受益于春节档的火爆，万达电影势头猛劲，盈利 52421.87 万元，遥遥领先其他公司，第二季度虽有所回落，但仍保持了 11453.09 万元的高位，上半年合计盈利 63874.95 万元，涨幅为 140.77%，第三季度由于外部环境的影响，公司净利润再次出现亏损，亏损额为 34818.79 万元，而第四季度仍未彻底摆脱疫情影响，但亏损略有收窄，为 18422.84 万元（见图 2-18）。

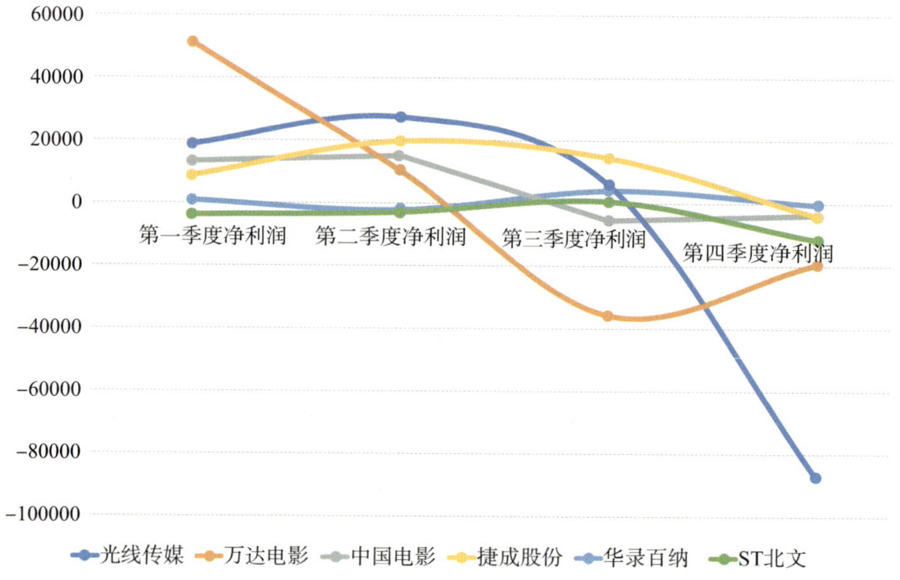

数据来源：wind 数据。

图 2-18　2021 年北京 A 股上市影视公司各季度净利润变化（单位：万元）

2021 年中国电影市值实现小幅增长，排名与 2020 年相同，在所有 A 股上市影视公司中稳居第 5 位，在北京市 A 股上市影视公司中排在光线传媒和万达电影之后。和万达电影类似，中国电影同样有大量电影院等重资产，受疫情影响比较明显。2021 年中国电影实现 58.16 亿元的营业收入和

2.36 亿元的净利润，其中上半年的两个季度均实现了净利润的正增长，累计达到 30523.57 万元，但第三季出现了 4361.95 万元的亏损，第四季度亏损额收窄为 2522.35 万元。

早在 2021 年 4 月底，中国电影曾发布 2021—2025 年发展战略规划纲要，重新构建了以创作、发行、放映、科技、服务、创新为六大板块的架构体系。6 月份，中国电影完成对 CINITY 相关公司的股权收购，打造具有高格式电影技术的自有品牌，以高新电影技术打造具有科技创新力的电影院线服务，与 2021 年国家电影局发布的《“十四五”中国电影发展规划》中强调的“加快电影科技创新”“开发多层次多元化电影市场”不谋而合。科技推动电影创新将成为未来电影产业的必然趋势，中国电影相关的布局规划也将为其带来营收的更多可能性。

2021 年 ST 北文的情况与前两年相比并没有太大起色，截至 2021 年最后一个交易日，其股价以 4.92 元收盘。回顾历史行情，自 2015 年 6 月创下 43.35 元的纪录之后，6 年多的时间里，ST 北文股价一路走低，2021 年跌幅超过 16.18%。总市值也从 2020 年的 42.02 亿元进一步跌至 35.22 亿元，跌幅为 16.18%，在所有 A 股上市影视公司中的排名也从第 17 位降至第 21 位。在众多影视公司开始复苏之际，ST 北文却因自身因素未能成功借势，从 2020 年被实名举报财务造假，到 2021 年初因信息披露违法违规被证监会立案调查、因资金困难新添 5 亿元债务逾期，再到郑爽阴阳合同事件，以及因《大宋宫词》和《倩女幽魂》两部电视剧虚假转让投资股份被证监会给予警告并开出罚单，两年时间内出现的负面新闻和财务危机无疑雪上加霜。

在净利润方面，ST 北文在 2019 年和 2020 年分别亏损 23.06 亿元和 7.67 亿元，2021 年仍亏损 1.33 亿元，亏损程度不断收窄，在整体的困境之下，这一成绩已属难得。2021 年上半年，公司共亏损 4506.26 万元，且两季度均为负增长；到了第三季度情况有所缓和，1733.95 万元的净利润使 ST 北文扳回部分亏损资金，而第四季度净利润再次转亏，亏损额为

10567.35 万元。曾经屡屡押中爆款黑马，以内容生产见长的 ST 北文，要走出当下困境最可靠的方法无疑是通过优质内容的持续输出重新获得市场的认可，但随着核心成员的相继出走，这一优势也在逐步被削弱。

在 ST 北文近年的项目规划中，“封神”系列三部曲最为引人注目。该系列影片以高投资、强明星阵容、中国经典美学融合等著称，拥有众多重磅条件加持，一直是观众期待的超级 IP。但在 2021 年 4 月，ST 北文发布公告转让“封神”系列三部曲各 25% 的份额；除此之外，在同年 8 月，北京文化同样转让了贾玲旗下大碗娱乐 20% 的股权，试图通过这样的方式，缓解连续两年亏损带来的资金压力，其所处困境可见一斑。

第三节　北京市影视企业发展态势分析

2021 年是“十四五”开局之年，国家电影局正式发布《“十四五”中国电影发展规划》，对电影行业做出了更加具体和长远的规划，明确每年生产 50 部左右票房过亿元国产影片的发展目标，加大对科幻、动画、重大革命和历史题材电影的扶持力度和对版权的保护力度，为电影产业高质量发展和基础建设提供了新的动力。同样在这一年，资本市场监管力度加强，更有效地监督和管理企业有序运营，维持市场的健康发展趋势。正处于成长阶段的中国电影市场在 2021 年创造的成绩有目共睹，在建设电影强国的路上留下了坚实的脚印。

一、“十四五”规划出台，重大革命和历史题材电影扶持力度加大

近几年恰逢新中国成立 70 周年、中国共产党成立 100 周年等重大时

间节点，中国电影市场涌现了一批重大革命和历史题材的献礼影片。作为全国政治、文化中心，北京市拥有深厚的历史底蕴和良好的产业政策环境，在主旋律电影创作中优势明显。

2021年京产电影中，有21部属于重大革命和历史题材电影，大致可以分为抗美援朝、中国共产党成立100周年、抗日战争、党史人物、扶贫、抗疫等6个主题（见表2-8）。从影片的第一出品方来看，主控方既有中国电影股份有限公司、中央新闻纪录电影制片厂（集团）、电影频道节目中心等国企或国有事业单位，也有北京博纳影业集团有限公司、北京光线影业有限公司等头部民营企业。21部影片累计票房88.50亿元，《长津湖》《我和我的父辈》《悬崖之上》等3部电影就占据了95.36%的票房份额，《长津湖》更是成为中国影史票房冠军，显示了中国电影工业化规格的提升以及重大革命和历史题材电影的无限潜力。

表2-8　2021年京产重大革命和历史题材电影信息

序号	影片	主题	票房（万元）	第一出品方
1	《长津湖》	抗美援朝	577325.9	北京博纳影业集团有限公司
2	《我和我的父辈》	中国共产党成立100周年	147673.4	中国电影股份有限公司
3	《悬崖之上》	抗日战争	119020.0	中国电影股份有限公司
4	《守岛人》	党史人物	13797.8	八一电影制片厂
5	《革命者》	中国共产党成立100周年	13691.0	北京光线影业有限公司
6	《跨过鸭绿江》	抗美援朝	7284.7	中央广播电视总台
7	《兰心大剧院》	抗日战争	2170.7	北京千易时代文化传媒有限公司
8	《千顷澄碧的时代》	扶贫	1406.4	电影频道节目中心
9	《1950他们正年轻》	抗美援朝	1088.0	五洲传播出版社

续表

序号	影片	主题	票房（万元）	第一出品方
10	《奋斗吧中华儿女》	中国共产党成立 100 周年	475.0	中央新闻纪录电影制片厂（集团）
11	《青春之骏》	中国共产党成立 100 周年	303.8	北京尚人创艺影视文化中心
12	《我们是第一书记》	扶贫	302.5	新华网股份有限公司
13	《岁月在这儿》	中国共产党成立 100 周年	185.0	中央新闻纪录电影制片厂（集团）
14	《99 万次拥抱》	抗美援朝	157.1	电影频道节目中心
15	《毛泽东在才溪》	中国共产党成立 100 周年	79.9	八一电影制片厂
16	《一起走过》	抗疫	39.4	中央新闻纪录电影制片厂（集团）
17	《迫降乌江》	抗日战争	25.0	北京影人兄弟国际文化传播有限公司
18	《血战许昌》	抗日战争	11.3	北京五环星光影视文化传媒有限公司
19	《爱我长城》	党史人物	8.9	中广树德国际文化传媒有限公司
20	《黄甲岭之恋》	扶贫	0.9	中盛映画（北京）国际文化传媒有限公司
21	《留住春天》	扶贫	0.3	北京杰钊影视传媒有限公司

2021 年，北京市出台了多项促进和扶持影视产业发展的政策，重点扶持重大革命和历史题材电影创作。8 月，北京市电影局发布《关于组织开展 2022 年度中央文化产业发展专项资金推动影视产业发展项目（电影类）申报工作的通知》，鼓励申请专项资金的企业生产反映中国共产党带领中国人民进行革命、建设、改革的辉煌历史和丰功伟绩，反映全面建成小康社会的壮阔实践，反映党的十八大以来中国特色社会主义伟大实践，反映重

大革命和历史事件及人物等题材的影片。9月底，北京市电影局对北京市各院线和影院发布《关于组织开展2021年中央级国家电影事业发展专项资金项目申报工作的通知》，资助影院放映具有文化特色、艺术创新的影片，优先放映北京市出品的庆祝中国共产党成立100周年的优秀影片《革命者》。

2021年11月，国家电影局正式印发《“十四五”中国电影发展规划》，提出“推进落实‘十四五’重点电影创作选题规划”，进一步完善重大革命和历史题材电影的创作领导工作机制，围绕庆祝中国共产党成立100周年、迎接党的二十大胜利召开、纪念中国人民抗日战争暨世界反法西斯战争胜利80周年等重要时间节点，精心组织好重点影片的创作生产，推出更多讴歌党、讴歌祖国、讴歌人民、讴歌英雄的精品力作。2022年春节档，博纳影业的《长津湖之水门桥》和光线传媒的《狙击手》均取得了良好的票房成绩。2022年全年预计还有中国电影股份有限公司的《伟大的战争：抗美援朝》、北京七印象文化传媒有限公司的《东极岛》等重点京产电影上映，未来北京市影视企业将顺应政策导向，把握市场需要，创作更多重大革命和历史题材电影。

二、市场监管趋严，企业处罚力度加强

自2020年新修订的《中华人民共和国证券法》颁布实施以来，证券监管制度不断完善，监管力度不断加强，对各上市公司起到了监督作用，更为维护资本市场平稳运行提供了坚实保障。2021年3月，证监会主席易会满在中国发展高层论坛圆桌会上发表演讲，明确了最新监管态度，全面阐述了监管工作的责任要求，做到“三个坚持”，着力实施分类监管、再造监管流程、加强科技监管、提高违规成本，强化监管震慑和“零容忍”态度，严把审核质量关，维护良好的市场生态环境，平稳健康地运行发展。

此外，市场监管还对行政执法提出高要求。在2020年修订、2021年3月起实施的《中华人民共和国刑法修正案（十一）》中，对信息披露、造假等违法行为加强了处罚力度，对相关负责人追究刑事责任，刑期上限由3年提高至10年，罚金数额取消20万元的处罚上限；强化对相关控股股东的刑事责任追究。

强监管意味着证监会对各上市企业的行政处罚将更加严格，影视行业当然也不例外。2021年，北京市6家A股上市企业曾多次收到交易所的关注函和问询函，其中捷成股份在1月7日、2月1日、8月24日、9月3日、9月23日、11月24日共6次收到深圳证券交易所关注函，ST北文在2月1日、3月3日共2次收到深圳证券交易所关注函；此外，捷成股份和ST北文还分别在5月24日和5月27日收到问询函，要求企业对关注函和问询函中提到的问题予以解释说明，对企业运行起到监管作用。

ST北文同样也在强监管的背景下收到《行政处罚决定书》及《市场禁入决定书》。2021年初，ST北文因信息披露违法违规被证监会立案调查，8月，证监会通报此事的调查结果，因涉及《大宋宫词》和《倩女幽魂》两部电视剧的财务造假等，对ST北文给予警告并罚款60万元，对相关负责人处以3万元至30万元不等的罚款，并对北京文化子公司世纪伙伴的原董事长娄晓曦处以3年证券市场禁入。6月，ST北文因未及时履行对重大合同披露的义务，公司及主要负责人宋歌、严雪峰被北京证监局出示警示函，并记入资本市场诚信档案。

三、高票房影片聚集头部企业，影响力逐步加强

电影行业在经历了2020年的疫情冲击后，在2021年实现了一定程度的恢复，票房产出和影片创作平稳发展。特别是春节档、国庆档等头部档期，市场聚集效应越发集中，《你好，李焕英》《长津湖》等影片接连刷新

中国电影票房纪录，凸显了北京市头部影视企业的实力。

《长津湖》的7家出品公司中，除上海电影外，其余几家均集中在北京，包括博纳影业、八一电影制片厂、中国电影、阿里巴巴影业、华夏电影等；9家联合出品公司中，隶属于博纳影业的博纳影视、华文映像、合欢影业等3家也均为京籍或主要办公地点在北京的影视公司。《你好，李焕英》的8家主要出品公司中，除横店影业外，包括北京文化、儒意影视和猫眼文化在内的其余几家也聚集在北京。而年度票房排行第三、第四的《唐人街探案3》《我和我的父辈》同样有万达电影、中国电影等头部企业作为主控方。

头部电影公司对电影项目的加持和带动作用是中小企业无法相比的，也为国产影片提供了更多艺术和市场的可能性，在疫情时期有力推动了行业的复苏和收益的增长。北京市影视企业在专业人才、产业资源方面都具有领先优势，对头部国产电影的参与程度也远高于其他地区的企业。

疫情对世界各国电影行业都造成了强烈冲击，相比而言，中国电影市场的恢复情况较好，2021年中国内地电影市场再度超过北美，蝉联全球单一市场票房冠军。疫情期间，国产电影的国际影响力也不断加强，根据Box Office Mojo的数据，2021年全球票房收入排名前三的影片为《蜘蛛侠：英雄无归》《长津湖》《你好，李焕英》，两部国产电影的全球票房收入分别达到9.03亿美元和8.22亿美元，另外《唐人街探案3》也跻身前10位。

2021年，国产电影“走出去”的步伐加快，除了参加各大国际电影节外，也在世界各地举办中国电影推广活动，促进中外电影文化交流。例如，在以色列举办的“中国电影周”中，《建党伟业》《我和我的祖国》等多部国产主旋律电影成为重头戏；在澳大利亚举办的“2021中国电影周”中，展映了《悬崖之上》等多部优秀国产影片。在国内，第24届上海国际电影节、第11届北京国际电影节汇集了众多国内外优秀影片，通过展映、评奖等活动搭建起中外电影交流的平台。未来中国要实现从电影大国向电影强国的转变，提升国产电影的国际影响力是核心问题，这也是国内电影行业和从业人员，尤其是北京市电影企业和从业人员的中心任务。

第三章

2021 年北京市电影产业投融资状况分析

2021年电影市场的恢复性增长极大冲散了2020年新冠肺炎疫情带来的阴霾，后疫情时期的电影产业得到一定程度的复苏。随着行业的整体好转，包括电影在内的影视产业投融资环境有所改善，即便受总体经济形势、政策监管、行业周期等影响，未能实现较大幅度增长，但依然保持了基本稳定的发展态势。

本章以注册地和运营主体在北京市的影视企业为研究对象，分析北京市影视企业在全国投融资市场所占的份额与位置，勾画国内电影投融资基本格局。综合IT桔子、天眼查、CVSource投中数据这三家数据平台信息，据不完全统计，2021年，北京市共有27起针对影视、动漫领域的融资事件，包括4起上市公司融资、1起新三板挂牌公司融资、22起非上市公司融资。根据公司性质，将对北京市上市影视公司与非上市影视公司分开探讨，并对2021年影视投融资的特征与变化进行分析。

第一节　北京市上市影视公司证券市场融资概况

据统计，2021年全国共有14起上市及新三板挂牌影视公司面向证券或资本市场的融资申请，主要融资方式包括定向增发、股权转让、IPO（首次公开发行股票）上市等。其中，北京市共5起，占全国总量的35.71%，共涉及A股上市公司捷成股份、ST北文及新三板挂牌公司妙音动漫；同样拥有雄厚影视资源基础的浙江省，共发起 4 起融资，占全国总量的 28.57%，分别涉及华策影视、祥源文化、华谊兄弟等 3 家 A 股上市公司；上海市和江苏省分别有 2 起，占全国总量的 14.29%，分别涉及美股港股同时上市的哔哩哔哩和 A 股上市公司上海电影、港股上市公司稻草熊娱乐；广东省则仅有 1 起（见表 3-1）。

表 3-1　2021 年全国上市及新三板挂牌影视公司融资信息一览

序号	地区	分类	时间	公司名	子行业	融资方式	金额	投资方
1	北京市	A 股	2021/3/24	捷成股份	影视	股权转让	不低于 5 亿元	中传金控
2			2021/9/22	捷成股份	影视	非公开发行	不超过 28 亿元	府相未来科技
3			2021/11/22	捷成股份	影视	股权转让	5210 万元	北京盈岭
4			2021/8/30	ST 北文	影视	股权转让	2500 万元	文艺小红
5		新三板	2021/3/26	妙音动漫	动漫	新三板定增	1000 万元	控股股东
6	浙江省	A 股	2021/4/23	华策影视	影视	定向增发	7.27 亿元	财通基金 / 西藏泰富文化 / 中国国际金融 / 中信证券 / 上投摩根 / 国任财产保险 / 华泰资产
7			2021/5/19	祥源文化	影视	非公开发行	不超过 4 亿元	35 名特定投资者
8			2021/8/13	华谊兄弟	影视	股权转让	2.25 亿元	西藏景源
9			2021/9/24	华谊兄弟	影视	股权转让	8.7 亿元	自然人陈琛
10	上海市	美股 / 港股	2021/3/29	哔哩哔哩	动漫	IPO 上市（港股二次上市）	229 亿港元（人民币 193 亿元）	公共股东

续表

序号	地区	分类	时间	公司名	子行业	融资方式	金额	投资方
11	上海市	A 股	2021/9/27	上海电影	影视	股权转让	3555 万元	上海电影技术厂
12	江苏省	港股	2021/1/15	稻草熊娱乐	影视	IPO 上市	10.73 亿港元（人民币 8.94 亿元）	公共股东
13			2021/11/26	稻草熊娱乐	影视	股权转让	1419.52 万元	艾特视创
14	广东省	新三板	2021/11/9	崇德动漫	动漫	新三板定增	250 万元	自然人

资料来源：IT 桔子、天眼查、CVSource。

从融资金额来看，14 起融资事件共涉及 258.55 亿元，其中北京市融资总额为 33.87 亿元，占比 13.10%；浙江省融资总额为 22.22 亿元，占比 8.59%；上海市凭借哔哩哔哩的二次上市领跑全国，融资总额近 193.36 亿元，占比 74.78%；江苏省共融资 9.08 亿元，占比 3.51%；广东省资本市场融资仅 0.03 亿元（见图 3-1）。

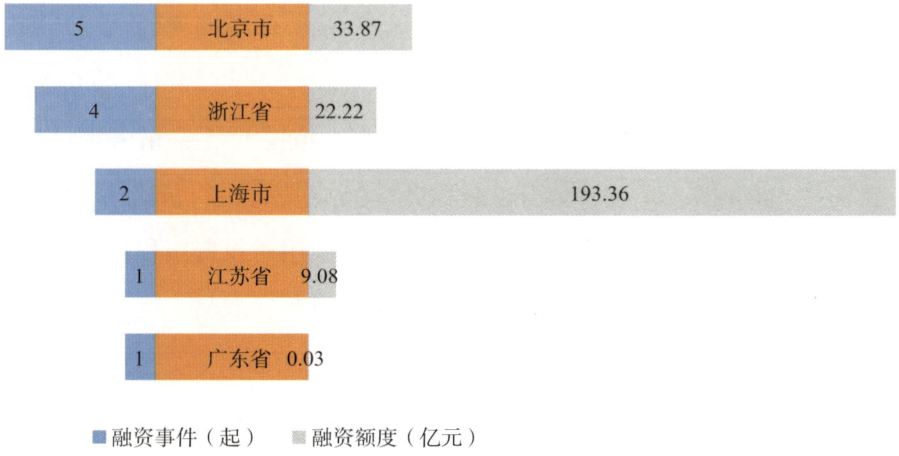

数据来源：IT 桔子、天眼查、CVSource。

图 3-1　2021 年全国各地区上市及新三板挂牌影视公司融资分布

北京市无论是融资事件还是融资额度，均保持在全国前列。具体而言，年度业绩表现亮眼的捷成股份，在资本市场的融资也十分活跃，2021 年通过股权转让和非公开发行的方式完成 3 起融资，总融资金额约 33.52 亿元，在所有融资企业中位居第二位。

2021 年 3 月 24 日，捷成股份发布公告称，为支持控股三级公司捷成华视网聚（常州）文化传媒有限公司（简称“华视网聚”）主营业务，进一步增强其在影视版权运营、媒体文化传播方面的综合实力，公司的全资子公司捷成世纪文化产业集团有限公司（简称“文化集团”）与华视网聚、中传金控（天津）股权投资基金管理有限公司（简称“中传金控”）达成合作意向，中传金控拟向文化集团进行投资，包括购买文化集团持有的华视网聚部分股权、向华视网聚增资等，总投资金额不低于人民币 5 亿元。随着国内影视版权市场的不断扩大与规范，拥有众多影视资源的华视网聚发展迅猛，估值不断上涨，也吸引了越来越多的入局者。2014 年初，捷成股份以 7000 万元的价格首次参股华视网聚，布局影视内容版权服务，持股比例 20%；2015 年 8 月，更是以 32 亿元的高价收购了剩余的 80% 股权，将其纳为全资子公司；2020 年 8 月，小米集团旗下的天津金米，也以 2 亿元的高价对其进行了战略增值，持股比例为 4%，华视网聚的估值达到了 50 亿元。

2021 年 9 月 22 日，捷成股份发布公告，拟向北京府相未来科技中心（简称“府相未来”）非公开发行股票 7.07 亿股，发行价格为 3.96 元 / 股，总募资金额不超过 28 亿元，其中 16.8 亿元用于投资版权运营与媒体经营项目，11.2 亿元用于补充流动资金。本次发行完成后，府相未来将持有公司发行后总股本的 21.54%，将超越原控股股东徐子泉，位列第一大股东。但实际上，早在本次非公开发行之前，捷成股份就与府相未来达成合作。9 月 2 日，徐子泉就与府相未来的合伙企业执行事务合伙人府相数科，签订了《控制权转让协议》和《表决权委托书》，将其所持有的上市公司

19.67% 股票的全部表决权、提名和提案权、参会权、会议召集权、征集投票权以及除收益权、质押权和股票转让权等涉及委托人所持股份所有权处分事宜之外的其他权利不可撤销、排他及唯一地委托给府相数科行使，由此，捷成股份的实际控制人也变更为府相数科的实控人周楠。

2021 年 11 月 22 日晚间，捷成股份发布公告称，根据经营发展战略的需求，为进一步聚焦影视版权运营业务，拟将全资子公司北京捷成君盛科技有限公司（简称“捷成君盛”）100% 的股权转让给北京盈岭投资有限公司（简称“盈岭投资”），交易价款总额为人民币 5210 万元。本次交易完成后，捷成股份不再持有捷成君盛及其各级别子公司股权，亦不再将其纳入合并报表范围。据公告解释，经过 10 余年的业务布局，捷成股份已形成音视频技术服务、新媒体版权运营和影视内容制作与发行业务三大业务板块，但 2018 年以来，受行业发展及疫情影响，影视剧制作业务和音视频技术板块部分业务受到较大冲击，发展迟缓。为提升公司市场竞争力及整体盈利能力，捷成股份拟剥离部分影视内容制作业务及部分传统音视频技术相关资产，剥离后，主营业务仍为新媒体版权运营。

风波不断、身陷财务危机的 ST 北文，在 2021 年积极通过多种方式融资，缓解资金压力。8 月 30 日晚间，ST 北文发布公告称，“为了优化资产结构，缓解资金压力，提高管理效率”，拟将持有的北京大碗娱乐文化传媒有限公司（简称“大碗娱乐”）20% 股权转让给三亚市文艺小红文化传媒有限公司（简称“文艺小红”），转让价款为人民币 2500 万元。据悉，大碗娱乐由贾玲于 2016 年创办成立，当年 ST 北文对其投资 1000 万元，占股 20%，仅次于贾玲（持股 35%）和著名编剧孙集斌（持股 25%），并列为第三大股东，而 2021 年春节档爆火的电影《你好，李焕英》，全程由大碗娱乐孵化，ST 北文更是位列第一出品方。本次转让完成后，ST 北文不再持有大碗娱乐股份，彻底结束与贾玲长达 5 年的股权合作。继主要高管相继出走之后，ST 北文再度失去一位重磅合作伙伴，其未来发展更加充满不确定性。

新三板公司妙音动漫是一家以传统文化为主要灵感来源的动画制作及 IP 运营商，创作的主要动画作品有《中华弟子规之孝孝龙奇幻记》《德行天下》等。2021 年 3 月 26 日，妙音动漫发布公告称，为保持公司业务持续稳步增长，加大市场开拓力度，优化公司财务结构，降低企业经营风险，拟向控股股东、实际控制人之一、现任董事长兼总经理董志刚定向增发 250 万股股票，发行价格为 4 元 / 股，总募集金额为 1000 万元，主要用于补充流动资金，扩大公司业务规模。4 月 29 日，妙音动漫对外发布公告称，完成本次定向增发。

浙江省在资本市场的融资也较为活跃，共有 3 家上市公司发起三起融资。2021 年 4 月 20 日晚，华策影视发布《向特定对象发行股票发行情况报告书》，称完成 7.27 亿人民币定向增发融资，投资方包括财通基金、西藏泰富文化、中金公司、中信证券、上投摩根、国任保险、华泰资产等 7 家企业。据悉，此次定向增发于 2020 年 4 月提出，最初拟发行不超过 52670.21 万股，拟募集资金总额不超过 22 亿元，其中 17.34 亿元拟用于影视剧制作项目投资建设，0.97 亿元拟用于对“超高清特效影视内容制作—媒资管理—内容分发”全业务链条实现超高清和数字化提升，3.69 亿元拟用于补充流动资金；2020 年 8 月和 10 月，分别获深圳证券交易和中国证监会的最终批复。2021 年，根据实际募资情况，将拟募集资金总额调整为不超过 8 亿元，发行股份数量不超过 16260.16 万股。最终本次定向增发的总发行数量为 14540 万股，发行价格为 5 元 / 股，总募集金额达 7.27 亿元，减除发行费用后，募集净额 7.11 亿元，计入实收股本 1.454 亿元，计入资本公积（股本溢价）5.657 亿元。华策影视表示，此次发行完成后，一方面将围绕公司的主业继续投拍多部精品影视剧，把握优质稀缺内容的行业机遇，完善公司内容媒体库资源，扩大产能，丰富作品类型，保证公司的可持续发展，提升盈利能力；另一方面将实现对超高清制作及媒资管理平台的应用，打造行业领先制作技术水平。

值得注意的是，这是近年来A股上市影视公司中较为稀少的成功再融资案例，此次认购的投资者中不但包含了财通基金、中金公司、中信证券、上投摩根等专业机构投资，知名游戏制作公司三七互娱也以全资三级公司西藏泰富文化传媒有限公司的身份参与认购，获配2800万股，耗资1.4亿元，由此，三七互娱也成为华策影视第六大股东，持股比例为1.47%。一个是游戏行业龙头，一个是电视剧及电影创作中坚力量，华策影视此番引入三七互娱，预计未来将在IP资源挖掘、影游联动等方面展开合作，共同开发更多可能性。据悉，目前华策影视正逐步向电影等内容业务赋能，推动电影、动画等内容板块的成长和工业化进程，2020年主投主控的春节档影片《刺杀小说家》票房突破10亿元，2021年3月，更发布电影战略新理念，将以其为起点投资、制作和发行30余部电影，包括《寻秦记》《翻译官》等，未来将冲击100亿元以上的票房目标。在此战略指导下，其与三七互娱的联动预计将更加频繁。

主营动漫及其衍生和动画影视业务的祥源文化，在2021年5月19日晚发布公告称，拟向不超过35名特定投资者非公开发行股票，募集配套资金不超过4亿元，主要用于补充公司的流动资金，购买祥源旅游开发有限公司所持有的5项文旅资产。这一交易显示了祥源文化主营策略的转变——开始由内容生产制作转向文旅结合。在当前动漫领域的文化创新及原创IP等核心能力的基础上，依托拟收购各景区资产的地域特色资源及运营特点，创新性地开展文化旅游资源融合，丰富旅游产品及服务的文化内涵，实现“线上文化产品+线下旅游场景”协同发展。

曾经的明星企业华谊兄弟，在2021年依然着力解决“钱荒”的问题，2021年两度发起股权转让交易，累计融资近10.95亿元。2021年8月13日晚，华谊兄弟发公告称，与西藏景源企业管理有限公司（简称“西藏景源”）达成协议，拟将持有的控股子公司华谊兄弟（天津）实景娱乐有限公司（简称“实景娱乐”）15% 的股权转让给西藏景源，转让价格为 2.25 亿元，将主要用于补充公司流动资金等。本次交易后，华谊兄弟持有实景娱乐的份额由 54% 降为 39%，西藏景源及其关联公司西藏兴仁投资有限公司的持股比例从 31.21% 上升为 46.21%，成为实景娱乐的实际控制方，实景娱乐也不再纳入华谊兄弟合并报表范围。

2021 年 9 月 24 日，华谊兄弟再次发布公告称，与自然人陈琛签署协议，拟将持有的参股公司英雄互娱科技股份有限公司（简称“英雄互娱”）2.15 亿股无限售股份（约占英雄互娱总股本的 15%），转让给陈琛或其指定第三方，每股价格为 4.04 元，全部转让金额近 9.7 亿元，同样主要用于补充公司流动资金等。本次交易后，华谊兄弟会持有英雄互娱的股份由 2.89 亿股（约占总股本的 20.17%）降为 7418.36 万股（约占总股本的 5.17%），由第二大股东降至第七位。

作为国内游戏开发制作的领军企业之一，英雄互娱在成立之初就与当时正大举扩展业务、意在布局电子竞技游戏领域的华谊兄弟一拍即合。2015 年 2 月才成立的英雄互娱，在当年 11 月就获得了华谊兄弟 19 亿元的巨额注资，后者更是以 20% 的占股比例成为其第二大股东。但随着英雄互娱盈利能力的骤降（2017—2020 年的净利润分别为 9.11 亿元、7.28 亿元、2458.74 万元、2797.14 万，2021 年全年亏损 15.30 亿元，即便扣除 12.20 亿元的商誉减值，亏损额仍高达 3.10 亿元），再加上华谊兄弟最近几年面临的严峻资金压力，整体战略也重新回归影视业务，出售英雄互娱的相应股权，成为华谊兄弟的最佳战略选择。据公告称，此次股权转让有利于华谊兄弟整合优化现有资源配置和资产结构，剥离与核心业务关联较弱的资产，进一步聚焦“影视 + 实景”，以集中优质资源，不断巩固和提升公司的核心竞争力。

同样作为影视重镇的上海，在 2021 年的资本市场活跃度一般，但凭借在香港证券交易所二次上市的哔哩哔哩股份有限公司（简称“哔哩哔哩”）

风光无限。2021 年 3 月 29 日，回港二次上市的哔哩哔哩正式于港交所挂牌上市。据此前公布的招股书披露，本次 IPO 哔哩哔哩计划全球发售 2500 万股 Z 类普通股（行使 15% 超额配售权后），其中包括香港公开发售的 75 万股及国际发售的 2425 万股（分别占全球发售股份总数的 3% 及 97%，相关股份占比可视情况重新分配），预计发行价为 808 港元，募资金额超 200 亿港元，主要用于优质内容投入、自主技术开发与创新、销售及营销，以及一般公司用途及运营资金需要。最终，香港公开发售超额认购，依据招股章程中所述的回拨机制，香港公开发售的股份总数增加至 300 万股，占全球发售总额的 12%，此外，哔哩哔哩还向国际承销商授出超额配股权，以要求公司在国际发售中多发行 375 万股。最终，扣除承销费及发行开支后，本次哔哩哔哩全球发售（包括超额配股权）共募集资金约为 229 亿港元（合人民币 193 亿元）。

自 2018 年 3 月 28 日于纳斯达克挂牌上市以来，哔哩哔哩的成长一直备受关注。2018—2021 年，哔哩哔哩分别实现营业收入 41.29 亿元、67.78 亿元、119.99 亿元、193.84 亿元。从收入构成来看，哔哩哔哩也面临着全新的战略调整，一直以来都是主要收入来源的移动游戏业务陷入饱和，2021 年全年收入 50.91 亿元，同比增长仅 6.00%，占年度营业收入的占比也降至 26.26%；增值服务（主要包括付费会员及直播付费等）业务收入为 69.35 亿元，同比增长 80.33%，超越移动游戏，成为最大收入来源，占比 35.78%；在用户增长与品牌影响力扩大的强劲势头下，其广告业务收入快速增长 145.47%，至 45.23 亿元；电商及其他业务收入达 28.34 亿元，同比增长 88.01%。

与 3 年前赴美上市时月度活跃用户 7180 万、81.7% 的用户为出生于 1990—2009 年的“Z 世代”相比，此次回港二次上市，哔哩哔哩已发展为拥有 2.02 亿月度活跃用户的综合性视频社区，其核心用户年龄范围也拓展至出生于 1985—2009 年的“Z+ 世代”，用户“扩圈”成绩显著。据相关报告显示，作为“Z 世代”群体的自然延伸，“Z+ 世代”更热衷表达与创作，兴趣爱好更加多元，在泛视频市场拥有更高的消费和参与度，更愿意花时间在视频内容上，从而构成了泛视频市场的巨大驱动力。对此，哔哩哔哩董事长兼 CEO 陈睿表示，相比用户和业绩的增长，更让自己高兴的是哔哩哔哩一直是中国最有活力和创造力的内容社区。在他看来，在“视频化”成为重要趋势的当下，哔哩哔哩逐步成为年轻一代消费与创作视频内容的首选平台。

一直以来稳扎稳打的上海电影，在 2021 年也发起一起股权转让融资。9 月 27 日晚，上海电影发布公告，称与上海电影技术厂有限公司（简称“上影技术厂”）签署《股权转让协议》，将全资子公司上海上影影视科技发展有限公司（简称“上影科技”）90% 股权转让给上影技术厂，转让价格为人民币 3555 万元。交易完成后，上海电影的持股比例由 100% 降至 10%，上影科技也不再纳入上海电影合并报表范围。值得注意的是，上影技术厂同样为上海电影控股股东上海电影（集团）有限公司（简称“上影集团”）的直接控股企业，本次关联交易更像是上影集团内部的战略调整。相关公告也表示，本次交易的主要目的是“提升公司影院技术业务板块的市场竞争力，通过资源整合组建市场化影视技术整体解决方案的团队，以进一步减低服务成本并提升经营坪效”。

以江苏省为大本营的稻草熊娱乐，于 2021 年 1 月 15 日在港交所主板成功挂牌上市，成为 2021 年影视公司上市第一股，也是近年来少有的成功登陆资本市场的影视企业。稻草熊娱乐成立于 2014 年，是著名演员吴奇隆创立的北京稻草熊影视文化有限公司的衍生品牌系列公司之一，主要从事电视剧及网剧的投资、开发、制作及发行等，其背后拥有不少明星股东。据此前公布的招股书显示，爱奇艺持股 19.57%，为稻草熊娱乐的第二大股东，著名演员刘诗诗（原名刘诗施）、赵丽颖分别持股 14.8% 和 0.79%，为第三及第四大股东。

据招股书透露，本次 IPO 计划全球发售股份近 1.66 亿股，其中 1657.8

万股用作香港发售，1.49亿股用作国际发售（分别占全部发售数量的10%和90%，可视情况重新分配），每股定价5.88港元，扣除包销费用和佣金以及公司就全球发售应付的其他估计开支后，募资净额为9.28亿港元。此外，结合实际发售情况，稻草熊娱乐还获准15%超额配股权（2486.7万股），扣除各项开支后约为1.45亿港元。最终，本次IPO累计募资10.73亿港元（约合人民币8.94亿元），其中70%预计用于剧集制作；10%用于潜在投资并购；10%用于IP储备；10%用于营运资金及一般公司用途。

公开上市后，稻草熊娱乐一直表现稳健，虽然受市场宏观环境影响，一度表现疲软，但得益于自身业务经营规划和优质项目储备，年度表现堪称亮眼。2021年，稻草熊娱乐共播出18部剧集，主投主控了8部剧集的投拍，实现营业收入17.03亿元，同比增长78.8%；经调整后净利润达1.94亿元，同比增长48.3%。随着平台型运营模式的深化及优质行业资源整合能力的提升，为精简业务架构，重新分配资源至主营业务，稻草熊娱乐还积极调整旗下业务方向，11月26日，其发布公告称，拟以1419.5万元的价格，将所持有电影及剧集的后期制作工作室诺华视创电影科技（江苏）有限公司（简称“诺华视创”）的90.1%股权转让给艾特视创数字科技无锡有限公司（简称“艾特视创”），所得款项将用于未来潜在投资机会或作为一般营运资金。本次交易完成后，诺华视创将不再是稻草熊娱乐的并表联属实体。此外，2021年末，稻草熊娱乐还发布消息，拟收购上海金禾影视传播有限公司，但截至2022年3月31日尚无最新进展。

相较之下，新三板挂牌的崇德动漫的定向发行则一波三折。2021年6月10日，崇德动漫发布公告，拟发行股票不超过600万股，发行价格为4元/股，拟募集资金总额不超过2400万元，其中1920万元用于补充流动资金，480万元用于偿还银行贷款/借款。8月23日，崇德动漫对此次发行进行了修订，确定了山东雪野文化创意园有限公司（在册股东）、苗艳华（新增投资者）、任先德（新增投资者）3名发行对象，发行总数量及拟募集金额也分别下调至 200 万股和 800 万元。11 月 9 日，其公布最终发行结果，山东雪野文化创意园有限公司未能及时确认，仅新增了两位自然人股东，发行数量也缩减至 62.5 万股，总募集资金金额仅 250 万元。

此外，2021 年还有两起交易失败的上市公司融资事件，分别为 A 股上市公司当代文体和新三板挂牌公司好样文娱（见表 3-2）。2021 年 7 月 16 日晚，当代文体发布公告称，拟向控股股东武汉国创资本投资有限公司定向发行股票超 1.75 亿股（不超过发行前总股本的 30%），发行价格为 4.85 元 / 股，拟募集资金总额不超过 8.51 亿元，其中 8 亿元用于偿还有息负债（包括公司债券和金融机构借款），剩余 5062.01 万元用于补充流动资金。

表 3-2　2021 年全国上市及新三板挂牌影视公司融资交易失败信息一览

序号	地区	分类	公司名	子行业	融资方式	金额	投资方	启动时间	终止时间
1	湖北	A 股	当代文体	影视	非公开发行	8.51 亿元	国创资本	2021/7/16	2022/3/16
2	湖南	新三板	好样文娱	影视	新三板定增	1008 万元	湖南海彧企业管理合伙企业（有限合伙）	2021/5/12	2011/11/30

资料来源：IT 桔子、天眼查、CVSource。

结合 2021 年当代文体的股权变化，本次定向增发的意图十分明显。仅在一个月之前的 2021 年 6 月 2 日，原控股股东武汉新星汉宜化工有限公司（简称“新星汉宜”）及其一致行动人与国创资本签署协议，拟通过大宗交易方式售让新星汉宜持有的 1.94% 的股份，并将剩余 25.45% 股份对应的表决权委托给国创资本行使，至此控股股东变更为国创资本。本次公开发行后，国创资本将持有 24.57% 的总股份，有助于进一步巩固其控股股东的控股权，保障公司的稳定持续发展。

但在 2021 年 12 月 28 日，当代文体收到中国证监会的反馈意见，要求就有关问题做出书面说明和解释，并在30天内提交书面回复意见。由于聘请的原年度会计师事务所不再继续承接2021年度财务报表审计业务，临时更换的审计机构因香港疫情，虽经一次顺延仍然无法在规定的2022年3月16日之前完成回复工作，当代文体最终无奈于3月16日晚间发布公告，终止此次非公开发行。

与当代文体被迫终止定向发行不同，以娱乐营销服务、媒体内容制作、IP整合开发等为主营业务的新三板挂牌公司好样文娱则选择了主动终止。2021年5月12日，好样文娱曾发布公告称，为推动公司主营业务进一步发展，扩大业务规模，提高公司综合竞争实力，拟以1.68元/股的价格，定向发行600万股股票，拟募集金额1008万元，主要用于补充流动资金。本次发行的对象为前十股东之一湖南海彧企业管理合伙企业（有限合伙），由公司实际控制人兼董事长、董事旗下企业担任执行合伙人。但时隔半年后的11月30日，好样文娱发布公告称，根据实际发展经营情况，综合考虑战略规划布局，主动终止此次定向发行。

第二节 北京市非上市影视公司私募融资概况

上市公司作为行业龙头，一般融资数额巨大、融资流程烦琐、融资监管严格，融资动作往往会受到整体经济环境、行业发展周期、企业发展态势等方面的影响，整体数量偏少。相比之下，数量众多的非上市公司的私募融资更具有普遍性，也能从其动态和走向中观察到行业发展的规律和未来走向。近年来，影视行业一直保持多样化创新发展，概念范畴不断外延，传统的制作、发行等已不再能概括整个行业的新业态，越来越多的“影视+”被纳入视野，动漫影视制作、影视版权运营、IP开发、虚拟影视制作等越来越受到资本的关注和期待。

为更全面分析2021年北京及全国影视企业投融资的特征与趋势，避免因统计口径不同而产生的偏差以及因第三方信息不完整等造成的信息缺失，本节将目光放大至整个文娱传媒领域，结合IT桔子、天眼查、CVSource等平台公开信息，共同梳理2021年北京市及全国地区影视相关范畴内的私募融资事件（因不同机构统计口径及标准有所不同，数量条目会有所不同）。

据不完全统计，在文娱传媒领域，除上市企业外，2021年全国共完成53起影视及相关领域的私募融资，除传统的影视制作和发行公司之外，更多动漫影视制作开发和影视业态服务公司也获得了资本的青睐。其中北京市共有22家传统及新兴公司累计获得了22次投资，占到全国总量的41.51%，再次彰显了北京市作为影视和文化中心的地位；上海市相关公司共完成9起，位居第二位，占比16.98%；广东省公司共完成6起，占比11.32%；浙江省和江苏省分别完成5起和4起。除此之外，贵州省也完成了2起，天津市、福建省、湖北省、吉林省、新疆维吾尔自治区则各有1起（见图3-2）。

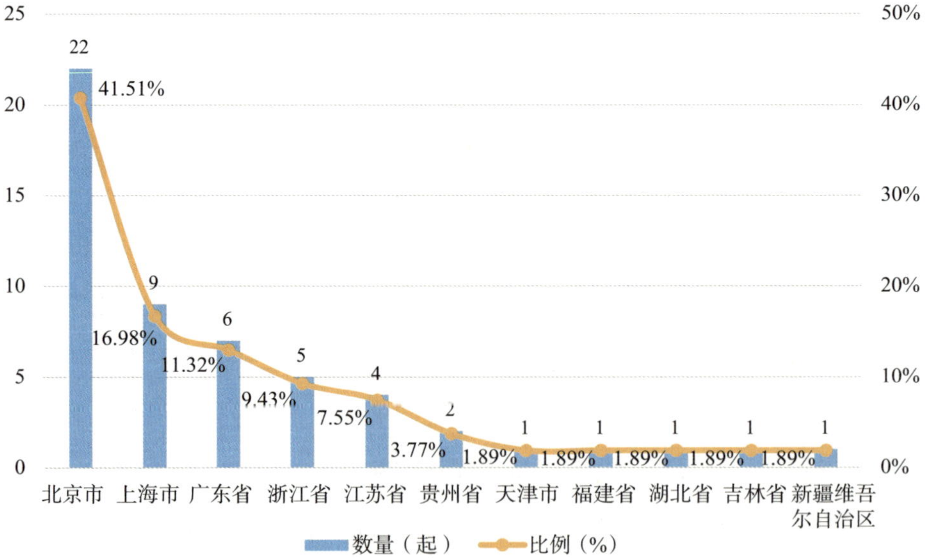

数据来源：天眼查。

图3-2　2021年全国各地区非上市影视公司私募融资分布

由于全国非上市影视公司的私募股权融资数量较多，为更加深入地分析北京市影视投融资的现状，在此仅以北京市的22起融资为对象，进行重点分析，其具体情况如表3-3所示。

表3-3　2021年北京市非上市影视公司私募融资信息一览

序号	具体细分业务范围	融资轮次	披露时间	公司名	金额	投资方	最终投资方
1	影视内容制作	天使轮	2021/9/29	工夫小戏	未透露	广西腾讯创业投资	腾讯投资
2		天使轮	2021/11/9	面白映画	620万元人民币	东京电视台/Pierrot/Live Viewing Japan/Good Smile Company/佐佐木兴业株式会社/大一商会/Movic/Newjoy	东京电视台/Pierrot/Live Viewing Japan/Good Smile Company/佐佐木兴业株式会社/大一商会/Movic/Newjoy
3		天使轮	2021/12/27	文岱天青	未透露	峻辰朗投资	峻辰朗投资
4		战略融资	2021/3/25	旭东雨辰	未透露	爱奇艺	爱奇艺
5		战略融资	2021/9/22	新力量影视	未透露	爱奇艺	爱奇艺
6		战略融资	2021/9/30	珑瑞羽丰	未透露	哔哩哔哩	哔哩哔哩
7		战略融资	2021/10/27	精彩时间	3261万元人民币	华录百纳	华录百纳
8		战略融资	2021/12/2	掌阅影视	4000万元人民币	天津不可能管理咨询/天津维尔科技/天津影文	天津不可能管理咨询/天津维尔科技/天津影文
9		战略融资	2021/12/31	自由酷鲸	未透露	哔哩哔哩	哔哩哔哩

续表

序号	具体细分业务范围	融资轮次	披露时间	公司名	金额	投资方	最终投资方
10	动漫影视制作	天使轮	2021/12/23	念动文化	未透露	绘界文化	哔哩哔哩
11		战略融资	2021/2/1	非凡大陆	未透露	哔哩哔哩	哔哩哔哩
12		战略融资	2021/5/20	初色动画	未透露	哔哩哔哩	哔哩哔哩
13		战略融资	2021/6/24	万象皆春	未透露	广西腾讯创业投资	腾讯投资
14		战略融资	2021/8/31	魔智科技	未透露	哔哩哔哩	哔哩哔哩
15		战略融资	2021/11/12	柏思爱	未透露	青岛梅花盛开股权投资合伙企业（有限合伙）/ 武汉老鹰新潮科技企业管理中心（有限合伙）/ 优客工场（北京）创业投资有限公司 / 淄博鉴睿创业投资中心（有限合伙）	梅花创投 / 上海长鹰软件 / 优客工场 / 伽利略资本
16		战略融资	2021/12/8	声影动漫	未透露	网易雷火 / 哔哩哔哩	网易 / 哔哩哔哩
17	影视业态服务	A 轮	2021/9/16	星河视效	近亿人民币	小米集团 / 三七互娱 / 华文创投 / 挚信资本	小米集团 / 三七互娱 / 华文创投 / 挚信资本
18		B 轮	2021/1/4	爱奇艺智能	数亿人民币	屹唐长厚基金 / 清新资本	屹唐长厚基金 / 清新资本
19		战略融资	2021/5/17	猫猫家传媒	未透露	广西腾讯创业投资有限公司	腾讯投资

续表

序号	具体细分业务范围	融资轮次	披露时间	公司名	金额	投资方	最终投资方
20	影视业态服务	战略融资	2021/8/25	皮皮鲁总动员	未透露	广西腾讯创业投资有限公司	腾讯投资
21		战略融资	2021/2/24	超影时代	未透露	天浩盛世	天浩盛世
22		战略融资	2021/7/19	乐华娱乐	未透露	浙江东阳阿里巴巴影业有限公司 / 北京量子跃动科技有限公司	阿里巴巴 / 字节跳动

资料来源：IT桔子、天眼查、CVSource。

除上述22起融资事件外，北京市还有1起交易失败的融资事件，为华录百纳对动画制作公司光云动漫的收购。2021年2月2日，华录百纳发布公告称，为扩充在媒体行业的战略布局，进军动漫领域，巩固行业领先地位，拟以自有资金1.8亿元购买北京光云动漫文化有限公司（简称“光云动漫”）100%股权，交易双方承诺光云动漫2021—2023年的净利润分别为1600万元、2000万元和2400万元。据悉，光云动漫主营3D动画制片制作、动漫IP开发与运营等，有着较为完善的动画影视制作服务体系，已为国内外多家影视动漫领军企业制作和开发多部头部动漫影视作品，主要客户包括美国梦工厂、迪士尼旗下西基公司、万达文化、优酷影业、好久不见、中影动画、安乐影业等。

但可惜的是，就在8个月之后的2021年10月22日，华录百纳发布公告称，经董事会决议终止此次交易，收回已支付的对价款，光云动漫将不再纳入合并报表范围，合并资产负债表中商誉也将减少1.61亿元。后续，华录百纳将与光云动漫通过项目合作、合资公司等其他方式推进业务合作，公司在动画电影、原创IP等方面的布局和发展方向不受影响。

为对上述北京市的22起融资事件进行更加全面具体的分析，本节尝试以融资公司业务领域的分布将其归为 3 个类别，分别是传统影视制作发行、动漫影视开发制作、影视业态服务。其中，以传统影视制作发行为主要业务的公司仍然占据绝大多数，共 9 家，占总融资企业数量的比例为 40.91%；其次为动漫影视开发制作，共 7 家，占比 31.82%；最后为影视业态服务类公司，共 6 家，占比 27.27%。

一、传统影视制作发行

按照融资轮次排序，在主营业务为传统影视制作发行的公司中，融资轮次最早的为处于天使轮的工夫小戏、面白映画、文岱天青等 3 家。

2021 年 9 月 29 日，工夫小戏完成工商信息变更，获得腾讯旗下广西腾讯创业投资有限公司的注资，位列其第三大股东，公司注册资本由 300 万元增加至 333.33 万元，增幅 11.11%。据悉，工夫小戏成立于 2019 年，是一家具有互联网基因的影视内容创制公司，致力于开发独具创意、脑洞大开的高品质喜剧内容，早前曾获得著名导演陈国富旗下工夫影业（宁波）有限公司的参股投资，核心团队曾推出病毒视频《Lu，一个狂吸四亿的 APP》，累计点击量超过 7000 万人次，荣获 2015 年金瞳奖创意视频组金奖、全场大奖，V 电影（新片场）最佳商业短片全场大奖等。此外，还联合搜狐视频共同出品了 6 集魔幻现实主义黑色幽默迷你剧《我叫黄国盛》，每集 15 分钟，豆瓣网评分达到 8.2 分。

当下网络剧市场依旧庞大，无论是爱奇艺、腾讯还是优酷都在努力培育自己的品牌特色，但仍集中于爱情、犯罪、悬疑等题材，相比之下，讽刺喜剧的创作仍有较大缺口。工夫小戏的创作始终坚持着独特的喜剧特色，并善于利用互联网传播特点，此次获得腾讯的投资，必然将通过更深层次的合作，推出更多优质喜剧内容。

2021 年 11 月 9 日，面白映画宣布完成 1.1 亿日元（约合人民币 620 万元）天使轮融资。据悉，面白映画成立于2019年，主要业务包括动画电影制片及中国电影在日本的发行，先后在日本发起和联合参与了《罗小黑战记》《白蛇：缘起》《大护法》等电影项目的发行，其中《罗小黑战记》总票房超过5亿日元，创下同类型中国电影在日本的票房之最。本轮融资的融资对象也主要为东京电视台、Pierrot、Live Viewing Japan、Good Smile Company、佐佐木兴业株式会社、大一商会、Movic、Newjoy等8家日本电影及内容行业公司，其中东京电视台是日本五大电视台之一，动画制作公司Pierrot曾制作《火影忍者》《死神》等，Live Viewing Japan是舞台及活动直播公司，Good Smile Company为知名手办厂商，佐佐木兴业株式会社是日本院线Cinema Sunshine的运营公司，Movic是周边企划销售公司。

2021年12月27日，影视制作公司文岱天青宣布获得峻辰朗投资的注资，具体金额未透露，主要用于开发两部精品网络剧，打造全新影视产业品牌。虽然成立于2020年，但文岱天青却在资本寒冬下逆势而上，项目储备十分充足。在2022年4月的首都电视节目春推会上，文岱天青影视携7部原创影视文学IP作品参与，包括已制作完成的电影《比爱你更爱你》，正在拍摄中的电影《如梦》，即将开机的《将登太行》《夏天都知道》《六感寻踪》《我也喜欢你》等。

除此之外的其他6家公司分别为旭东雨辰、新力量影视、珑瑞羽丰、精彩时间、掌阅影视和自由酷鲸，各自完成了新一轮的战略融资。其中，旭东雨辰和新力量影视背后的投资方均为爱奇艺，珑瑞羽丰和自由酷鲸的投资方均为哔哩哔哩。

2021年3月25日，影视制作公司旭东雨辰完成一轮股权融资，新增股东北京爱奇艺科技有限公司，具体融资金额未透露。据悉，旭东雨辰成立于2015年，主要业务为专题片、电视综艺以及网络剧等影视作品制作，创始人为原北京卫视主持人、制片人王旭东，自成立以来先后推出犯罪悬疑题材系列电影《女法医手记之来访者》《女法医手记之最后真相》等“女法医”IP 悬疑作品以及电视剧《骨语》等。

同样获得爱奇艺青睐的创作人才型内容制作公司还有新力量影视。9 月 22 日，新力量影视完成工商变更，新增爱奇艺为股东，持股 10%。据悉，新力量影视成立于 2005 年，是一家集投资、制作、管理于一身的复合型电影制片公司，创始人陆国强是冯小刚的制片人，两人合作出品了电影《甲方乙方》《不见不散》《手机》《天下无贼》等。借助陆国强丰富的行业经验和人脉，新力量影视自成立以来，先后参与电影《只有芸知道》《坏蛋必须死》、电视剧《北辙南辕》《剑王朝》《玫瑰行者》等，也曾在 2019 年获得阿里影业的投资，持股近 10%。

同爱奇艺一样，哔哩哔哩也在 2021 年积极入局影视内容领域，分别入股了珑瑞羽丰和自由酷鲸两家企业。9 月 30 日，珑瑞羽丰新增股东上海幻电信息科技有限公司（哔哩哔哩），持股 15.6%，注册资本也由 1000 万元增至 1124.2 万元。据悉，珑瑞羽丰成立于 2012 年，经营范围包含文艺创作、影视策划、活动及节目制作策划、舞台设计等。不过，虽成立时间已经较长，但珑瑞羽丰并未有过多成绩，也未推出过成熟的影视项目，此番哔哩哔哩入股，后续会向哪个方向着重发力，值得持续关注。

而对自由酷鲸的投资则发生在 2021 年最后一天，即 12 月 31 日，新增股东上海幻电信息科技有限公司，持股 10%，注册资本也由 375 万元增至 416.67 万元。自由酷鲸成立于 2006 年 7 月，创始人为著名导演路阳及其黄金搭档、制片人张宁，著名演员雷佳音也是核心股东。2016 年，华策影视曾以 4000 万元的高价入股，持股比例为 20%。此番哔哩哔哩的入股是时隔五年之后，自由酷鲸的第二轮对外融资。

拥有最优质的核心创作人才和行业资源，自由酷鲸已经通过影视产业上下游的投资布局，实现其对编剧、经纪、选角、后期等链条的进一步掌控，更在院线电影、剧集、网络电影等领域都深度布局。除了大众最熟悉的《刺杀小说家》、“绣春刀”系列等影片之外，更有电视剧《风起陇西》《解忧公主》、网络剧《一闪一闪亮星星》《少主且慢行》《谎言真探》等精品内容，可谓全面开花，俨然是当下最高产的明星内容生产公司之一。而此番哔哩哔哩的入股，无疑是看中了自由酷鲸成熟的产业链优势与内容输出能力，通过与路阳等的绑定，引入更多头部影视资源，为用户提供更优质的内容增值服务。

北京精彩的融资披露时间为10月27日，当日晚间，上市公司华录百纳发布公告，称以自有资金人民币3260.87万元购买上海芊虹企业管理中心（有限合伙）持有的北京精彩时间文化传媒有限公司（简称“北京精彩”）5.0004%的股权。早在2021年1月，华录百纳就曾以3亿元的高价入股精彩时间，持股46%，本次交易完成后，华录百纳累计持股超过51%，成为最大股东和控股母公司。11月26日，北京精彩完成工商变更，彻底完成本次股权转让。

北京精彩成立于2016年，主营业务为电影投资、发行及推广，核心人物张苗曾任北京文化电影事业部总经理，参与制作发行了《战狼Ⅱ》《你好，李焕英》《我和我的家乡》《我不是药神》《流浪地球》等多部爆款影片。2020年末出走北京文化之后，也带走了“少年三部曲”等多个电影项目，首部上映的《雄狮少年》在2021年以黑马之势赢得业内盛赞，首战告捷的北京精彩正在筹备或制作中的电影项目还有《敦煌英雄》《排雷部队》《太空春运》《一闪一闪亮晶晶》《我的儿子不是人》《北京欢迎您2022》《飞向可可托海的少年》等。未来，依托于此而重返电影赛道的华录百纳，有望持续扩大电影市场份额，跻身头部电影公司之列。

2021年12月2日，掌阅影视宣布完成4000万元战略融资，投资方包括天津不可能企业管理咨询合伙企业（有限合伙）、天津维尔科技有限公司、天津影文企业管理咨询合伙企业（有限合伙），前两家为新增股东。增资完成后，三家企业的持股比分别为47%，15%，15%，天津不可能成为最大股东，同时掌阅影视更名为北京不可能科技有限公司。据悉，掌阅影视成立于2019年，最早作为数字阅读平台掌阅科技的参股子公司存在，掌阅科技的前十股东及副总经理王良担任法人，意在于影视行业洗牌之际切入，依托自身IP优势打造影视化产品，寻找内容及营收突破。不过此番增资，再加上2021年12月2日王良的出走，掌阅科技似乎放弃了对掌阅影视的主动权，持股比例也由15%降至3%。在成立两年多之后，掌阅影视仍处于发展初级阶段，未形成稳定的盈利能力，未能有成熟内容产出，且经历更名之后，其主营业务也由影视内容制作转向大文娱整合的内容科技方向，其未来在影视领域的发力程度如何还需继续关注。

二、动漫影视开发制作

在动画电影逐渐成为主流类型、影视动漫IP联动开发火热、众多影视公司不断涌入的背景下，动漫也成为影视领域的重要一环。2021年，北京市动漫影视制作及相关技术服务的融资事件共7起，仅次于传统影视制作发行，彰显出这一板块蓬勃的生命力。而在其背后，主要的推动企业为哔哩哔哩，共参与了5起融资。值得注意的是，相比于传统影视制作发行侧重于内容生产，对于动漫影视的投资更偏向于技术服务，7个融资主体中，除非凡大陆外，其余6家均为技术服务企业，这是否会是未来动漫影视领域投资的新趋势值得持续追踪。

按融资轮次排序，在7起融资事件中轮次最早的是念动文化。12月23日，念动文化宣布完成天使轮融资，哔哩哔哩全资子公司上海绘界文化传播有限公司新增为念动文化股东，持股20%，注册资本由200万元增至250万元。据悉，念动文化成立于2014年，致力于电影视觉开发、美术设计服务，以及原创动画电影、3A游戏项目开发策划，为电影、游戏等娱乐工业提供世界观策划、概念设计、美术设计、故事板设计等整套视觉开发服务，曾服务过《流浪地球》《折叠城市》《三生三世十里桃花》《鬼吹灯之天星术》《图兰朵》《守龙者》等影片。

其余6家则均为战略融资。1月26日，哔哩哔哩关联企业上海绘界文化传播有限公司正式入股非凡大陆，持股约20%，同时公司注册资本由10.3093万元增加至12.8866万元，约增加25%，如此小体量的投资，即便在哔哩哔哩体系内也不多见。据悉，非凡大陆成立于2014年，主要经营范围包括电脑动画设计、影视策划等，但自成立以来，并未有太多动作，仅在相关平台上推出过《落叶牛富贵》《蝇》《顶点食堂》等漫画。不过，其创始人董淳却作品丰富，包括原创视频《抱刘继芬》《怪物家族》《李掰掰与王小明》，动画短片《无名氏》《红领巾与王小明》和纪录片《次元爱》等，也是哔哩哔哩最早的一批UP主（上传者）之一。因此可以看出，哔哩哔哩此番入股非凡大陆，更看重的是董淳在动漫领域的资源和经验，希望以低成本投入绑定内容创作者，以维持庞大的内容生态。

5月20日，动画技术服务商初色动画新增上海幻电信息科技有限公司为股东，持股比例约17.14%，同时公司注册资本由320万元增至约386万元，增幅约21%。据悉，初色动画成立于2014年，是一家以原创动画、剧集、电影研发和CG制作为核心，专注于互动娱乐和数字娱乐的互联网动画公司，曾参与制作了动画电影《俑之城》，动画番剧《四海鲸骑》《风起洛阳之神机少年》《黑门》《银河之心》，以及《灵笼：火种》概念PV（音乐影片）、《王者荣耀：玄雍篇》、《鸿图之下》等CG游戏和动画，曾多次荣获厦门国际动漫节"金海豚奖"。值得注意的是，在哔哩哔哩此番入股之前，其年初收购的上海绘界文化传播有限公司就在2020年先一步入股初色动画，两家企业合计持股22.32%。两次入股同一企业，显示了哔哩哔哩对初色动画技术服务的肯定，联想到哔哩哔哩庞大的二次元内容生态需求，初色动画未来有望实现大幅扩张。

8月31日，动画制作服务商魔智科技发生工商变更，新增股东上海幻电信息科技有限公司，持股近25%，位列第二大股东，同时公司注册资本由100万元增加至133.33万元，增幅为33.33%。魔智科技成立于2021年4月，虽然经营范围包含计算机系统服务、数据处理、电脑动画设计、工艺美术设计等，但目前仍未有相关成熟业务体系和项目推出。结合上述3起融资事件可以发现，哔哩哔哩对动漫领域的投资逻辑似乎延续了广撒网、低成本的路线，对众多小体量企业进行低成本的投资实验，降低试错风险，预计未来此类投资会越来越多。

此外，哔哩哔哩还联合网易对动画制作公司声影动漫进行注资，12月8日，声影动漫完成工商变更，新增上海幻电信息科技有限公司、杭州网易雷火科技有限公司为股东，同时公司注册资本由1543.21万元增至1929.01万元，增幅为25%，两家企业均持股10%，并列第二大股东。据悉，声影动漫成立于2009年，是一家以技术和创意为驱动，专注于动画内容（视频、剧集、电影）创作策划与IP改编的公司，诞生初期便自主研发了一套三维转制二维的动画制作技术（3T技术），与日本吉卜力工作室、Madhouse、TMS等顶尖动漫公司保持长期合作，承制各类日本、美国、韩国、欧洲的一线动画项目，参与作品包括《一拳超人》、《攻壳机动队2》、《银魂》、《你的名字。》、《幽灵公主》和《魔卡少女樱》剧场版等。

相比之下，作为老牌动漫平台的腾讯投资，2021年的投资动作明显放缓，仅于6月24日投资了一家动漫技术服务企业万象皆春。不过，万象皆春成立于2021年4月1日，尚未推出过成熟作品，其创始人也并未有太多动画创作经验，初始注册资本仅为10万元，即便是增资后也仅12.5万元，属于标准的小微型初创企业，此番腾讯投资入股的目的及后续规划还需持续关注。

唯一一起非传统大型平台投资的动漫影视技术服务公司为柏思爱。11月12日，柏思爱完成工商信息变更，新增青岛梅花盛开股权投资合伙企业（有限合伙）、武汉老鹰新潮科技企业管理中心（有限合伙）、淄博鉴睿创业投资中心（有限合伙）、优客工场（北京）创业投资有限公司等4家股东，注册资本从100万元增至125万元，4家企业分别持股8%，6.8%，4%，1.2%。柏思爱成立于2019年，主要经营范围包括电脑动画设计、电脑图文设计制作等，目前外界尚无关于柏思爱的过多信息。

三、影视业态服务

随着影视行业规模和业务范畴的不断扩大，诸如影视技术服务、IP版权服务、艺人经纪等行业支持业务，也逐渐形成一定规模，并吸引了资本市场的关注。具体而言，2021年北京市非上市影视公司的私募融资中，影视技术服务、IP版权服务、艺人经纪服务各有2起。

随着5G、VR、元宇宙等技术和概念的提出与发展，其与影视产业的跨界互动也越来越频繁，诸如影像技术、VR内容及设备等也逐渐受到行业的青睐。2021年，北京市共有星河视效、爱奇艺智能两家技术服务企业获得了融资。

完成A轮融资的星河视效已连续两年获得投资，这家成立于2013年的视觉效果制作工作室曾在2020年12月获得挚信资本数千万元Pre-A轮投资。2021年9月16日，星河视效科技再次获得近亿元融资，由小米集团领投，二七互娱参与，挚信资本继续跟投，资金主要用于加强产品研发投入和业务拓展。目前星河视效已与优酷、雷石科技、百度视频、风行视频、人人视频和韩剧TV等达成独家合作，成为其视频广告的独家合作平台，并与爱奇艺、腾讯视频等多平台建立深度战略合作关系，正逐步向兼顾出品、策划、制作一体化的影视公司发展。

爱奇艺智能则完成了B轮融资。爱奇艺智能（2021年12月更名为“北京梦想绽放科技有限公司”）由爱奇艺内部孵化、独立运营，从事视频娱乐相关领域、云端融合产品的开发和运营，以“内容+硬件”的模式提供 VR 影视娱乐服务，聚焦 VR、AI、智能硬件三大领域，是中国第一个同时布局内容平台和终端设备的一线互联网公司。2021 年 1 月宣布完成由屹唐长厚基金、清新资本共同投资的 B 轮数亿元人民币融资，创下年度国内 VR 领域单笔融资的最高纪录。

IP 作为内容产业重要的核心竞争力，已经不仅仅局限于影视领域，如何对其进行跨媒介开发，成为重要话题。2021 年，北京市有两家侧重于 IP 开发运营的公司完成了一轮战略融资，一家是以“潮玩 +IP 开发”为主的猫猫家传媒，另一家是以郑渊洁文学作品为开发内容的皮皮鲁总动员，背后投资方均为腾讯投资。

5 月 21 日，猫猫家传媒新增股东广西腾讯创业投资有限公司，持股 30%，成为第二大股东。据悉，猫猫家传媒成立于 2018 年 9 月，创始人郭斌为中央美术学院教授、动画导演、设计师，曾任 2008 年北京奥运会、残奥会体育展示动漫总导演，曾执导《小和尚》、《飞越五千年》、《福娃奥运漫游记》、《熊猫和小鼹鼠》(中捷合拍)、《宇宙护卫队》等动画。自成立以来，猫猫家传媒一直坚持以人格化、场景化的猫咪形象 ViViCat 为核心潮流 IP，进行多维开发，推出多款玩具盲盒，还联合腾讯企鹅影视出品了 26 集动画剧集《宠物旅店》，主要面向 7—9 岁的儿童，以“宠物 + 家人”为核心主题，展现宠物与人类和谐相处的美好，随后还推出 100 集衍生短片。以影视动画为核心持续打造 IP 活力，以衍生潮玩为主要业务收入来源是其主要经营策略。

皮皮鲁总动员是一家以郑渊洁童话故事人物 IP 为主的运营孵化服务商，围绕皮皮鲁、鲁西西、舒克、贝塔和大灰狼罗克等童话人物以及童话品牌进行开发运营，提供童话人物相关的影视、出版、互联网开发及授权等服务。2021 年 8 月 23 日，北京皮皮鲁总动员文化科技有限公司发生工商变更，新增股东广西腾讯创业投资有限公司，持股比例 26.98%，成为第一大股东。

在 IP 改编成为影视产业重要支撑的当下，拥有多个系列 IP 储备的皮皮鲁总动员也开始了 IP 的影视化改编。2018 年的网络电影短片《驯兔记》

曾入围第21届上海国际电影节，全网累计播放量超1亿人次，豆瓣网评分8.0分；动画剧集《皮皮鲁安全特工队》《舒克贝塔》屡获殊荣；作为第一出品方主控的儿童电影《皮皮鲁与鲁西西之罐头小人》于2021年国庆档上映，累计票房5784.4万元。此次腾讯的投资意味着后续会有越来越多的郑渊洁童话IP以动画、剧集和电影的形式与观众见面，这一IP能否成功实现跨媒介开发，值得长期关注。

最近几年火热的综艺选秀，让不少艺人经纪公司走进了大众视野，同期还有越来越多的艺人成立自己的工作室或经纪公司，也让这一影视配套服务业务获得了越来越多的机会。2021年，共有2家相关公司完成战略融资。

2月24日，超影时代完成股权融资和工商更改，新增股东北京天浩盛世娱乐文化有限公司，持股51%。据悉，超影时代成立于2020年，主要经营范围包括经济贸易咨询、舞台灯光音响设计，以及影视策划、广播电视节目制作、演出经济、电影发行等。作为一家新成立的影视公司，超影时代尚未有多少投资动作和作品。本次交易之所以引起大众关注，在于其投资方天浩盛世，这家成立于2005年的经纪公司，拥有不少实力企业和明星股东，不仅有乐华娱乐这样知名的经纪公司，更有谭维维、吉克隽逸、黄子韬等明星艺人先后参与，早前曾签约杨坤、杨宗纬等，现有签约艺人陈飞宇、姚安娜、李治廷、文淇、沙宝亮、金志文、戚薇等。2017年开始，天浩盛世开始从音乐经纪涉足影视制作，制作出品了《乌鸦小姐与蜥蜴先生》《我才不要和你做朋友呢》《女士的法则》等剧集，持续向上游发力。此次入股超影时代，预计未来会有更多内容层面的合作。

作为天浩盛世背后的大股东之一，乐华娱乐也在2021年成功获得融资。乐华娱乐成立于2009年，主要业务包括艺人管理、音乐IP制作与运营、泛娱乐业务三大业务板块。借助最近几年选秀节目的大热，乐华娱乐也乘风直上，成为国内最重要的影视经纪公司之一，旗下艺人有韩庚、王一博、李汶翰、孟美岐、吴宣仪、范丞丞等。2021年7月19日，乐华娱乐发生工商变更，新增浙江东阳阿里巴巴影业有限公司、字节跳动关联公司北京量子跃动科技有限公司等为股东。

相比于日常融资，乐华娱乐在资本市场的动作和对上市的渴望更值得关注。2015 年，乐华娱乐就以“艺人经纪第一股”挂牌新三板，试图通过借壳共达电声登陆 A 股，但借壳收购的估值及财务预测的合理性遭到证监会质疑，借壳方案被迫中止。此后，乐华娱乐开始筹划独立上市，并于 2018 年 3 月从新三板摘牌，2019 年 12 月进入主板上市辅导期，但由于种种因素，独立上市计划也在 2021 年 6 月宣告落空。随后，乐华娱乐开始将目光转向港股，寻求港股上市，此番引进两大重量级股东，除了资本注入和资源支持以外，更对其上市之路大有裨益。2022 年 1 月，包括上述两家公司在内的多名股东退出了乐华娱乐的股东名单，股权被转移至注册于开曼群岛的乐华娱乐集团，为港股上市做准备。2022 年 4 月，乐华娱乐递交港股上市招股书。

第三节　北京市电影产业投融资发展态势分析

以上述北京市的 5 起上市及新三板挂牌影视公司融资、22 起非上市影视公司私募股权融资为对象，可以详细分析北京市电影及影视融资的整体方向与特征，同时与全国情况进行比对分析，以期刻画 2021 年北京市影视公司融资的轮廓及趋势。

作为融资事件的主体，融资企业的特征无疑是最能体现行业发展现状与趋势的因素之一，能够直接反映资本市场投资喜好与倾向的变化。2021 年，北京市 27 起融资事件共涉及 25 家企业，其中上市公司 2 家、新三板挂牌公司 1 家、普通公司 22 家（见表 3-4）。25 家企业的注册地址、成立时间、注册资本、业务范围等基本特征能够为 2021 年北京影视投融资市场分析提供基本参照。

表 3-4　2021 年北京市融资影视公司基本信息一览

序号	公司名称	注册地	成立时间	增资前注册资本（万元）	增资后注册资本（万元）	具体细分业务范围	代表作品
1	捷成股份	北京市海淀区	2006-08-23	257496.0807	257496.0807	影视制作	电影《战狼Ⅱ》《机器之血》《红海行动》等
2	ST北文	北京市门头沟区	1997-11-18	71590.0255	71590.0255	影视制作	电影《战狼》《流浪地球》《你好，李焕英》《我不是药神》等
3	妙音动漫	北京市海淀区	2004-09-06	5100	5100	动漫制作	动画《中华弟子规之孝孝龙奇幻记》《德行天下》等
4	工夫小戏	北京市西城区	2019-03-15	300	333.33	影视制作	迷你剧《我叫黄国盛》等
5	面白映画	北京市东城区	2018-12-07	30	30	影视制作发行	发行《罗小黑战记》《白蛇：缘起》《大护法》
6	文岱天青	北京市海淀区	2020-06-09	500	500	影视制作	电影《比爱你更爱你》等
7	旭东雨辰	北京市怀柔区	2015-10-28	500	526.3158	影视制作	电影“女法医”系列、电视剧《骨语》
8	新力量影视	北京市朝阳区	2005-02-05	142.4907	158.323	影视制作	电影《只有芸知道》《坏蛋必须死》，电视剧《北辙南辕》
9	珑瑞羽丰	北京市顺义区	2012-06-25	1000	1124.2	影视制作	暂无
10	精彩时间	北京市朝阳区	2016-12-01	4074.0741	4074.0741	影视制作	电影《雄狮少年》
11	掌阅影视	北京市朝阳区	2019-04-30	1000	5000	影视制作	暂无

续表

序号	公司名称	注册地	成立时间	增资前注册资本（万元）	增资后注册资本（万元）	具体细分业务范围	代表作品
12	自由酷鲸	北京市朝阳区	2006-07-13	375	416.666667	影视制作	电影《刺杀小说家》、“绣春刀”系列等
13	念动文化	北京市朝阳区	2014-01-28	200	250	动漫影视制作	制作电影《流浪地球》、电视剧《三生三世十里桃花》等
14	非凡大陆	北京市海淀区	2014-01-06	10.3093	12.8866	动漫影视制作	暂无
15	初色动画	北京市海淀区	2014-12-11	320	386.2069	动漫影视制作	参与制作动画电影《俑之城》，动画番剧《四海鲸骑》《风起洛阳之神机少年》等
16	万象皆春	北京市海淀区	2021-04-01	10	12.5	动漫影视制作	暂无
17	魔智科技	北京市海淀区	2021-04-08	100	133.3333	动漫影视制作	暂无
18	柏思爱	北京市朝阳区	2019-10-18	100	125	动漫影视制作	暂无
19	声影动漫	北京市通州区	2014-07-01	1543.21	1929.0125	动漫影视制作	参与制作《一拳超人》《攻壳机动队 2》《银魂》等
20	星河视效	北京市朝阳区	2020-12-28	547.6386	648.093	影视技术服务	暂无
21	爱奇艺智能	北京市海淀区	2016-12-29	1266.6646	1266.6646	影视技术服务	VR 游戏《奇遇派对》等
22	猫猫家传媒	北京市怀柔区	2018-09-29	200	285.7143	IP 版权服务	动画剧集《宠物旅店》等
23	皮皮鲁总动员	北京市朝阳区	2017-04-19	2979.3288	2979.3288	IP 版权服务	电影《皮皮鲁与鲁西西之罐头小人》

续表

序号	公司名称	注册地	成立时间	增资前注册资本（万元）	增资后注册资本（万元）	具体细分业务范围	代表作品
24	超影时代	北京市朝阳区	2020-09-23	3000	3000	艺人经纪服务	暂无
25	乐华娱乐	北京市朝阳区	2009-07-03	11000	11000	艺人经纪服务	电影《前任攻略》、电视剧《如懿传》《锦绣未央》等

资料来源：天眼查。

一、传统影视、动漫制作持续吸金，朝阳区、海淀区最具吸引力

从资金流向的角度看，北京市27起影视投资事件中，捷成股份、ST北文、自由酷鲸、精彩时间等传统影视制作发行企业仍然是主要的资金流入对象，共有13起融资，涉及11家影视企业，占整体融资数量和企业数量的比例分别达到了48.15%和45.95%；动漫影视开发制作领域紧随其后，共完成8起融资，涉及8家企业，分别占比29.63%和32.00%，但主要以幕后技术服务企业为主，缺少大众熟知的内容型企业；影视技术服务、IP开发服务、艺人经纪服务各有2家企业，占融资数量和企业数量的比例分别为7.41%和8.00%（见图3-3）。

按注册地计算，拥有雄厚产业基础的朝阳区无疑最具吸引力，共有10家企业完成了10起融资，占企业总数量的40%，融资总数量的37.04%；以高新技术产业著称的海淀区，具备影视技术服务的优势，共有8家企业完成了10起融资，占比分别为29.63%和37.04%；近年来大力发展影视产业的怀柔区，则共有2家企业完成了2起融资；其余东城区、西城区、通州区、顺义区、门头沟区等也各有1家企业完成1起融资（见图3-4）。

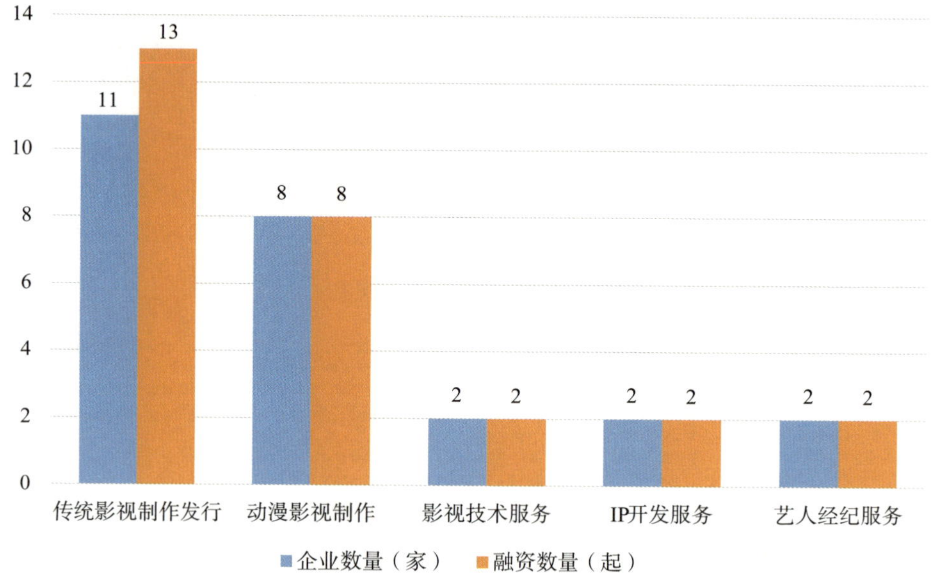

数据来源：天眼查。

图 3-3　2021 年北京市影视行业各细分领域融资企业和数量对比

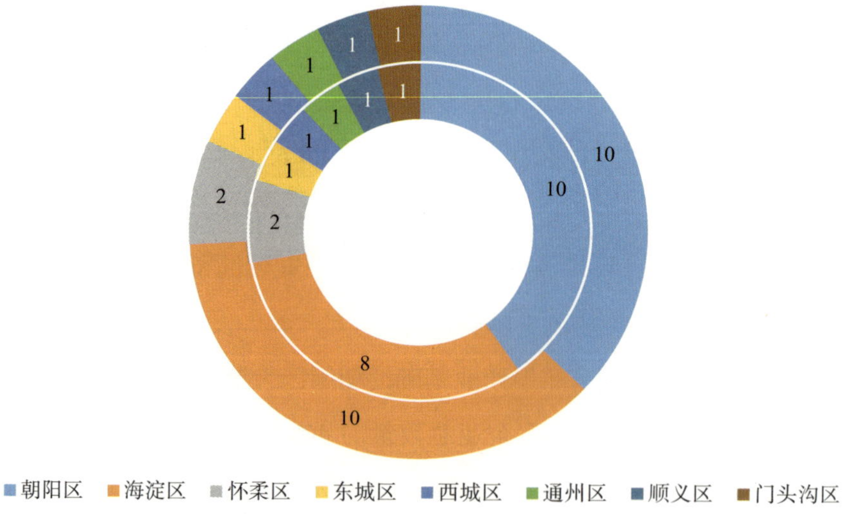

数据来源：天眼查。

备注：内圈为融资企业数量（单位：家），外圈为融资事件（单位：起）。

图 3-4　2021 年北京市影视融资企业和事件地域分布

具体来看，传统影视制作发行企业分布相对较为均匀，朝阳区数量最多，共有新力量影视、精彩时间、掌阅影视、自由酷鲸等4家集中于此，捷成股份、文岱天青2家位于海淀区，其余5家企业则分布在门头沟区、东城区、西城区、怀柔区、顺义区等地。相较而言，动漫影视制作企业的地区分布更为集中，共有妙音动漫、非凡大陆、初色动画、万象皆春、魔智科技等5家扎根海淀区，朝阳区有2家，分别为念动文化和柏思爱，通州区则有声影动漫1家。其余6家影视业态服务企业同样主要集中在朝阳区，仅有爱奇艺智能位于海淀区，猫猫家传媒位于怀柔区（见图3-5）。

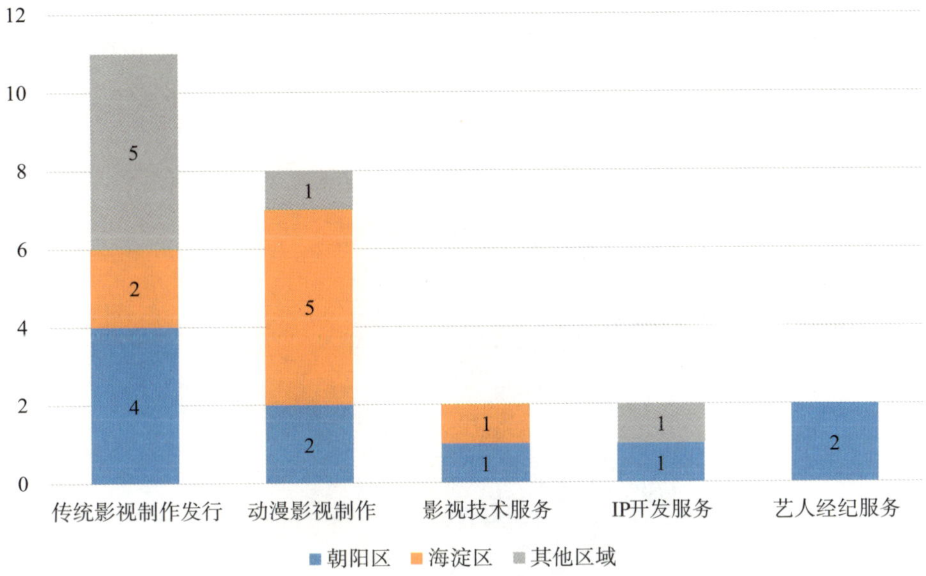

数据来源：天眼查。

图3-5　2021年北京市各类型影视融资企业地域分布（单位：家）

二、小型公司成融资主流，新兴企业尚需扶持

与往年不同，2021年获得融资的北京市影视企业，多以小型企业为主，这些企业普遍成立时间短、注册资本少、成熟作品少，后续这些企业

的发展还需要更多的资源扶持和内容支撑。

从成立时间和作品产出来看，25 家影视企业中超半数成立于 2016 年及之后，显示了新型企业正逐渐成为融资市场的主流，不过就内容产出而言，成熟作品数量较少（见图 3-6）。成立时间最早的当属 ST 北文，虽然 2014 年才开始转型影视领域，但其前身京西文旅早在 1997 年就宣告成立，这也是唯一一家成立于 2000 年之前的影视融资企业。作为少数几家上市电影企业之一，ST 北文在前几年频频凭借爆款内容出圈，也是 25 家影视企业中业务最为成熟的一家。成立于 2001—2005 年的共 2 家（占比 8.00%），分别为妙音动漫和新力量影视，这两家企业虽然成立时间较久，也均有部分代表作品推出，但整体实力仍然偏弱，尚未走进大众视野。

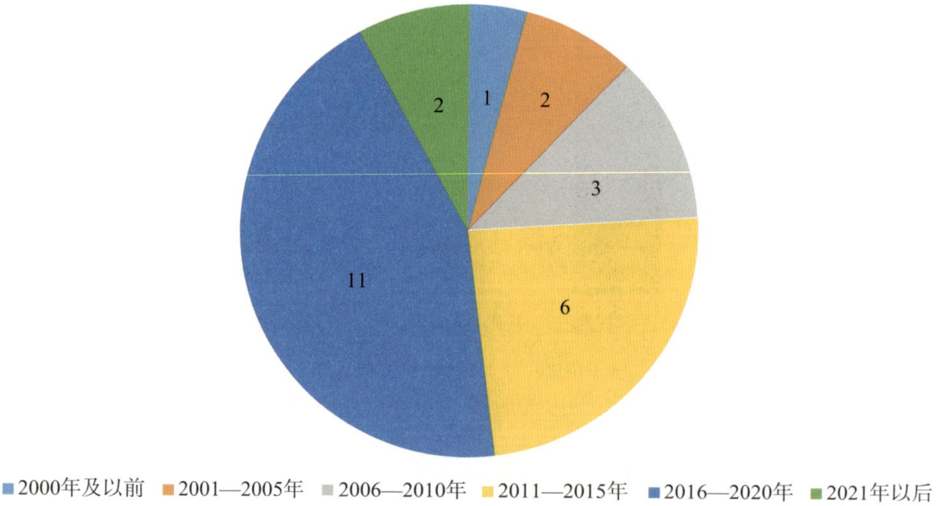

数据来源：天眼查。

图 3-6　2021 年北京市影视融资企业成立时间分布（单位：家）

成立于 2006—2010 年的共有捷成股份、自由酷鲸、乐华娱乐 3 家（占比 12.00%），经过十余年的发展，三家企业均已成为行业内的佼佼者，也是2021年北京市影视投融资的中坚力量。成立于2011—2015年的企业共6家（占比24.00%），分别为珑瑞羽丰、念动文化、非凡大陆、初色动画、声影动漫、旭东雨辰，其中4家为动画技术服务企业，2家为影视制作企业。相较而言，仅有念动文化、初色动画2家业务比较成熟，其余或产出能力有限，或业务尚未真正开展，尚待后期加大孵化力度。

占比最高的为成立于2016—2020年的企业，达到44.00%，共计11家，其中精彩时间、爱奇艺智能成立于2016年，已经逐步成为行业赛道内的重要参与者；皮皮鲁总动员成立于2017年，整体发展也较为稳定；面白映画、猫猫家传媒成立于2018年，目前仍处于初步发展阶段；工夫小戏、掌阅影视、柏思爱成立于2019年，文岱天青、星河视效、超影时代成立于2020年。相较而言，这几家企业几乎尚未有较为成熟的作品和业务体系支撑，后续获得融资后，最需要考虑的仍是战略定位及发展方向的问题。2021年新成立的万象皆春、魔智科技同样如此。

从增资前后注册资本的体量来看同样如此。融资前，近半数企业的注册资本低于500万元，即便是融资后，这一数值也未有太大变化，为客观还原融资时企业的真实状态，重点对融资前的注册资本进行比较。具体来看，25家企业中，注册资本超过1亿元的仅有3家，占比12.00%，分别为捷成股份（近25.75亿元）、ST北文（近7.16亿元）、乐华娱乐（1.1亿元），均为上市或者准上市企业（见图3-7）。

注册资本在1000万元（含1000万元）—1亿元的共8家，占比32.00%，但只有新三板挂牌的妙音动漫勉强超过5000万元，达到5100万元，精彩时间也超过4074万元；超影时代、皮皮鲁总动员的注册资本均在3000万元左右；声影动漫、爱奇艺智能、掌阅影视、珑瑞羽丰均在1000万元左右。

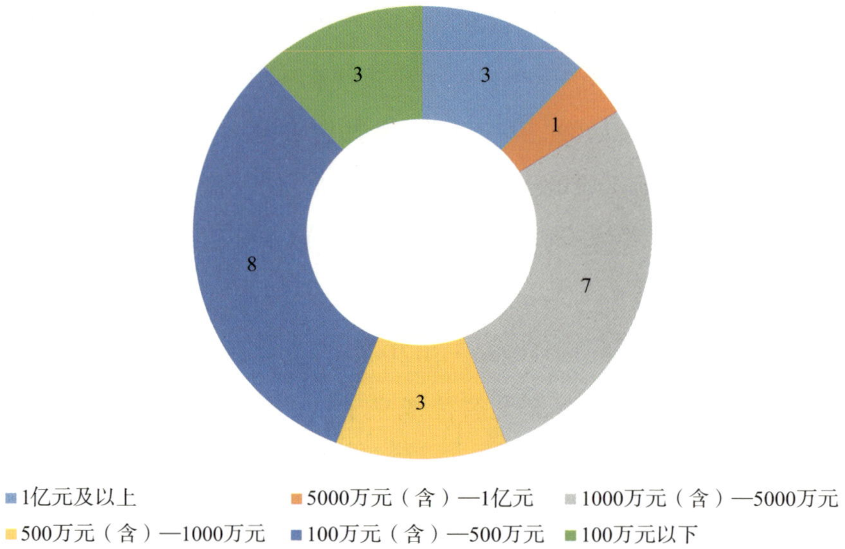

数据来源：天眼查。

图 3-7　2021 年北京市影视融资企业注册资本分布（单位：家）

注册资本在 500 万元（含 500 万元）—1000 万元的共 3 家，占比 12.00%，分别为星河视效（近 547.64 万元）、旭东雨辰（500 万元）、文岱天青（500 万元）。注册资本低于 500 万元的共 11 家，占比 44.00%，多为小型影视及动漫制作企业，其中非凡大陆、万象皆春的注册资本仅有 10 万元左右，面白映画也仅有 30 万元。

三、融资方式侧重股权，融资额度略有回升

2021 年，北京市影视领域的融资具有侧重股权、融资额度较低的特征，一方面是因为整体产业环境及发展阶段趋于收敛，另一方面也受到了新冠肺炎疫情的持续影响。2021 年，北京市平均每月发起 2.25 起影视融资事件，上半年虽然有春节档的大力提振，但随后市场未能同步跟进，疫情偶有反复，各方仍未放开手脚，而下半年疫情防控和行业恢复的效果逐渐显现，

也刺激了融资市场，相应的融资事件也比上半年更为活跃，共 18 起，占融资总量的 2/3，尤其是 9 月份和 12 月份融资事件最多，分别达到 5 起（见图 3-8），总体依然延续了最近几年上半年活跃度一般、下半年集中发力的态势。

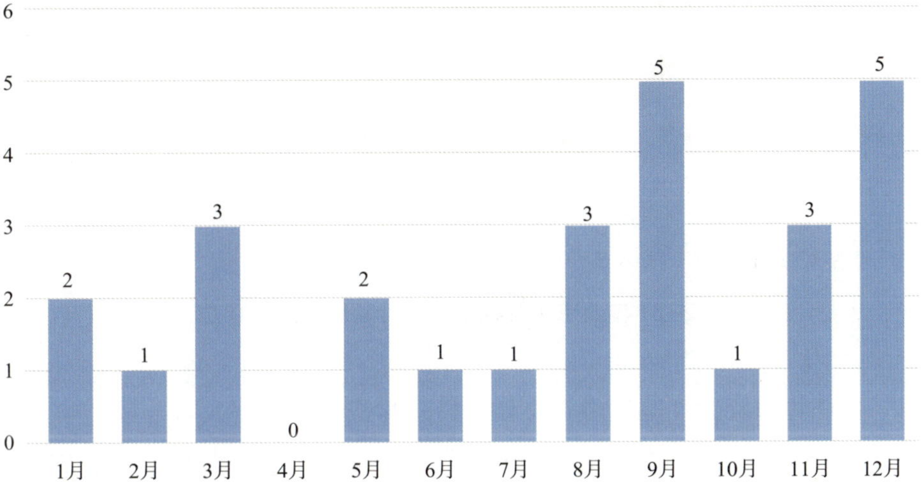

数据来源：IT桔子、天眼查、CVSource。

图 3-8　2021 年北京市影视行业融资事件月度分布情况（单位：起）

从融资轮次的角度看，2021 年北京市影视企业融资最突出的表现是战略融资异军突起，总计 27 起融资事件中，战略融资达到 16 起，占比 59.26%（见图 3-9）。这一趋势虽然在前两年已有所显现，但在 2021 年尤为明显，显示了投资逻辑的变化。在市场格局已经日臻巩固、头部影视企业不再需要市场化运作的多轮注资、中小型影视企业错过快速增长期难以突出重围的背景下，与其追逐独角兽企业，推动企业上市的商业化操作，不如回归业务逻辑，通过股权注入的方式，联合中型企业，扶持小型公司，打通产业链条，补充内容生态（平台型公司的参与起到了重要的推动作用）。

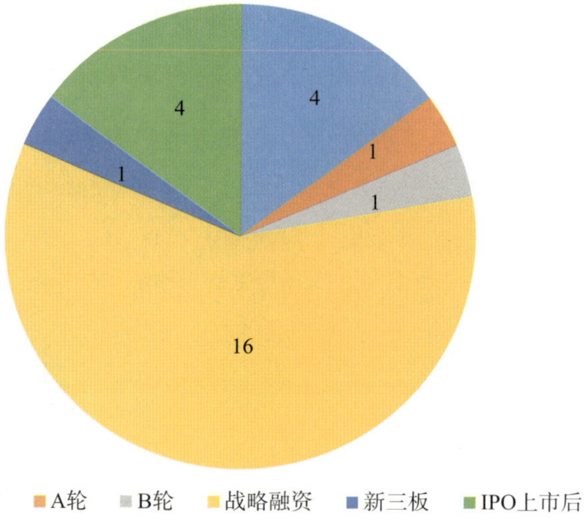

数据来源：IT 桔子、天眼查、CVSource。

图 3-9　2021 年北京市影视融资事件轮次分布（单位：起）

天使轮融资共 4 起，融资主体为传统影视制作发行公司工夫小戏、面白映画、文岱天青和念动文化；A 轮、B 轮融资各 1 起，融资主体为影视技术服务型公司星河视效和爱奇艺智能；新三板和 IPO 上市后再融资分别有 1 起和 4 起，前者融资主体是妙音动漫，后者融资主体是捷成股份（3 起）和 ST 北文。

从融资额度来看，由于多数企业采取了股权融资的方式，且自身体量较小，并未对外公布具体融资金额。在 27 起融资中，仅有 10 起对外透露了这一信息，其中 4 起达到了亿元和 10 亿元级别，额度最高的为捷成股份的非公开发行，预计募资金额不超过 28 亿元，其次是其面向中传金控的股权转让，融资额度也达到了 5 亿元。除此之外，处于 B 轮融资的爱奇艺智能、A 轮融资的星河视效的融资额度也分别达到了数亿元和近亿元，显示了技术型企业在融资时的优势。千万元级别的融资共 5 起，其中捷成股份面向北京盈岭的股权转让额度达到了 5210 万元；掌阅影视和精彩时间的两起战略融资的额度分别为 4000 万元和 3261 万元；

ST 北文的股权转让和妙音动漫的新三板定增，融资额度分别为 2500 万元和 1000 万元。百万元级别的为天使轮融资的面白映画，获得了 620 万元的注资（见图 3-10）。

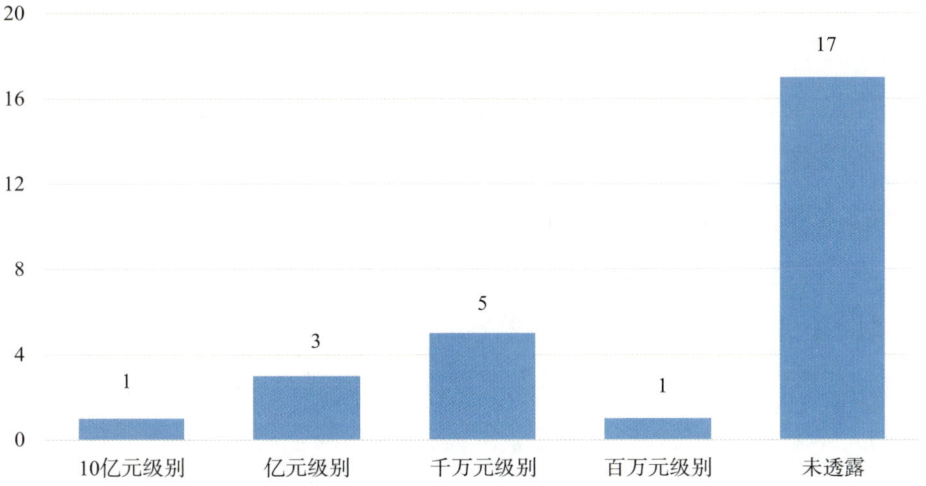

数据来源：IT 桔子、天眼查、CVSource。

图 3-10　2021 年北京市影视行业融资事件融资额度分布（单位：起）

需要注意的是，虽然这 10 起融资的总额度较往年有所提升，但其中有 5 起为面向资本市场的融资（总额度与 2020 年相比略有提升），2 起为影视技术服务企业，并不能代表影视产业，尤其是非上市或挂牌影视制作企业的全貌。而剩余 17 起融资事件，结合其融资主体的整体实力、业务领域、过往成绩等，预测其融资额度有限，相较而言，这些企业更需要资本的关注和支持。

四、专业投资持续走弱，行业自救越发明显

从投资方的构成可以看出资本来源、行业内外对影视投融资的基本判断等。在 2021 年北京市影视融资事件中，除了面白映画的投资主体为日本

企业，新三板的妙音动漫控股自然人股东定增之外，其余25起投资共有36家投资方，剔除重复项之后，共涉及26个公司主体。

其中，专业投资机构共10家，分别为挚信资本、华文创投、亦庄国投、清新资本、中传金控、北京盈岭、峻辰朗投资、梅花创投、伽利略资本、优客工场，参与的融资事件共6起。从整体而言，数量偏少、缺少头部机构、投资活跃度较低等，是2021年影视领域专业投资机构动向的基本概况，持续多年的资本退潮依然在影响着影视产业，叠加经济下行的压力，让更多专业投资机构不敢冒进扩张。

跨界投资机构共5家，分别为主营技术服务的府相未来科技（投资捷成股份）、上海长鹰软件（参与投资柏思爱）、天津不可能管理咨询（参与投资柏思爱）、天津维尔科技（参与投资掌阅影视），以及主营企业管理咨询的天津影文（参与投资掌阅影视）。新兴互联网企业因自身产业布局开始逐步向影视领域渗透，2021年共有3家新兴互联网企业参与了3起投资，分别是：网易联合投资了声影动漫，小米集团联合投资了星河视效，字节跳动联合注资了乐华娱乐。

在专业投资机构缺席、跨界投资日益减少的当下，文娱传媒行业内资本，尤其是拥有互联网基因的头部平台就成为最重要的资金来源，出于自身业务拓展及对优质内容的需求，往往对相关企业进行资金和资源的双向扶持，行业自救的趋势更加明显。在2021年北京市影视融资事件中，共有哔哩哔哩、腾讯投资、爱奇艺、阿里巴巴、华录百纳、三七互娱、天浩盛世、文艺小红等8家行业内企业参与了18起融资和收购事件（见图3-11）。

其中，哔哩哔哩最为活跃，接连注资了非凡大陆、初色动画、魔智科技、珑瑞羽丰、声影动漫、念动文化、自由酷鲸等7家北京影视及动漫制作公司，位列榜首。腾讯投资以4起投资位于第二，投资对象包括万象皆春、猫猫家传媒、皮皮鲁总动员和工夫小戏，更侧重于IP的打造与挖掘。爱奇艺对旭东雨辰和新力量影视2家影视公司进行了战略融资；阿里巴巴、华录百纳、三七互娱、天浩盛世、文艺小红则分别完成1起对外融资，其中阿里巴巴对乐华娱乐进行了资金注入，华录百纳对精彩时间进行了战略融资，三七互娱参与了星河视效的A轮融资。

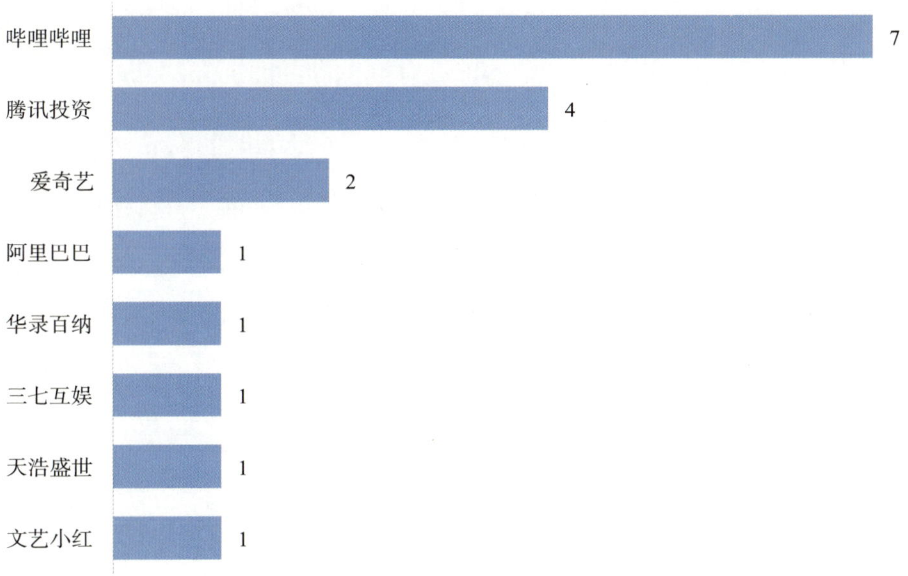

数据来源：IT桔子、天眼查、CVSource。

图3-11　2021年北京市影视行业融资事件行业内投资方分布情况（单位：起）

第四章

2021 年北京市投资企业电影投资业务分析

2021 年，全国范围内影视领域投资数量较上一年度明显提升，全年共累计完成 72 起（包括影视、动漫及相关配套服务等领域），含 14 起上市 / 新三板影视公司融资，53 起非上市公司私募股权融资，4 起影视收购（包括哔哩哔哩对绘梦动画、有妖气的收购，喜马拉雅对享动互娱的收购，阜博集团对粒子文化的收购），1 起影视合并（娱跃文化和红星文娱），除少数融资对象未透露，或面向自然人、特定投资者、境外投资者之外，其背后共涉及 66 家专业投资机构、行业内资本、实体企业跨界资本等投资主体。

以融资主体是否位于北京为标准划分，北京市影视企业 2021 年的融资对象中共有 10 家专业投资机构（其中注册地址位于北京市的共 5 家，分别为北京盈岭、亦庄国投、华文创投、优客工场、峻辰朗投资）、12 家行业内资本（其中北京市相关企业共 5 家，分别为爱奇艺、华录百纳、天浩盛世、字节跳动、小米集团），此外还有府相未来科技等 5 家实体跨界企业。而投资其他地区影视企业的专业投资机构共 13 家（其中注册地址为北京市的共 2 家，分别为中金资本和挑战者创投），11 家行业内资本（其中北京市相关企业共 3 家，分别为小米集团、快手、新浪微博），还有来自证券、银行、保险等金融领域、医疗健康领域、企业管理领域等的 16 家实体企业。

考虑到其他实体企业或专业证券保险等金融机构，对影视板块的参与多具有投资属性，缺少持续性的投入和专业资源的导流与扶持，因此本章对此不做过多阐述，仅从专业投资机构和行业内资本两大板块出发，分析

2021 年全年电影投融资的整体概况与特征。

第一节　北京市专业投资机构电影投资概况及分析

为更清晰地分析北京市专业投资机构动态，本节将相关专业投资机构大致分为两类，第一类是全国层面参与北京市影视投融资的专业投资机构，第二类是总部或主要办公地点位于北京市，但 2021 年投资了其他地区影视企业的专业投资机构。除此之外，诸如红杉资本中国、IDG 资本、经纬创投、弘毅投资、南山资本等总部或者中国区大本营位于北京市的专业投资机构虽并未在 2021 年继续对影视领域展开相关投资，但历来较为关注影视行业，在此也进行一定的介绍。

一、2021 年注资北京市影视企业的专业投资机构概况及分析

除去面向境外投资者的面白映画和面向自然人股东的妙音动漫外，2021 年北京市的 4 起上市公司及新三板融资、21 起私募股权融资中共涉及 10 家专业投资机构，其中注册地址位于北京市的共 5 家，分别为北京盈岭、屹唐长厚基金（亦庄国投）、华文创投、优客工场、峻辰朗投资；上海市的投资机构共 3 家，分别为挚信资本、伽利略资本、清新资本，天津市和浙江省各有 1 家，分别为梅花创投、中传金控（见图 4-1）。其中屹唐长厚基金（亦庄国投）、优客工场、挚信资本、梅花创投、伽利略资本都有一定的投资经验，对影视行业较为关注；华文创投、北京盈岭、峻辰朗投资、清新资本对影视行业的投资则刚刚起步，中传金控以国有资本投资运营为主，成立以来仅有 1 起影视行业投资（见表 4-1）。

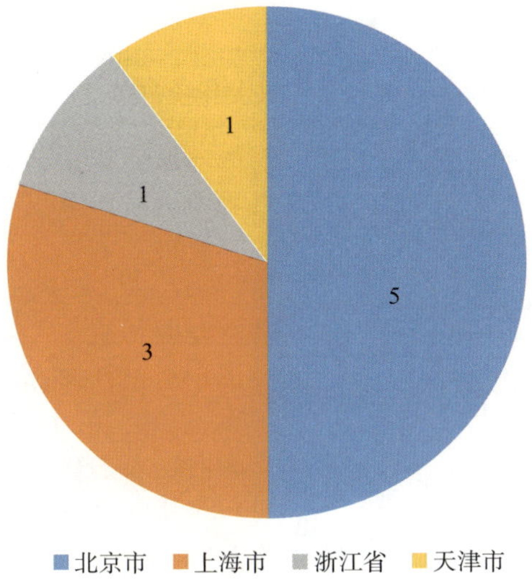

数据来源：IT桔子，截至2021年12月31日。

图 4-1　2021 年投资北京市影视企业的专业投资机构地域分布（单位：家）

受行业整体融资环境和专业投资机构投资逻辑转变的双重影响，2021年针对北京市影视领域投资的专业投资机构呈现出头部机构继续蛰伏、中小机构偶尔出击的态势，相关机构普遍体量较小，缺少成熟投资案例。

表 4-1　2021 年参与北京市影视企业融资的专业投资机构信息一览

序号	所在省市	投资机构	成立年份	管理资金规模	主要投资方向	总投资数量（起）	文娱传媒领域投资数量（起）
1	北京	屹唐长厚基金（亦庄国投）	2013 年	未透露	移动互联网、医疗健康、制造业、文化娱乐、硬件、汽车交通	61	1
2		优客工场	2015 年	未透露	未透露	37	3
3		华文创投	2014 年	未透露	文化科技	7	4
4		北京盈岭	2014 年	未透露	未透露	1	1
5		峻辰朗投资	2010 年	未透露	经营范围包括投资与资产管理、投资咨询、项目投资、企业管理、企业策划	1	1

续表

序号	所在省市	投资机构	成立年份	管理资金规模	主要投资方向	总投资数量（起）	文娱传媒领域投资数量（起）
6	上海	挚信资本	2006 年	50 亿美元	节能环保、新材料、消费品和服务、教育、新媒体、医疗	204	27
7	上海	清新资本	2017 年	6 亿元人民币	清洁能源、循环经济、消费科技领域	15	1
8	上海	伽利略资本	2013 年	10 亿元人民币	互联网、人工智能和大数据相关领域	45	6
9	浙江	梅花创投	2014 年	60 亿元人民币基金和 1 亿美元基金	智能制造、人工智能、新消费新内容、企业服务、移动出海	524	53
10	天津	中传金控	2014 年	未透露	文化旅游、新媒体、科技产业、现代服务业	2	1

资料来源：IT桔子，截至2021年12月31日。

（一）屹唐长厚基金（亦庄国投）

2021 年，屹唐长厚基金（亦庄国投）通过旗下企业北京屹唐长厚显示芯片创业投资中心（有限合伙）参与了爱奇艺智能的 B 轮融资。据悉，屹唐长厚基金成立于 2018 年，注册资本高达 12.3 亿元，是亦庄国投旗下专业投资机构，主要集中在高新生产制作领域。屹唐长厚背后的亦庄国投更值得关注，作为拥有国资背景的政府引导基金，成立于 2013 年，注册资本 1 亿元，以服务北京经济技术开发区科技创新和产业发展为使命，是亦庄国投金融服务体系中专业的产业投资基金管理公司，专注于集成电路、生物医药、装备制造、航天科技等战略新兴产业基金体系构建，搭建有全方位、全流程的母基金体系，投资基金类型涵盖天使投资、VC（风险投资）、PE（私募股权投资）、并购等多种模式。截至2021年底，亦庄国投共发起对外投资64起，医疗健康类和先进制造类分别有25起和23起，是其最关注的两大赛道。高科技的投资定位，使得亦庄国投极少涉及文娱传媒领域，唯一的一起投资即为对爱奇艺智能的注资，看中的也是其背后的VR技术及其未来的市场空间。

（二）优客工场

主营业务为联合办公的优客工场，具有投资机构和实体企业的双重属性，在2021年注资了动漫制作及技术服务企业柏思爱。据悉，优客工场成立于2015年4月，投资布局涉及FA（财务顾问）平台、人力资源、文化传媒、国际共享医疗平台、互联网+体育旅游、知识产权保护、智能硬件、金融服务、创业加速教育和空间设计等领域，累计投资金额近1亿元人民币。截至2021年12月31日，共发起对外投资37起，主要集中在企业服务领域，相关投资事件共15起，而文娱传媒类共3起，主要集中于影视制作出品和技术服务领域。

（三）华文创投

同样投资技术服务企业的还有华文创投，2021年联合众多头部企业和投资机构，共同完成后期及特效制作企业星河视效的A轮融资。据悉，华文创投全称为华文创投（北京）投资有限公司，成立于2014年12月，注册资本为1000万元，聚焦“科技+文创”的文化科技类投资，设有文化产业并购整合基金和文创项目早期孵化基金，主要投资领域包括TMT（数字新媒体）、音乐、影视、偶像、电竞、动漫、娱乐消费等几个细分板块。整体而言，华文创投的对外投资并不活跃，截至2021年底，仅发起7起对外投资，其中4起集中在文娱传媒领域。

具体而言，2017—2021 这 5 年间，华文创投仅发起 6 起对外投资，3 起为影视领域（见表 4-2）。其中 2017 年和 2018 年均无实际对外投资业务，2019 年接连独立投资了影视内容制作企业萌样影视、凯柒传媒，前者成立于 2015 年，主要从事影视 IP 开发与策划、影视制作与拍摄、艺人经纪与宣传等，策划制作并参与投资拍摄了青春题材影片《有五个姐姐的我就注定要单身了啊！！》，电视剧《二进制恋爱》《别那么骄傲》等；后者成立于 2018 年，主要为影视制作商提供广播、电视、电影、影视录音制作及电影场地定制服务。2020 年新冠肺炎疫情的冲击让绝大多数投资机构选择观望蛰伏，华文创投也不例外，直至 2021 年，才通过对星河视效的投资重新回归。

表 4-2　2017—2021 年华文创投影视企业投资信息一览

年份	投资对象	所在省市	轮次	总额	参与方式	投资对象主要业务	投资对象主要作品
2017 年	无						
2018 年	无						
2019 年	萌样影视	北京	股权融资	未透露	独立投资	影视内容制作	电影《有五个姐姐的我就注定要单身了啊！！》，电视剧《二进制恋爱》等
2019 年	凯柒传媒	上海	股权融资	未透露	独立投资	影视制作服务	暂无
2020 年	无						
2021 年	星河视效	北京	战略融资	近亿元人民币	联合投资	视效制作服务	暂无

资料来源：IT 桔子，截至 2021 年 12 月 31 日。

（四）北京盈岭

北京盈岭与上市影视企业捷成股份达成合作，以 5210 万元的价格收购捷成股份子公司捷成君盛 100% 股权。据悉，北京盈岭成立于 2014 年 6

月，注册资本为 1000 万元，主营业务包括投资管理、项目投资、投资咨询、会展服务、会议服务等。但自成立以来，并未开展过多少实际业务，对捷成君盛的收购是其第一次公开对外投资。正因如此，这一举动还曾收到深交所的关注函，要求捷成股份披露北京盈岭最近一年及一期的主要财务数据，并结合北京盈岭的财务状况、资金来源、付款安排等说明其履约能力。据捷成股份提供的相关数据，截至 2021 年 10 月底，北京盈岭的资产总额为 112.95 万元，负债总额 204.48 万元，净资产为 –91.53 万元，后续如何安排和开展实际业务，是作为专业投资机构和实体企业的北京盈岭未来需要着重布局和思考的方向。

（五）峻辰朗投资

峻辰朗投资（北京）有限公司成立于 2010 年，主要经营范围为投资与资产管理、投资咨询、企业管理、企业策划等。峻辰朗投资的规模较小，注册资本仅 1000 万元，且自成立以来，并未开展任何实际的对外投资，仅在 2021 年完成了新锐影视制作公司文岱天青的天使轮融资，但参考其后续业务动向，其对文岱天青的资金注入颇有协同合作、共同出品影视项目的意味。2022 年，两家公司共同出品了网络短剧《我也喜欢你》等，后续峻辰朗投资有望借助文岱天青的影视基础持续在影视内容生产领域发力。

（六）挚信资本

挚信资本是少数在 2021 年依然持续投资影视行业的头部专业投资机构之一。这家创立于 2006 年的老牌投资企业总部位于上海市，专注于私募股权投资，下辖 11 支基金，管理资产规模超过 50 亿美元，重点投资节能环保、新材料、消费品和服务、教育、新媒体、医疗等领域。据 IT 桔子数据显示，截至 2021 年 12 月 31 日，挚信资本共参与 204 起投资，其中医疗健康领域投资 34 起，占比 16.67%；教育领域 29 起，占比 14.22%；文娱传媒领域27起，占比13.24%；电商零售领域22起，占比10.78%，是其投资最为集中的四大板块。

具体而言，2017—2021年这5年间，挚信资本共发起对外投资73起，其中文娱传媒领域投资共14起，占比19.18%（见图4-2）。不过，虽然挚信资本对文娱传媒领域多有关注，但大多集中在出版阅读、音视频服务等泛文娱领域，对影视范畴内企业的投资较少，仅有3起。2018年，挚信资本独立投资了原创纪录片创作企业三橙传媒700万美元的A轮融资；2020年以后，挚信资本对文娱领域的整体投资再度趋严，仅独立投资了视觉特效企业星河视效数千万元的Pre-A轮融资；2021年，继续保持蛰伏策略的挚信资本再度加码星河视效，联合多家企业共同完成其近亿元的A轮融资。可以说，这家总部位于北京市，以特效制作、技术服务为核心的高新企业，已经成为挚信资本在影视板块的重要布局，未来有望持续布局和扶持（见表4-3）。

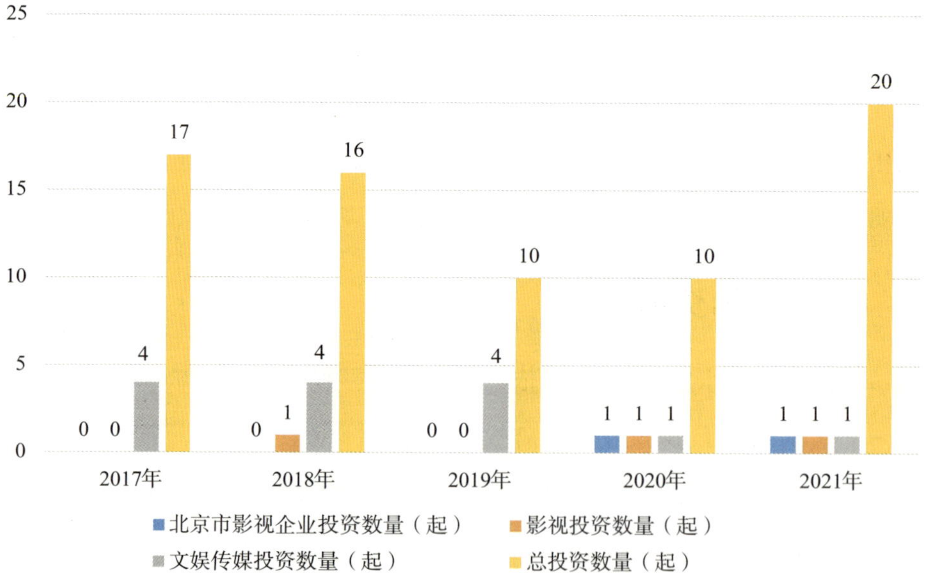

数据来源：IT桔子，截至2021年12月31日。

图4-2　2017—2021年挚信资本影视投资情况变化

表 4-3　2017—2021 年挚信资本影视投资事件一览

年份	投资对象	所在省市	轮次	总额	参与方式	投资对象主要业务	投资对象主要作品
2017 年	无						
2018 年	三橙传媒	境外	A 轮	700 万美元	独立投资	视频制作	纪录片《区块链之新》、系列视频《创业美国》等
2019 年	无						
2020 年	星河视效	北京	Pre-A 轮	数千万元人民币	独立投资	视觉特效制作的专业公司	暂无
2021 年	星河视效	北京	A 轮	近亿元人民币	联合投资	视觉特效制作的专业公司	暂无

资料来源：IT 桔子，截至 2021 年 12 月 31 日。

（七）清新资本

与之有着类似投资逻辑的还有注资爱奇艺智能的清新资本。据悉，清新资本成立于 2017 年，总部位于上海市，管理资金规模约 6 亿元人民币，专注于清洁能源、循环经济、消费科技领域的早中期投资，所投项目涵盖家居生活、食品饮料、母婴亲子、教育培训、健康管理等。截至 2021 年底，共发起对外投资 15 起，多数集中在电商零售领域，对爱奇艺智能的注资也是其唯一一起文娱传媒类投资。

（八）伽利略资本

伽利略资本在 2021 年联合完成了对柏思爱的投资。这家成立于 2013 年的投资机构，总部位于上海市，专注于人工智能及大数据，在医疗、教育、工业、农业等应用领域发起早期投资，目前管理 2 支人民币基金，总计资产规模近 10 亿元。据 IT 桔子数据显示，截至 2021 年 12 月 31 日，伽利略资本共发起对外投资 45 起，其中企业服务类和电商零售类数量最多，分别有 11 起和 8 起，占比分别为 24.44% 和 17.78%，文娱传媒领域以 6 起位列第三（占比 13.33%），但其中 5 起集中在 2016 年及之前，且主要涉及漫画制作、艺人孵化等领域，对柏思爱的投资是其在影视板块的唯一布局。

（九）梅花创投

梅花创投成立于 2014 年 5 月，总部位于浙江省宁波市，是国内最活跃的投资机构之一，目前管理约 60 亿元人民币基金和 1 亿美元基金，专注在智能制造、人工智能、新消费新内容、企业服务、移动出海等新经济领域的投资，投资企业近 500 家，包括 58 同城、小牛电动、优客工场、赤子城、理想汽车等多家上市企业。梅花创投的投资范围较为均匀，截至 2021 年 12 月 31 日，共发起对外投资 524 起，其中电商零售类共 92 起，占比最高，达到 17.56%，而文娱传媒历来是梅花创投重点关注的领域，共有 53 起，排名第二（但其中 47 起均发生在 2018 年及以前），占比 10.11%；其余企业服务类、金融类、本地生活类、智能硬件类也分别达到了 45 起、40 起、36 起、36 起。

具体而言，2017—2021 年这 5 年间，梅花创投共发起对外投资 309 起，其中文娱传媒类投资仅有 27 起，占比 8.74%，可见其对文娱传媒领域的注资早就开始呈现出逐渐收缩的态势（见图 4-3）。而其针对影视文化领域的投资则更少，2017 年投资了少年派影业和不准走科技两家企业。其中，少年派影业全称为霍尔果斯少年派影业有限公司，是一家新型互联网电影发行服务商，致力于为中小成本电影提供发行助力，曾推出互通虚拟院线、“票房宝”快速结算业务等，联合发行过电影《阿飞正传》，参与投资制作电影《雪山飞狐》《无名之辈》等；不准走科技全称为北京不准走科技文化有限公司，是一家泛娱乐内容的生产和发行公司，专注于互联网文化娱乐产业、自制内容、短综艺（见表 4-4）等。

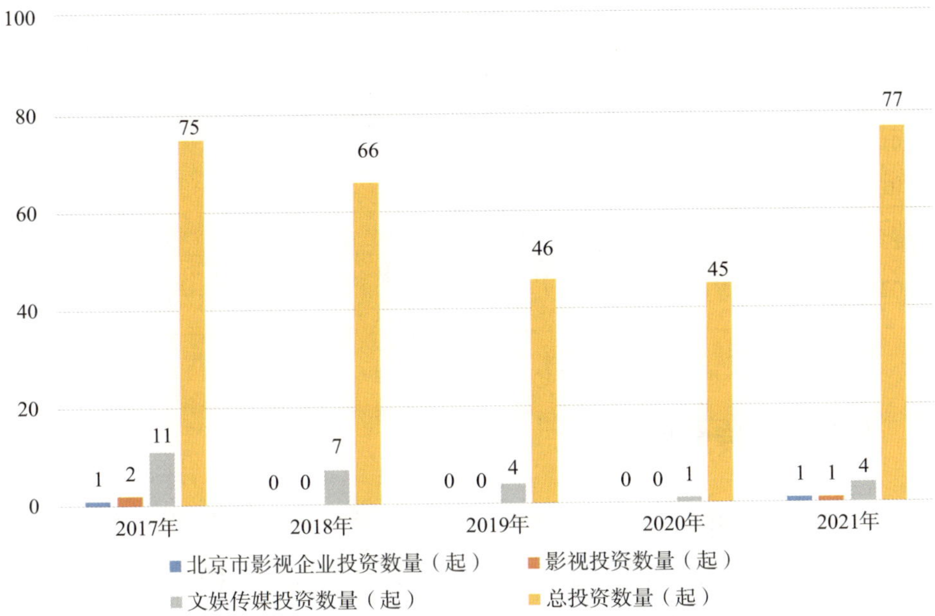

数据来源：IT桔子，截至2021年12月31日。

图4-3　2017—2021年梅花创投影视投资情况变化

2018—2020年这3年间，梅花创投基本游离于影视投资之外，未对相关企业发起任何一起投资，行业调整和疫情的双重冲击，让梅花创投在文娱传媒领域的投资趋向谨慎；2021年虽有所回暖，但也仅只有1起影视领域投资，联合完成了动漫制作服务商柏思爱（注册地址为北京市）的战略融资。

表4-4　2017—2021年梅花创投影视投资事件一览

年份	投资对象	所在省市	轮次	总额	参与方式	投资对象主要业务	投资对象主要作品
2017年	少年派影业	新疆	天使轮	数百万元人民币	联合投资	互联网电影发行、投资等	发行电影《阿飞正传》，参与投资制作电影《雪山飞狐》《无名之辈》等
	不准走科技	北京	天使轮	200万元人民币	联合投资	泛娱乐内容生产发行	

续表

年份	投资对象	所在省市	轮次	总额	参与方式	投资对象主要业务	投资对象主要作品
2018年	无						
2019年	无						
2020年	无						
2021年	柏思爱	北京	战略融资	未透露	联合投资	动漫影视制作	暂无

资料来源：IT桔子，截至2021年12月31日。

（十）中传金控

中传金控全称为中传金控（天津）股权投资基金管理有限公司，成立于2014年1月，注册资本为7812万元，是全国第一支由中央文化企业中国文化传媒集团有限公司发起，并获得国家登记认证的文化股权投资基金管理公司，以投资文化旅游、新媒体、科技产业、现代服务业为主，并可提供全面金融服务，旗下拥有17支基金，但作为投资机构的中传金控并不活跃，公开对外投资极少。截至2021年12月31日，中传金控仅发起2起直接投资，均集中在2021年，而以不低于5亿元的价格收购华视网聚部分股权，是其在影视领域的唯一一起注资，预计也将拉开其对外投资的大门。

二、2021年投资其他地区影视企业的北京市专业投资机构概况及分析

在2021年其他地区影视企业的公开融资中，哔哩哔哩港股二次上市和影视制作公司花洛安都均未透露具体投资方，华谊兄弟转让英雄互娱股权，崇德动漫的新三板定增均面向自然人股东，祥源文化的非公开发行面向特定投资者。除此之外，其余5起A股和新三板投资，32起私募股权投资背后共涉及13家专业投资机构，仅比投资北京市影视企业的专业投资机构多

出3家，由此也可以看出北京市在影视领域的虹吸效应。

具体而言，注册地址在北京市的专业投资机构仅2家，分别为中金资本和挑战者创投；在上海市的有5家，分别为峰瑞资本、鼎锋资产、原点资产、国科京东方投资、联和投资；在浙江省的有4家，分别为春珈资本、东恒投资、集素资本、杭州梵骏；在重庆市、新疆维吾尔自治区的各1家，分别为成渝百景和霍格沃茨投资（见图4-4、表4-5）。

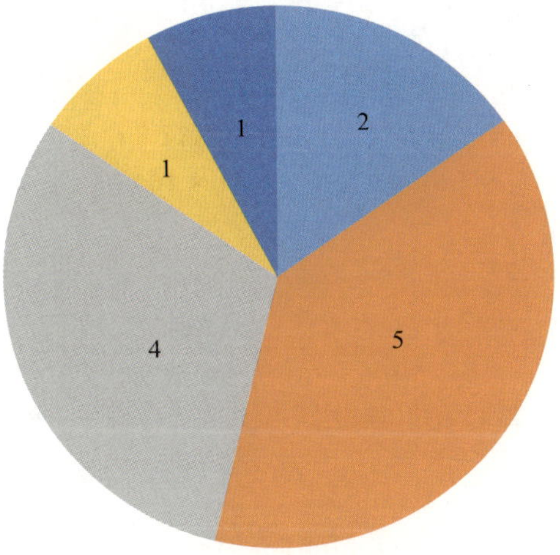

数据来源：IT桔子，截至2021年12月31日。

图4-4　2021年投资其他地区影视企业的专业投资机构地域分布（单位：家）

表4-5　2021年参与其他地区影视企业融资的专业投资机构信息一览

序号	所在省市	投资机构	成立年份	管理资金规模	主要投资方向	总公开投资数量（起）	文娱传媒领域公开投资数量（起）
1	北京	中金资本	2017年	超3800亿元人民币	医疗健康、先进制作	222	5
2		挑战者创投	2014年	100亿元人民币	金融、消费升级、科技创新、互联网、企业服务、先进制造	111	8

续表

序号	所在省市	投资机构	成立年份	管理资金规模	主要投资方向	总公开投资数量（起）	文娱传媒领域公开投资数量（起）
3	上海	峰瑞资本	2015年	36亿元人民币	TMT、硬科技、生物医药	271	17
4		鼎锋资产	2007年	100亿元人民币	医疗健康、企业服务	—[①]	—[②]
5		原点资产	2008年	未透露	未透露	3	2
6		国科京东方投资	2019年	未透露	未透露	7	1
7		联和投资	1994年	超百亿元人民币	高新技术产业和金融及现代服务业领域	79	5
8	浙江	春珈资本	2017年	未透露	未透露	6	1
9		东恒投资	2007年	未透露	未透露	1	1
10		集素资本	2015年	未透露	医疗健康、文娱传媒、企业服务、电商零售	105	23
11		杭州梵骏	2017年	未透露	互联网、高新技术	5	1
12	重庆	成渝百景	2020年	3亿元人民币	新媒体、泛文娱、旅游、消费、教育及其上下游产业链相关领域	3	1
13	新疆	霍格沃茨投资	2017年	未透露	未透露	4	1

资料来源：IT桔子、天眼查，截至2021年12月31日。

（一）中金资本

2021年，中金资本以旗下中金文化消费产业股权投资基金（厦门）合伙企业（有限合伙）的身份，投资了影视制作公司蓝白红影业。据悉，中

① 各平台数据出入较大，为保证准确性，在此不做罗列，下同。
② 各平台数据出入较大，为保证准确性，在此不做罗列，下同。

金资本全称为中金资本运营有限公司，成立于 2017 年 3 月，是中国国际金融有限公司的全资私募投资管理子公司，作为中金公司唯一的私募投资基金业务平台，统一管理中金公司境内外私募投资基金业务。截至 2021 年 12 月 31 日，中金资本整体管理资产规模超过 3800 亿元人民币，拥有超过 300 人的专业投资管理团队，已投资规模超过 1800 亿元，涵盖各类母基金及直投产品（已投资基金超过 200 支），成为国内规模最大且领先的私募股权投资基金管理人之一，主要投资集中在医疗健康和先进制作领域。

截至 2021 年 12 月 31 日，中金资本共发起对外投资 222 起，其中医疗健康领域投资 51 起，占比 22.97%，先进制作领域 44 起，占比 19.82%，为其投资最为集中的两大板块；此外，企业服务、电商零售、汽车交通等也是其重点关注的对象，相关投资分别有 30 起、18 起、13 起；对比之下，文娱传媒领域的投资相对较少，共 5 起，占比仅为 2.2%。

具体而言，中金资本于成立 3 年之后，也就是 2020 年才开始关注文娱领域，虽然投资次数不多，但投资额度多以数亿元人民币计算，可以看出中金资本雄厚的实力和扶持力度。2020 年，中金资本与招商局资本、基石资本、朴盈资本、中亿科投联合投资了头部 MCN（多频道网络）机构大禹网络（曾打造《一禅小和尚》《拜托啦学妹》《奔波儿灞与灞波儿奔》等知名 IP）的数亿元人民币 A 轮融资，初步完成对文娱传媒领域的涉足。

具体到影视板块，在 2021 年对蓝白红影业的战略融资，是中金资本第一次入局纯影视领域。据悉，蓝白红影业是一家影视制作公司，致力于电影、电视剧的拍摄，作品包括电影《红海行动》《草样年华》、电视剧《新围城》等。蓝白红影业此前分别在 2017 年获华映资本的亿元级天使轮融资，在 2018 年获光线传媒 3000 万元投资，此次中金资本的战略注资，将为蓝白红影业的影视布局带来更多的机遇和支撑。

（二）挑战者创投

2021年，挑战者创投以旗下湖北挑战者股权投资基金合伙企业（有限合伙）的名义，参与了原创动漫IP及衍生品开发企业子非鱼的1200万元人民币A+轮融资。据悉，挑战者创投成立于2014年，注册资本为1亿元人民币，专注于金融、消费升级、科技创新、互联网、企业服务、先进制造、出海等领域的早期投资，累计管理资产规模达100亿元人民币，先后投资了包括纳斯达克上市企业老虎证券、港股上市企业家乡互动、上海沐瞳（字节跳动并购）、元气森林等在内的近200家创业公司。截至2021年12月31日，挑战者创投共发起对外投资111起，其中电商零售领域30起，占比27.03%，为其投资最为集中的领域；本地生活和游戏领域各有15起，各占比13.51%；而文娱传媒领域的投资则有8起，占比7.21%。

虽然自2016年起挑战者创投就开始陆续关注文娱传媒领域，但直到2020年，仅保持一年一起投资的速度（2019年更是全年无文娱类投资），且主要面向短视频及社区交友等平台企业，完全未涉及影视板块。2021年，挑战者创投在文娱板块发力明显，共完成4起相关投资，除了以IP打造为核心业务的子非鱼外，还投资了漫画制作企业海洋有鱼，开始逐步与影视及漫画制作板块联姻，预计后续会有更多动漫制作和技术服务企业进入挑战者创投的视野。

可以看出，相比于金融和营商环境更加优越的上海市、浙江省，北京市专业投资机构在2021年仍较为保守，未有大的对外扩张。在影视投融资领域，北京市更多扮演了被投资企业的角色。其背后的原因，一方面是北京市并非传统金融投资中心，除了热衷头部企业且最近两年采取收缩战略的头部专业机构之外，缺少更多灵活的中小型投资机构弥补市场空间；另一方面是北京市聚集了大部分影视资源，近水楼台先得月，具有吸引北京市投资机构的先天优势，相对而言，其他地区具有投资潜力的影视企业相对较少，除了少数具有特色的成长型企业之外，其余影视企业很难吸引北京市投资机构的注意。

三、北京市其他重要专业投资机构概况及分析

除上述几家之外，实际上北京市仍然拥有全国最头部、最频繁注资影视领域的专业投资机构，如红杉资本中国基金、IDG资本、经纬创投、真格基金、弘毅投资、南山资本等，这些机构实力雄厚，在2015年前后电影产业高速发展期频繁投资各类影视企业，助推了整个产业的繁荣。后来由于产业调整、经济下行、疫情影响等多重因素的综合作用，电影产业遭受重创，让追逐收益、联动头部影视企业的大型专业投资机构望而却步，采取保守策略，对外投资越发谨慎。随着市场的逐步恢复，我们有理由相信，这些传统的影视投资大户将在不久之后重返赛场，再次推动产业的提质升级、长远发展。在此，本节也对部分投资机构进行简要介绍。

（一）红杉资本中国基金

红杉资本创始于1972年，并于2021年更名为红杉基金，曾投资过苹果、思科、甲骨文、雅虎、谷歌、PayPal等全球顶级企业，致力于帮助创业者成就头部公司，为成员企业带来丰富的全球资源和宝贵的历史经验。红杉资本中国基金成立于2005年，专注于科技/传媒、医疗健康、消费品/服务、工业科技四大领域的投资，管理基金规模超过了2600亿元人民币，投资了近600家企业，超过100家成功上市，另有60余家成为独角兽企业。

截至2021年12月31日，红杉资本中国基金已发起1341起投资，医疗健康、企业服务、电商零售领域为其投资数量的前三位，其中医疗健康领域248起，占比18.49%；企业服务领域224起，占比16.70%；电商零售领域169起，占比12.60%。在文娱传媒领域的投资有68起，占比5.07%，与金融、先进制造、汽车交通等一道，为红杉资本中国基金对外投资领域的第二梯队（见图4-5）。

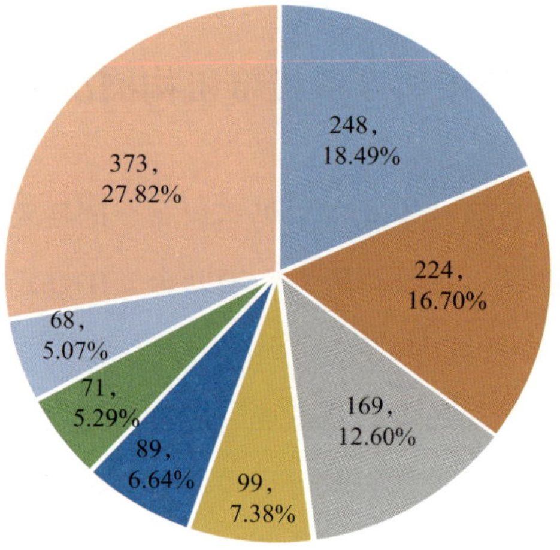

数据来源：IT桔子，截至2021年12月31日。

图 4-5　红杉资本中国基金投资板块分布（单位：起）

具体而言，红杉资本中国基金的68起文娱传媒投资中，影视类投资共13起。自2007年起，红杉资本开始进入影视领域，投资了当时尚处于发展期的博纳影业，随后又进行了多轮注资，并对芒果超媒、万和天宜、新片场、米未传媒等多家公司进行资金扶持。2017年，红杉资本中国基金与百度博裕资本、IDG资本、高瓴资本、润良泰基金、光际资本等联合对爱奇艺进行15.3亿美元的投资；2018年投资了专注于影视制作及艺人培训服务的刘天池表演工坊，但此后红杉资本中国基金未再有对影视领域的注资。

（二）IDG 资本

同样具有海外基因的还有IDG资本。作为全球领先的私募股权投资机构，IDG资本早在1993年就率先在中国开展风险投资业务，并在香港、北京、上海、广州、深圳等地设有办事处，管理资本规模达到1300亿元，重点关注消费品、连锁服务、互联网及无线应用、新媒体、教育、医疗健康、新能源、先进制造等领域，投资覆盖初创期、成长期、成熟期、Pre-IPO各个阶段，投资规模从上百万美元到上千万美元不等。

截至 2021 年 12 月 31 日，IDG 资本已发起 1242 起投资，其中电商零售、企业服务、医疗健康、文娱传媒和金融行业为其投资数量最多的领域。具体而言，电商零售领域 212 起，占比 17.07%；企业服务领域 192 起，占比 15.46%；医疗健康领域投资数量 114 起，占比 9.18%；文娱传媒领域 95 起，占比 7.65%；金融领域 82 起，占比 6.60%（见图 4-6）。

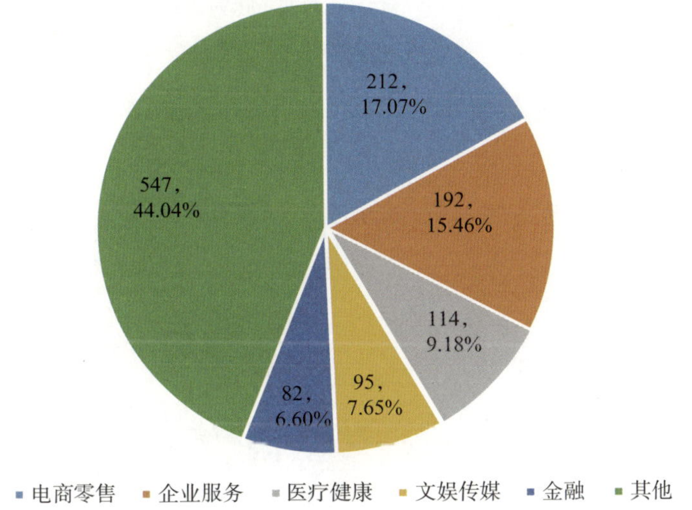

数据来源：IT 桔子，截至 2021 年 12 月 31 日。

图 4-6　IDG 资本投资板块分布（单位：起）

自 1998 年投资搜狐起，IDG 资本就开始涉及文娱传媒领域，曾多轮投资暴风影音、土豆网等视频播放平台。自 2013 年起，IDG 资本开始涉及影视领域，先后两轮投资了追光动画、哔哩哔哩，2015 年还投资了传奇影业，2016 年投资脚步有所放缓。2017 年可以算是 IDG 资本影视投资的一个大年，参与投资了爱奇艺 15.3 亿美元的战略融资、爱奇艺智能的 Pre-A 轮融资，除此之外还对曾制作出品网剧《致我们暖暖的小时光》的琪铄影业投资数百万元人民币（见表 4-6）。但此后 IDG 资本更多集中于移动视频社区 APP（应用程序）和短视频平台，直到 2020 年再度回归影视领域，与雪湖资本（香港）有限公司及唯品会和稻草熊影业签订港交所上市基石投资协议，投资总额 5000 万美元，其中 IDG 资本认购 1000 万美元。

表 4-6　2017—2021 年 IDG 资本影视投资情况一览

年份	投资对象	所在影视	轮次	总额	参与方式	投资对象主要业务	投资对象主要作品
2017 年	爱奇艺	北京	战略融资	15.3 亿美元	联合投资	网络视频综合服务	暂无
	琪铄影业	北京	天使轮	数百万元人民币	独立投资	影视制作	网剧《致我们暖暖的小时光》
	爱奇艺智能	重庆	Pre-A 轮	未透露	联合投资	VR 影视服务	暂无
2018 年	无						
2019 年	无						
2020 年	稻草熊影业	江苏	基石轮	5000 万美元	联合参投	影视制作与发行	电视剧《蜀山战纪之剑侠传奇》《新白发魔女传》等
2021 年	无						

资料来源：IT 桔子，截至 2021 年 12 月 31 日。

（三）经纬创投

另一个实力雄厚、对文娱传媒领域多有关注且拥有海外背景的投资机构为经纬创投（原名“经纬中国”）。自 2008 年成立以来，经纬创投就专注于新技术、硬科技、产业数字化、医疗、前沿科技、新消费等领域的早期和成长期投资，总管理资金规模高达 500 亿元，累计投资了小鹏汽车、理想汽车、饿了么、瓜子二手车等 700 余家企业。截至 2021 年 12 月 31 日，经纬创投已发起 1070 起投资，其中医疗健康领域 166 起，占比

15.51%；企业服务领域 158 起，占比 14.77%；电商零售领域 110 起，占比 10.28%，为其投资数量最多的三大板块。而文娱传媒领域投资仅有 73 起，占比 6.82%，与本地生活、金融、先进制造、汽车交通等一道，为经纬创投对外投资领域的第二梯队（见图 4-7）。

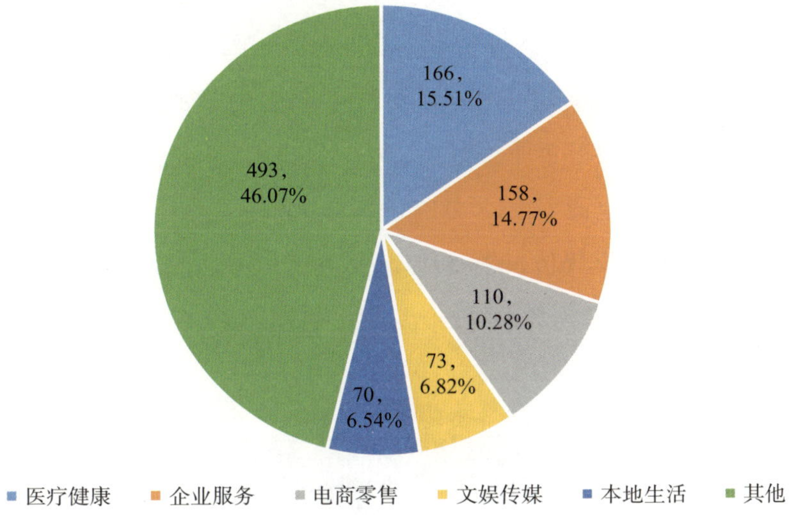

数据来源：IT桔子，截至2021年12月31日。

图 4-7　经纬创投投资板块分布（单位：起）

2017—2021 年这 5 年间，经纬创投共发起对外投资 513 起，其中文娱传媒领域 22 起，但主要集中在 2017 年和 2018 年，自 2019 年起，文娱传媒相关投资仅有 1 起，2020 年和 2021 年更是全年无文娱传媒领域投资。2017 年，经纬创投持续注资影视制作公司留白影视，完成了从 B 轮到 D 轮的全程孵化。此外，还与云锋基金（领投）和天善资本完成 IP 衍生品开发及运营服务商果派联合 8000 万元人民币的 A+ 轮融资。2018 年，加大对互动视频制作公司互影科技的投资，参与互影科技的天使轮及 Pre-A 轮融资；还参与了动画制作企业 KAKA 动画和著名导演五百创立的五元文化的天使轮及 A 轮融资。2019 年，经纬创投参与了沐光时代的天使轮数千万元人民币的融资。据悉，沐光时代是一家跨多平台影视内容提供商，曾出品网络综艺节目《慢游全世界》等。

（四）真格基金

真格基金成立于2011年，累计管理资金规模超100亿元人民币，主要投资领域包括未来科技、人工智能、企业服务、医疗健康、大消费、移动互联网等，先后投资了800余家创业公司，10余家企业成功登陆资本市场，数十家成为独角兽企业。截至2021年12月31日，真格基金已发起1025起投资，其中电商零售领域178起，占比17.37%；企业服务领域155起，占比15.12%；文娱传媒领域98起，占比9.56%；教育领域96起，占比9.38%，为其投资最为集中的四大领域（见图4-8）。

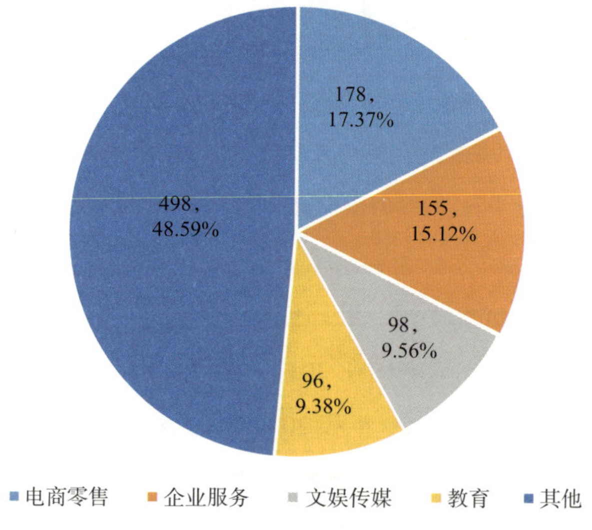

数据来源：IT桔子，截至2021年12月31日。

图4-8　真格基金投资板块分布（单位：起）

不过，虽然文娱传媒一直是真格基金的主要关注领域，但大多为短视频、音乐、自媒体孵化、网红经纪类企业，其对影视领域的最重要投资是在 2017 年连续两轮参与投资了泰洋川禾的天使轮融资及总额 1.2 亿元人民币的 A 轮融资；但自 2018 年领投了主攻互动影视内容制作的互影科技总额 3100 万元的 Pre-A 轮融资后，真格基金就暂缓了对影视领域的投资，最近三年未有任何实质性动作。

（五）弘毅投资

弘毅投资成立于 2003 年，为联想控股成员企业，专注中国市场，已在医疗健康、消费与餐饮、文化传媒、环保与新能源、高端制造等领域投资了超过百家中外企业，总管理资金规模超过 1000 亿元人民币。从投资流向上看，弘毅投资的对外投资主要集中在文娱传媒、电商零售、医疗健康三大领域。截至 2021 年 12 月 31 日，共完成 72 起投资，其中文娱传媒领域 15 起，占比 20.83%；电商零售领域 13 起，占比 18.06%，医疗健康领域 10 起，占比 13.89%。

虽然早在 2008 年就涉足文娱传媒领域，但弘毅投资的步调一直较为稳健谨慎，2017—2021 年这 5 年间发起的 47 起对外投资中，文娱传媒领域共 7 起，5 起为影视投资（见图 4-9、表 4-7），其中重点扶持了柠萌影视和千秋岁两家影视公司。柠檬影视自 2014 年成立以后，先后成功出品了《小别离》《三十而已》《好先生》等爆款影视剧，已经成为国内电视剧领域的领军企业之一，目前也正在寻求港股上市，而弘毅投资曾于 2016 年和 2018 年先后两次联合参与其高达数亿元的 B 轮与 C 轮融资；千秋岁则是一家综艺节目制作及后期服务提供商，曾出品制作《跨界喜剧王》等综艺节目，弘毅投资分别于 2017 年和 2018 年参与了其 A 轮和 B 轮融资。2020 年，弘毅投资先后联合参投了重力丰画总额 2000 万元的 Pre-A 轮投资和左手上篮文化总额数千万元的天使轮融资。但 2021 年弘毅投资并未有进一步的影视投资举动。

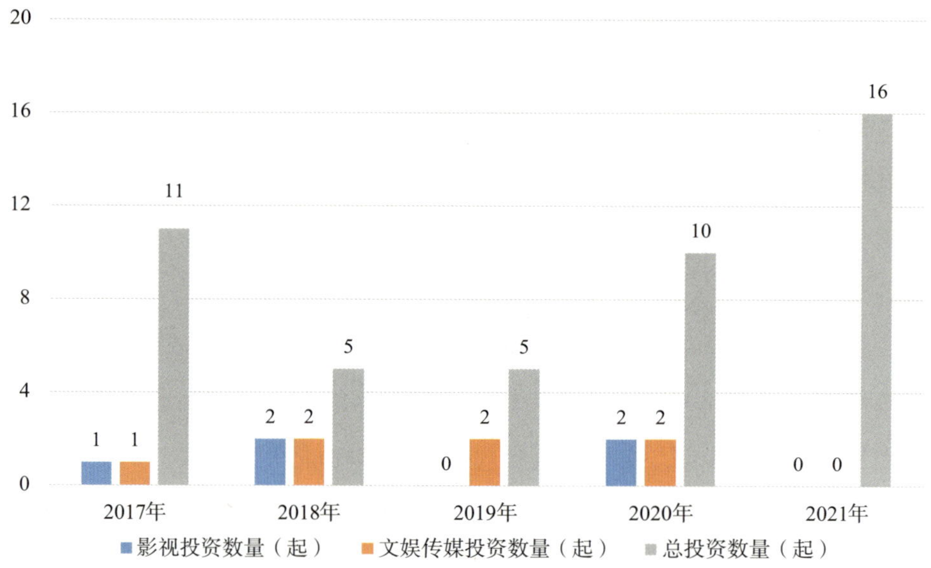

数据来源：IT桔子，截至2021年12月31日。

图 4-9　2017—2021 年弘毅投资投资情况变化

表 4-7　2017—2021 年弘毅投资影视投资情况一览

年份	投资对象	所在省市	轮次	总额	参与方式	投资对象主要业务	投资对象主要作品
2017 年	千秋岁	北京	A 轮	近亿元人民币	领投	文化娱乐内容生产	综艺《跨界喜剧王》等
2018 年	柠檬影视	上海	C 轮	数亿元人民币	联合参投	影视娱乐	电视剧《好先生》《小别离》等
	千秋岁	北京	B 轮	未透露	独立投资	文化娱乐内容生产	综艺《跨界喜剧王》等
2019 年	无						
2020 年	重力丰画	北京	Pre-A 轮	2000 万元人民币	联合参投	原创二次元 IP 开发	动画《食神魂》等
	左手上篮文化	北京	天使轮	数千万元人民币	联合参投	中国原创体育题材动漫 IP 研发及运营	暂无
2021 年	无						

资料来源：IT桔子，截至2021年12月31日。

（六）南山资本

作为少数专注于文化科技产业成长期投资的专业投资机构，南山资本自2015年成立以来，就对文娱传媒领域发起持续投资，并逐渐成为国内领先的泛文娱投资机构，旗下拥有二期人民币基金，资产管理规模近20亿元。截至2021年12月31日，南山资本共发起对外投资36起，其中20起为文娱传媒领域投资，占比高达55.6%，涵盖影视、动画、现场娱乐等多个领域。

2017—2021年这5年间，南山资本共发起25起对外投资，其中14起为文娱传媒领域，而影视板块高达6起（见图4-10、表4-8）。其中尤以2017年表现最为突出，南山资本以联合参投的方式参与了留白影视总投资额高达1.5亿元的D轮融资，同年还开启了对笑果文化的多轮投资，连续多年联合参与了其A轮、A+轮、B轮和战略投资融资，可以说南山资本全程参与了笑果文化的发展、壮大和多元开发。

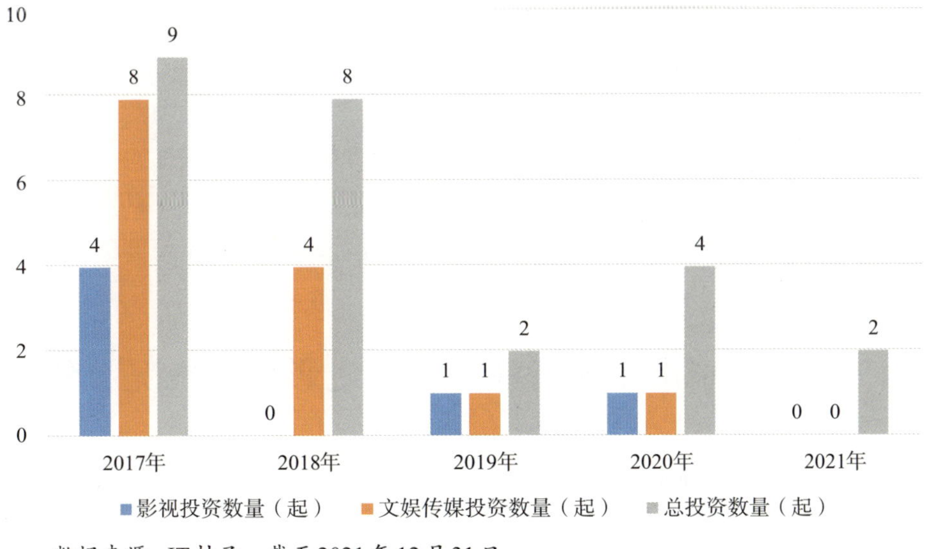

数据来源：IT桔子，截至2021年12月31日。

图4-10　2017—2021年南山资本影视投资情况变化

表 4-8 2017—2021 年南山资本影视投资事件一览

年份	投资对象	所在省市	轮次	总额	参与方式	投资对象主要业务	投资对象主要作品
2017 年	柏言映画	浙江	A 轮	3000 万元人民币	联合参投	动漫影视策划、制作、IP 授权管理等	系列动画片《少年锦衣卫》等
	笑果文化	上海	A 轮	1.2 亿元人民币	联合参投	喜剧脱口秀内容提供商	网络综艺《吐槽大会》《脱口秀大会》等
	笑果文化	上海	A+ 轮	1 亿元人民币	联合参投	喜剧脱口秀内容提供商	网络综艺《吐槽大会》《脱口秀大会》等
	留白影视	浙江	D 轮	1.5 亿元人民币	联合参投	影视投资、制作等	电视剧《亲爱的，公主病》《繁星四月》《长安十二时辰》等
2018 年	无						
2019 年	笑果文化	上海	B 轮	亿元人民币及以上	联合参投	喜剧脱口秀内容提供商	网络综艺《吐槽大会》《脱口秀大会》等
2020 年	笑果文化	上海	战略融资	未透露	独立投资	喜剧脱口秀内容提供商	网络综艺《吐槽大会》《脱口秀大会》等
2021 年	无						

资料来源：IT 桔子，截至 2021 年 12 月 31 日。

第二节 北京市影视行业内资本电影投资概况及分析

由于当下越来越多的实体型企业跨界影视行业，成为影视领域发展的重要推动力量，传统意义上的行业内资本并不能完全概括此类企业。因此，本节将“行业内资本”的概念加以拓展，主要分为三类：第一类是传统的影视文娱企业；第二类是成立时间较早、与影视领域关联较多，后续也布局影视领域的平台型互联网企业（如阿里巴巴、腾讯、爱奇艺等）；第三类是各大新兴互联网企业，其往往出于自身业务拓展需求，将影视及相关文娱产业纳入未来重点发展方向，频频通过收购或投资的方式扶持相关影视企业，基本上也被纳入行业资本的范畴（如字节跳动、网易、小米集团等）。

相比于专业投资机构，2021 年对外发起投资的行业内资本更加集中，其中北京市的 5 起上市及新三板公司融资和 22 起私募股权融资，共涉及 21 家行业内资本主体，背后共有文艺小红、哔哩哔哩、天浩盛世、爱奇艺、腾讯投资、阿里影业（阿里巴巴）、三七互娱、华录百纳（现更名为百纳千成）、字节跳动、小米集团、网易等 11 家公司；而其他地区的 9 起上市及新三板公司融资和 33 起私募股权融资，共涉及 25 家行业内资本主体，背后共有三七互娱、上海电影技术厂、艾特视创、爱奇艺、腾讯投资、哔哩哔哩、阅文集团、中文在线、小米集团、快手、新浪微博等 11 家公司。两者的重复度极高，且除少数小型区域性影视企业外，其余机构均或主要注册地和办公地在北京市，或对北京市影视企业有较多投资。

综合来看，2021 年实际开展对外投资业务的行业内资本共 17 家，其中华录百纳、天浩盛世、阿里影业、文艺小红、上海电影技术厂、艾特视创这 6 家为传统意义上的影视文娱企业，其中前两家为北京市影视企业，而阿里影业的主要办公地点和业务往来均在北京市，剩余三家体量较小，缺少持续性对外投资，主要投资对象也为地方性影视企业，后面不再进行详细介绍；爱奇艺、腾讯投资、哔哩哔哩、三七互娱、阅文集团这 5 家为互联网平台型企业，其中仅有爱奇艺为北京市企业，但腾讯投资和哔哩哔哩的投资业务范围广，影视投资对象多聚集在北京市，是重要的行业内资金来源，本节也将对其进行重点关注；字节跳动、小米集团、快手、新浪微博、中文在线、网易则为新兴互联网企业，除网易外，其余几家总部均在北京市，也将进行重点分析。

一、2021 年投资影视领域的北京市影视文娱类行业资本概况及分析

（一）华录百纳

2021 年，华录百纳投资了《雄狮少年》的主要出品和制作方北京精彩。华录百纳创立于 2002 年，2012 年以首个央企背景的影视传媒集团的身份成功登陆 A 股市场，2018 年响应央企混改，携手盈峰集团，从单纯的影视公司转变为致力于打造“内容”和“内容 +”双轮驱动的 IP 全产业链运营平台，横向上建立剧集、电影、动漫等内容矩阵，纵向上以优质内容为核心进行产业链延伸，赋能营销、消费、文旅等后端。作为行业内的重要参与者，华录百纳的投资同样主要集中在文娱传媒领域，截至 2021 年 12 月 31 日，共发起对外投资 5 起，其中文娱传媒领域 4 起。2020 年联合完成了橘品影业的 A 轮融资，2021 年接连投资了光云动漫、精彩时间两家动漫及影视制作企业，虽然对光云动漫的并购最终被终止，但华录百纳投资优质内容生产企业的策略并未受到影响（见表 4-9）。

表 4-9　2017—2021 年华录百纳影视投资事件一览

年份	投资对象	所在省市	轮次	总额	参与方式	投资对象主要业务	投资对象主要作品
2017 年	无						
2018 年	无						
2019 年	无						
2020 年	橘品影业	浙江	A 轮	未透露	联合投资	文娱传媒、影视营销	暂无

续表

年份	投资对象	所在省市	轮次	总额	参与方式	投资对象主要业务	投资对象主要作品
2021年	光云动漫	北京	并购（已终止）	1.8亿元人民币	独立投资	动漫IP开发、制片管理、3D动画制作与特效服务	动画《驯龙记》《巨怪猎人》《巫师》《司空见怪》等
	精彩时间	北京	战略融资	3261万元人民币	独立投资	电影投资、发行及推广	电影《战狼Ⅱ》《你好，李焕英》《我和我的家乡》《我不是药神》《流浪地球》等

资料来源：IT桔子，截至2021年12月31日。

华录百纳始终坚持精品内容路线，在电视剧领域出品了《汉武大帝》《黎明之前》《嘿，老头！》等百余部作品，先后获得精神文明建设“五个一工程”奖、中国电视剧飞天奖、中国电视金鹰奖、上海电视节白玉兰奖等奖项；在电影领域联合出品及发行影片20余部，累计票房突破150亿元，其中不乏《你好，李焕英》《唐人街探案3》等爆款之作。在动漫领域控股北京精彩，除《雄狮少年》外，《铸剑少年》《逐日少年》等展现中国热血少年成长故事的动画电影也即将亮相，延续优秀国产动漫的国风基因。

（二）天浩盛世

天浩盛世娱乐集团是中国内地新锐综合娱乐公司，于2005年成立，已经形成集艺人经纪服务、演出策划执行、唱片制作发行、影视投资制作、品牌公关策划、专业艺人培训等为一体的综合性文化娱乐公司。2016年，天浩盛世开始签约头部偶像，2017年开始向影视行业转移，制作或者投资影视作品，先后出品了《青春创世纪》《我才不要和你做朋友呢》《你好，神枪手》等作品。此外，天浩盛世在看到综艺和微视频风口后，为吉克隽逸和赵奕欢定制开发了相关微综艺。2021年，北京天浩盛世娱乐入股北京超影时代文化，成为该公司第一大股东，持股比例达 51%。

（三）阿里影业

作为阿里旗下专注于影视板块内容运营的核心企业，阿里影业拥有内容生产制作、互联网宣传发行、版权及综合运营、院线票务管理及数据服务等近乎全产业链平台，其对外投资多以业务协同为主要目标。截至 2021 年 12 月 31 日，阿里影业共发起 27 起对外投资，其中 25 起集中在文娱传媒领域，显示了高度的垂直性。

2017—2021 年这 5 年间，阿里影业共发起对外投资 14 起，其中影视板块共 12 起，5 起位于北京市（见图 4-11、表 4-10）。2017 年，阿里影业接连投资了自家体系内企业淘票票，影视制作公司好酷影视、灵河传媒，

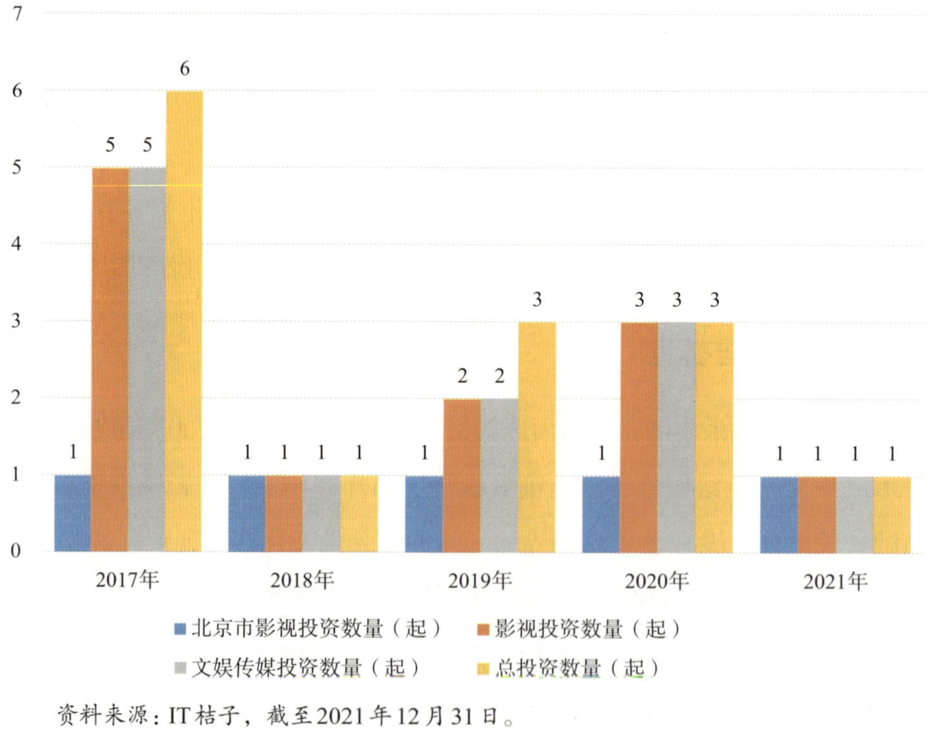

资料来源：IT桔子，截至2021年12月31日。

图 4-11　2017—2021 年阿里影业影视投资情况变化

宣传营销公司麦特文化，其中麦特文化位于北京市，阿里影业以数百万元的价格完成其战略融资。2018 年之后，阿里影业的投资步伐开始放缓，当年仅独立完成了剧本和 IP 评估公司海马轻帆的 A 轮融资。2019 年，阿里影业独立投资了韩寒旗下亭东影业高达亿元的战略融资，并完成了著名制片人陆国强（冯小刚黄金搭档）旗下的北京新力量影视数千万元人民币的 A 轮融资。

2020 年，阿里影业重点注资了华谊兄弟，参与了其高达 22.9 亿元的非公开发行，认购华谊兄弟 8.03% 的股份（后该发行被终止），并收购和投资了网生内容制作商银河酷娱、耐看娱乐（耐飞影视），其中耐看娱乐旗下拥有聚焦精品剧集的厂牌耐飞影视、青年厂牌兔子洞文化等，自成立至今手握 100 多个 S 级 IP 的全版权，与天下霸唱、烟雨江南、猫腻等一线作家达成紧密合作，阿里影业独家投资了其近亿元人民币的战略融资。

2021 年，阿里影业仅有一项对外投资，即联合字节跳动关联公司共同投资了国内头部经纪公司乐华娱乐，其中阿里影业占股 15%，成为其第三大股东。此番阿里影业投资乐华娱乐显然对双方都有着更深层次的意义，相较于和腾讯建立深度合作关系的另一家头部偶像经纪公司哇唧唧哇，乐华娱乐与爱奇艺、腾讯两大平台均产生过摩擦，在此情况下，与优酷同属阿里系的阿里影业，是现阶段乐华娱乐最理想的合作对象。对于阿里影业来说，乐华娱乐背后的经纪演艺人员，也能为自身的影视内容创作提供丰富的艺人储备。

表 4-10 2017—2021 年阿里影业（阿里巴巴）影视投资事件一览

年份	投资对象	所在省市	轮次	总额	参与方式	投资对象主要业务	投资对象主要作品
2017 年	麦特文化	北京	战略融资	数百万元人民币	独立投资	娱乐营销和影视投资等	暂无
	灵河传媒	上海	A 轮	数千万元人民币	联合投资	影视制作	网剧《老九门》、“暗黑者”系列等

续表

年份	投资对象	所在省市	轮次	总额	参与方式	投资对象主要业务	投资对象主要作品
2017 年	好酷影视	浙江	A 轮	数千万元人民币	联合投资	内容制作、发行和艺人经济	电视剧《大明风华》等
	淘票票	上海	战略融资	13.33 亿元人民币	独立投资	互联网售票业务平台	暂无
	两点十分动漫	湖北	B 轮	数千万元人民币	联合参投	原创动漫创作	动漫《银之守墓人》《爆蛋晶英》等
2018 年	海马轻帆	北京	A 轮	未透露	独立投资	剧本、IP 评估	暂无
2019 年	亭东影业	上海	战略融资	亿元人民币	独立投资	影视制作等	电影《后会无期》《乘风破浪》《飞驰人生》等
	新力量影视	北京	A 轮	数千万元人民币	独立投资	影视制作等	电影《只有芸知道》《坏蛋必须死》、电视剧《北辙南辕》
2020 年	耐看娱乐（耐飞影视）	北京	战略融资	近亿元人民币	独立投资	影视内容制作及 IP 孵化服务提供商	网剧《亲爱的柠檬精先生》《扑通扑通喜欢你》等
	华谊兄弟	浙江	IPO 上市后	22.9 亿元人民币	联合参投	综合性民营娱乐集团	电影《西游·降魔篇》
	银河酷娱	天津	收购	4 亿元人民币	独立投资	互联网视频内容孵化、生产、IP 衍生经营	网络综艺《火星情报局》
2021 年	乐华娱乐	北京	战略融资	未透露	联合参投	影视、艺人经纪、音乐	旗下艺人有韩庚、王一博、李汶翰、孟美岐、吴宣仪、范丞丞等，参与电影《前任攻略》《老男孩》《大话西游 3》等，电视剧《如懿传》《锦绣未央》等

资料来源：IT 桔子，截至 2021 年 12 月 31 日。

二、2021年投资影视企业的北京市互联网平台类行业资本概况及分析

（一）爱奇艺

作为头部网络视频平台，在网生内容逐步兴起的背景下，爱奇艺持续在内容领域发力，通过自制剧、定制剧、分账剧、版权剧等多种形式扩充内容生态，与相关影视、动漫领域内容生产企业的互动愈加频繁，屡屡通过资金投入的方式，与部分企业达成深度绑定与合作，这导致其对外投资多以文娱传媒，尤其是影视板块为主。截至2021年12月31日，在爱奇艺的44起历史投资中，文娱传媒领域投资就独占32起，占比72.73%。

具体而言，2017—2021年这5年间，爱奇艺共发起对外投资37起，其中文娱传媒领域28起，具体到影视板块则有17起，投资对象多为影视内容制作、动漫制作相关企业，可见其对优质内容的渴求，其中北京市影视企业相关投资共8起（见图4-12、表4-11）。2017年，爱奇艺先后投资了动画制作企业变月文化，表演培训企业刘天池表演工坊，影视制作企业万年影业、东阳浩瀚影视娱乐、上海影视传媒。

2018年，爱奇艺投资了影视制作企业稻草熊影业、闲工夫文化传媒、海东明日、华熙泰和，动画制作企业丹青映画、ASK动画（并在2019年再度对后者注资，也是其在年度内唯一一起文娱传媒类投资）。其中，海东明日、华熙泰和、丹青映画、ASK动画这4家均为北京市影视企业。海东明日以知名制片人张海东为中心，致力于制作优秀电视剧作品，曾先后推出了《面具》《小大夫》《对手》等精品电视剧；华熙泰和主营影视投资制作，同时涉及艺人经纪业务，先后投资、制作了现实题材电视剧《真爱的谎言之破冰者》、古装剧《秦时丽人明月心》等；丹青映画以原创动漫IP

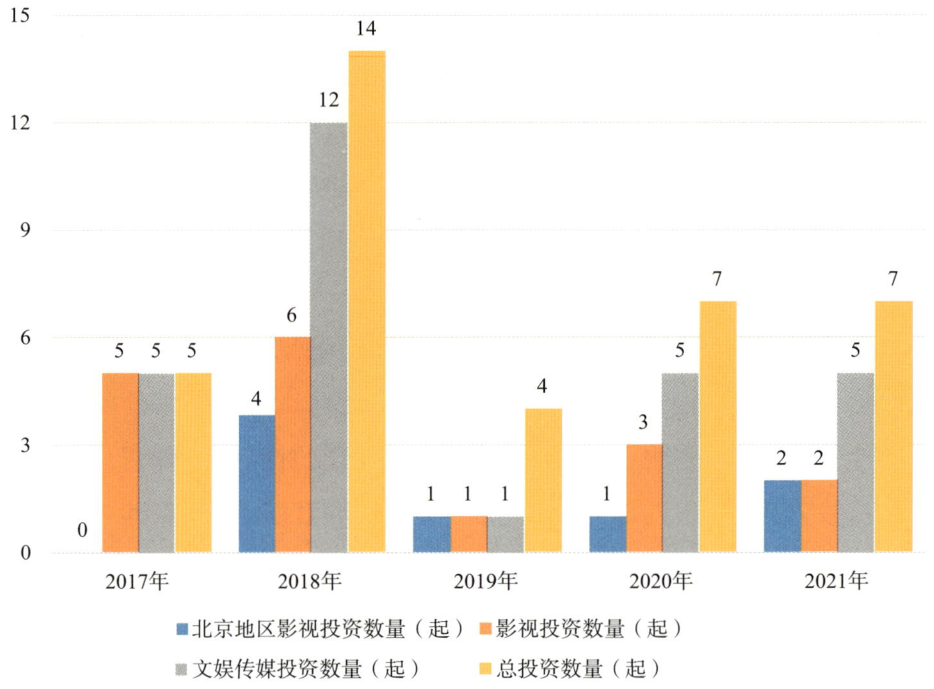

数据来源：IT桔子，截至2021年12月31日。

图 4-12　2017—2021 年爱奇艺影视投资情况变化

为核心，联动影视制作出品；ASK 动画则拥有动漫、动画全案开发制作能力，偏重于技术服务。

2020 年之后，爱奇艺更偏向于影视内容制作，先后入股电影制作商乐艺成邦、艺人经纪和影视制作商尤达影业、影视制作商灵河传媒。其中乐艺成邦为北京市影视企业，成立于 2020 年，已经成功参与出品了电影《不速来客》等。虽然 2021 年亏损、裁员、内容乏力的阴影挥之不去，但爱奇艺仍旧选择对外进行内容投资，先后投资了 2 家北京市影视企业，分别为推出过网剧《剑王朝》的新力量影视和以电影“女法医”系列而名气大振的旭东雨辰。不过从与往年的对比来看，2021 年爱奇艺的对外投资仍然受连续亏损的较大影响，投资数量和资金都有所下降，但对内容“造血”的渴求和投入仍保持在高位。

表 4-11　2017—2021 年爱奇艺影视投资事件一览

年份	投资对象	所在省市	轮次	总额	参与方式	投资对象主要业务	投资对象主要作品
2017 年	变月文化	上海	A 轮	1000 万元人民币	独立投资	黑白定格动画制作	动画《口水三国》
	万年影业	新疆	A 轮	未透露	联合投资	影视剧的制作、投资出品	网剧《无证之罪》《剑归何处》《原罪》
	刘天池表演工坊	新疆	种子轮	未透露	联合参投	影视表演指导	暂无
	东阳浩瀚影视娱乐	浙江	战略融资	未透露	独立投资	影视剧投资及艺人经纪	暂无（旗下艺人包括李晨、冯绍峰、郑恺、杜淳等）
	上海影视传媒	上海	B 轮	数千万元人民币	联合参投	影视剧投资、制作发行、艺人经纪等	电视剧《大主宰》
2018 年	稻草熊影业	江苏	战略融资	数千万元人民币	独立投资	影视制作与发行	电视剧《蜀山战纪之剑侠传奇》《新白发魔女传》
	闲工夫文化传媒	新疆	天使轮	未透露	联合投资	网剧的出品投资、开发制作	暂无
	海东明日	北京	A 轮	未透露	独立投资	电视剧出品制作	电视剧《面具》《对手》《小大夫》等
	华熙泰和	北京	D 轮	未透露	独立投资	影视投资制作	电视剧《真爱的谎言之破冰者》《秦时丽人明月心》
	丹青映画	北京	天使轮	数百万元人民币	联合参投	电视节目制作与发行	—
	ASK 动画	北京	A 轮	数千万元人民币	领投	原创动漫制作	暂无
2019 年	ASK 动画	北京	A+ 轮	数千万元人民币	联合参投	原创动漫制作	暂无

续表

年份	投资对象	所在省市	轮次	总额	参与方式	投资对象主要业务	投资对象主要作品
2020 年	乐艺成邦	北京	战略融资	未透露	独立投资	电影制作商	电影《不速来客》
	灵河传媒	上海	战略融资	未透露	独立投资	影视制作出品服务提供商	电视剧《老九门》《暗黑者》《执念师》《鬼吹灯》《盗墓笔记》等
	尤达影业	浙江	战略融资	未透露	独立投资	电影发行和制作	暂无
2021 年	旭东雨辰	北京	战略融资	未透露	独立投资	影视制作商、发行、文娱传媒	网络电影《女法医手记之来访者》《女法医手记之最后真相》，网剧《骨语》等
	新力量影视	北京	战略融资	未透露	独立投资	集投资、制作、管理于一身的复合型影视剧制片公司	网剧《剑王朝》等

资料来源：IT 桔子，截至 2021 年 12 月 31 日。

（二）腾讯投资

腾讯投资的核心主体虽然在深圳市，但在北京市的业务却一直比较活跃。作为腾讯集团的投资部门与核心战略部门之一，成立于 2008 年的腾讯投资主导了绝大多数腾讯体系的对外投资，聚焦文娱传媒、消费零售、民生教育、金融科技、企业服务及海外投资等领域。据初步统计，腾讯投资累计投资了 800 余家公司，包含百余家上市公司及独角兽企业，投资地域涵盖全球 20 多个国家和地区。

截至 2021 年 12 月 31 日，腾讯投资共发起对外投资 1285 起，其中文娱传媒领域 216 起，占比 16.81%，为其投资数量最多的板块；其次为游戏和企业服务领域，投资数量分别为196起和159起，占比分别为15.25%和12.37%。从投资数量上看，腾讯投资的活跃度在2021年有了极大的恢复，总投资数量达到了近几年的最高值，几乎达到了2017年的2倍。受此影响，虽然在整个文娱行业的投资数量与前两年近乎保持一致，但在影视领域却有了较为明显的增加，由2019年的5起、2020年的4起增至12起（见图4-13）。不过，区别于以往影视领域投资相对集中在中后期，且投资额度相对较高，2021年腾讯投资在投资逻辑上有了重大变化，以往动辄以亿元为单位的对外注资不再出现，取而代之的是分散的小型股权投资。

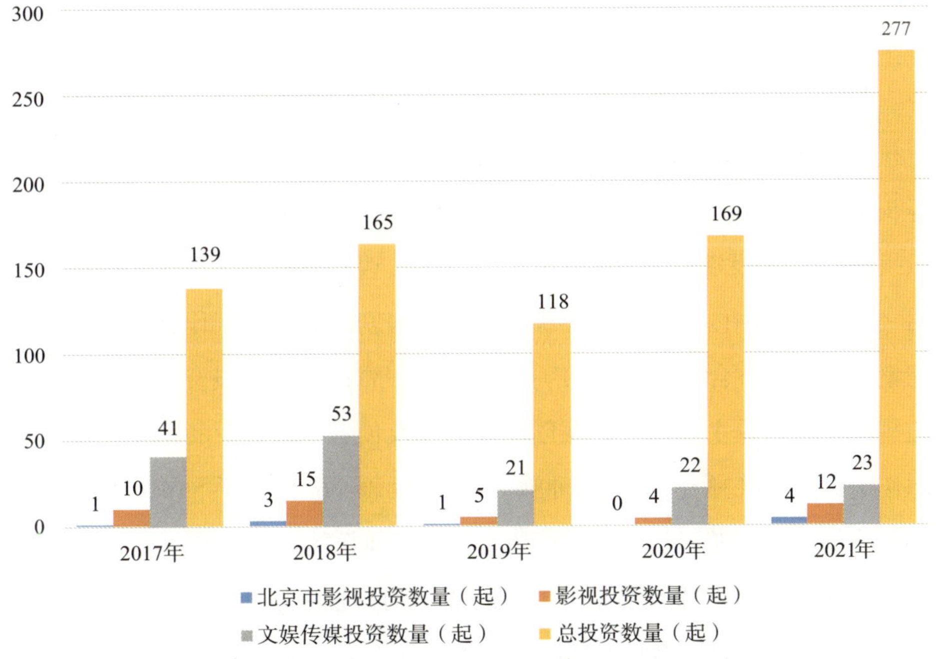

数据来源：IT桔子，截至2021年12月31日。

图4-13　2017—2021年腾讯投资影视投资情况变化

由于腾讯投资在文娱传媒，尤其是影视板块的投资数量较多，本节仅以其对北京市影视企业的投资作为重点分析对象（见表4-12）。2017年，腾讯投资共参与了10起影视领域的投资，其中对影视制作企业耀客传媒，动漫制作企业绘梦动画、玄机科技，以及线上售票平台猫眼电影等 4 家企业的投资均超过了 1 亿元，占总数量的 40.00%，对猫眼电影的投资更是高达 10 亿元。然而这 10 起投资中，对北京市的影视投资仅有 1 家，为纪录片制作公司稻来传媒。据悉，稻来传媒由《舌尖上的中国》总导演陈晓卿创立、原班人马团队组建，曾成功推出过“风味人间”系列、《舌尖上的新年》等。

2018 年，腾讯投资共参与了 15 起影视领域相关投资，单笔额度超过亿元的包括对柠萌影业、新丽传媒、华人文化集团、哔哩哔哩等 4 家企业的投资，占年度影视投资总量的 26.67%，其中对哔哩哔哩的投资额高达 3.18 亿美元。这 15 起投资事件中，对北京市影视企业的投资共 3 起，分别是影视制作公司七印象、艺人经纪公司壹心娱乐、动画制作公司视美影业。其中，七印象为著名导演管虎、著名演员梁静夫妻旗下企业，依靠这一核心创作优势，最近几年迅速推出《八佰》《我和我的祖国》《金刚川》等头部电影作品，已经成为国内一线的内容生产企业，2018 年 1 月获得腾讯投资的 A 轮投资，总额度达到数千万元；壹心娱乐作为国内顶级经纪公司之一，拥有国内一线制作资源，实现从编剧、导演、制作到市场推广等完整的产业链整合，2018 年 3 月获得腾讯投资的天使轮投资，具体金额未透露；视美影业主要致力于原创动漫制作及创意文化产业的运营，曾参与制作电视动画《弹珠传说》《神魄》，网络动画《全职高手》（第一季）等，2018 年 6 月获得腾讯投资的天使轮投资，具体金额未透露。

2019 年，受行业调整影响，腾讯投资对影视领域的注资呈现断崖式下跌，全年仅有 5 起针对影视领域的投资，且投资额度均在亿元以下。其中，针对北京市影视企业的投资仅有曾推出网络电影《镇魂歌》的影视内容制作公司龙合田玉影视一家，2019 年 1 月获得腾讯投资数千万元的战略融资。

2020 年，受新冠肺炎疫情的冲击，腾讯投资在影视板块的投资依然在低位徘徊，全年仅对外发起 4 起影视投资，仅有一笔出资额度超过 1 亿元，即参与了华谊兄弟高达 22.9 亿元的定向增发，拟出资 4.5 亿元，但这一融资在 2021 年

5月被证监会叫停。同时，这4起投资中，无一起公司主体为北京市影视企业。

2021年，腾讯投资在文娱行业重新恢复活力，全年共发起对外投资23起，其中12起为影视领域，且主要集中在动漫制作范围（共6起），与其重视年轻人兴趣偏好、以青年受众为主的投资逻辑相吻合，其中万象皆春（动漫影视制作）、皮皮鲁总动员（IP版权服务）、猫猫家传媒（IP版权服务）、工夫小戏（影视制作）等4家为北京市影视企业。在投资轮次上，腾讯投资热衷于战略融资，侧重对相关企业的持续性扶持。

表4-12 2017—2021年腾讯投资参与北京市影视投资事件一览

年份	投资企业	投资轮次	总金额	参与方式	投资对象主营业务	投资对象主要作品
2017年	稻来传媒	天使轮	1000万元人民币	独立投资	纪录片制作	纪录片“风味人间”系列、《舌尖上的新年》等
2018年	七印象	A轮	数千万元人民币	联合投资	影视制作	电影《八佰》《我和我的祖国》《金刚川》
	壹心娱乐	天使轮	未透露	独立投资	艺人经纪	暂无
	视美影业	天使轮	未透露	独立投资	原创动漫制作、创意文化产业运营	电视动画《弹珠传说》《神魄》等
2019年	龙合田玉影视	战略融资	数千万元人民币	独立投资	影视内容制作	网络电影《镇魂歌》
2020年	无					
2021年	工夫小戏	天使轮	未透露	独立投资	影视制作	迷你剧《我叫黄国盛》等
	万象皆春	战略融资	未透露	独立投资	动漫影视制作	暂无
	皮皮鲁总动员	战略融资	未透露	独立投资	IP版权服务	电影《皮皮鲁与鲁西西之罐头小人》等
	猫猫家传媒	战略融资	未透露	独立投资	IP版权服务	动画《宠物旅店》等

资料来源：IT桔子，截至2021年12月31日。

（三）哔哩哔哩

2021年，在投资领域唯一能和腾讯投资相媲美的只有哔哩哔哩。从最早的二次元社区发展到现在青年群体高度聚集的视频平台，哔哩哔哩的步调稳健且有力，在文娱传媒领域的动作不断。截至2021年12月31日，哔哩哔哩共发起150起对外投资，其中文娱传媒领域投资占87起，占比58.00%，远高于排在第二位的游戏领域的36起和24.00%的占比。

在对哔哩哔哩的对外投资进行分析时，同样以北京市影视企业为重点进行探讨（见图4-14、表4-13）。由于天生的二次元基因，导致早期哔哩哔哩的文娱投资多与动漫制作有关，通过对相关企业的注资，以股权投入的形式，加速补充二次元内容生态。自2017年投资海岸线动画试水之后，2018年哔哩哔哩接连投资了中影年年、开工艺彩、艺画开天、鲜漫动画、娃娃鱼动画、绘梦动画、福煦影视等7家动漫制作及后期服务企业。其中前两家为北京市影视企业：中影年年曾推出过动画《少年歌行》《元龙》《血色苍穹》等；而开工艺彩则为动漫设计制作服务商，曾先后参与制作了《猪猪侠》《精灵世纪》等多部动画及电影《爵迹》等。

自2019年起，哔哩哔哩开始扩大投资范围，逐步加码其他影视生态内容的布局，除了继续对艾尔平方、七灵石、灵樨文化等动画企业的投资外，还完成了纪录片制作与运营企业云集将来的战略融资，但4家企业中无一家位于北京市。2020年，哔哩哔哩还以5.13亿港元（约合人民币4.54亿元）的价格战略融资了欢喜传媒，以此来换取欢喜传媒旗下既有影视作品及新作的独家外部播放权，并在电影、电视剧等领域寻求更多的合作机会。此外，哔哩哔哩还投资了原创VR交互动画制作工作室平塔科技、动画设计公司瞳浦文化，这3家企业均位于北京市。

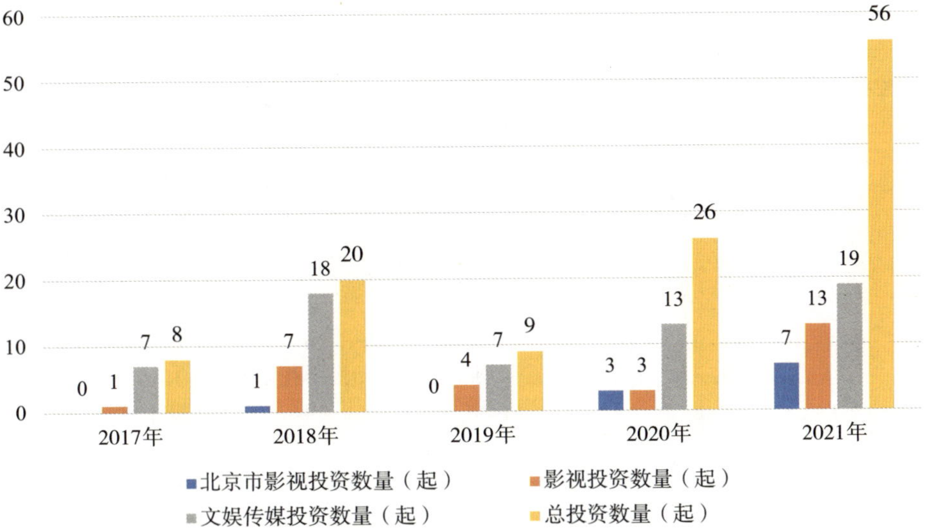

数据来源：IT桔子，截至2021年12月31日。

图 4-14　2017—2021 年哔哩哔哩影视投资情况变化

表 4-13　2017—2021 年哔哩哔哩参与北京市影视投资事件一览

年份	投资对象	轮次	总额	参与方式	投资对象主要业务	投资对象主要作品
2017 年	无					
2018 年	中影年年	A+ 轮	数千万元人民币	联合参投	原创动漫、影视特效制作等	动画《奥运福娃漫游记》
	开工艺彩	A 轮	数千万元人民币	独立投资	后期制作、原创动漫制作	电影《爵迹》
2019 年	无					
2020 年	欢喜传媒	IPO 上市后	5.13 亿港元	独立投资	影视内容投资、制作及流媒体播放平台	电影《我不是药神》《疯狂的外星人》《囧妈》等
	平塔科技	战略融资	未透露	独立投资	原创 VR 影视内容开发商	VR 动画《拾梦老人》
	瞳浦文化	战略融资	数千万元人民币	独立投资	动画设计公司	动画《龙心少女》

续表

年份	投资对象	轮次	总额	参与方式	投资对象主要业务	投资对象主要作品
2021年	珑瑞羽丰	战略融资	未透露	独立投资	影视制作	暂无
	自由酷鲸	战略融资	未透露	独立投资	影视制作	电影《刺杀小说家》、“绣春刀”系列等
	念动文化	天使轮	未透露	独立投资	动漫影视制作	制作电影《流浪地球》、电视剧《三生三世十里桃花》等
	非凡大陆	战略融资	未透露	独立投资	动漫影视制作	暂无
	初色动画	战略融资	未透露	独立投资	动漫影视制作	参与制作动画电影《俑之城》、动画番剧《四海鲸骑》《风起洛阳之神机少年》等
	魔智科技	战略融资	未透露	独立投资	动漫影视制作	暂无
	声影动漫	战略融资	未透露	联合投资	动漫影视制作	参与制作《一拳超人》《攻壳机动队2》《银魂》等

资料来源：IT桔子，截至2021年12月31日。

2021年是哔哩哔哩对外投资的大年，共投资了影视制作公司珑瑞羽丰、自由酷鲸，动漫制作公司念动文化、非凡大陆、初色动画、魔智科技、声影动漫等7家北京市影视企业。此外，还投资了禾于文石、知行合一动漫、兔狲文化、幻杳网络、多萝西网络、氦闪等6家其余地区的影视及动漫企业，几乎与2017—2020年这4年间的投资数量总额持平。但与以往有别的是，哔哩哔哩2021年的投资对象更偏向于初创企业，投资额度也大幅降低。经历了疫情的冲击后，哔哩哔哩虽然在投资数量上有了较大提升，但整体态度仍然较为谨慎，降低投资风险仍是其主要策略方向。

三、2021 年投资影视企业的北京市新兴互联网类行业资本概况及分析

（一）字节跳动

成立于 2012 年 3 月的字节跳动，仅仅用了 10 年的时间就成为国内新兴互联网巨头，发展势头之迅猛令人刮目相看。目前，字节跳动拥有今日头条、抖音、TikTok（抖音国际版）、西瓜视频、火山小视频等产品和服务，已覆盖全球 150 个国家和地区、75 个语种。在自身发展不断吸引全球投资的同时，字节跳动也加紧自身的对外投资布局，一方面不断扩展业务触角，加大在其他领域的业务协同，另一方面也意在孵化新的行业独角兽。但整体来看，字节跳动的对外投资主要集中在文娱传媒、企业服务和游戏领域。截至 2021 年 12 月 31 日，在字节跳动的 186 起历史投资中，文娱传媒领域投资共 43 起，占比 23.12%；企业服务领域共投资 33 起，占比 17.74%；游戏领域投资数量 18 起，占比 9.68%。

在 2020 年之前，字节跳动的投资数量都在稳步增长，没有出现大的波动，2021 年却罕见地出现大幅度提升，总投资数量达 68 起，比 2020 年增长近一倍，但文娱传媒领域，尤其是影视板块却未能实现同步增长，而且深度聚焦在北京市（见图 4-15、表 4-14）。2017 年，字节跳动在文娱传媒领域共有 7 起投资事件，更多集中于移动短视频 APP，如抖音火山版和 Vshow 我秀时代等，并未对影视领域进行投资；2018 年，字节跳动投资了 2 家北京市影视企业，分别为艺人经纪公司乐华娱乐、动画制片公司声影动漫，其中声影动漫是一家拥有自主研发核心技术能力的动画制片公司，

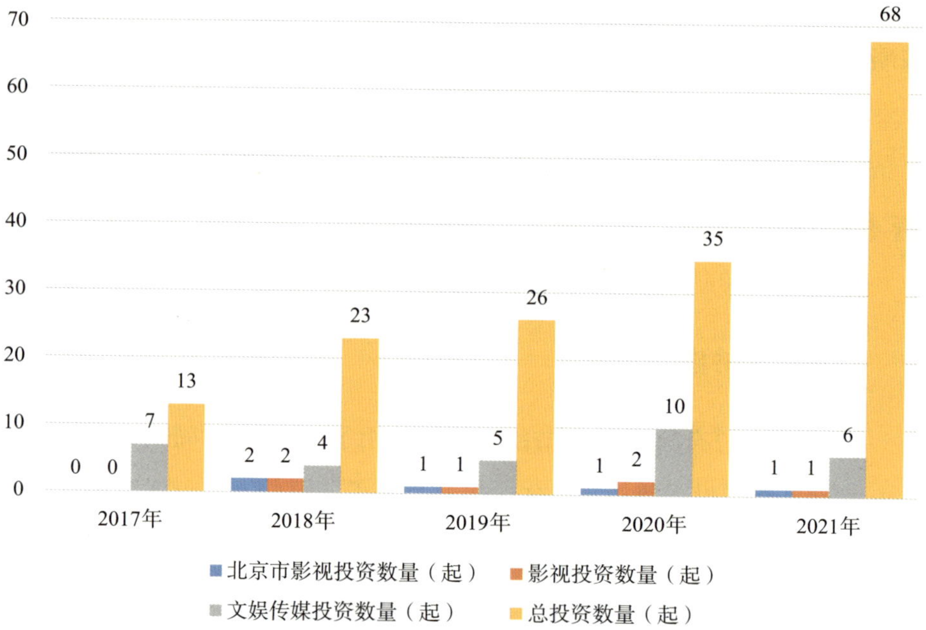

数据来源：IT桔子，截至2021年12月31日。

图 4-15　2017—2021 年字节跳动影视投资情况变化

作品有动画《烈火浇愁》《有药》等，还参与了《狄仁杰之龙隐迷窟》《牧野诡事之寻龙》等影视作品的制作。

2019 年，字节跳动战略融资了泛娱乐文化企业吾里文化，通过优质 IP 孵化，逐步向产业链上下游渗透，现已成功开发《别想打扰我学习》《竹马钢琴师》《大旗袍师》等 30 余个影视项目。2020 年共发 2 起影视领域投资，先后投资了泰洋川禾和中视鸣达等 2 家泛娱乐公司，其中对泰洋川禾更是独家完成了 1.8 亿元 B 轮融资。据悉，泰洋川禾旗下涵盖众多网红资源，有助于字节跳动完善旗下 MCN 生态，同时，Angelababy（杨颖）、周冬雨、陈赫等明星均为其旗下艺人，还曾参与投资《流浪地球》等头部影视作品。字节跳动通过此举，进一步走向娱乐生态的上游领域，不过泰洋川禾虽然公司运营主体在北京市，但注册地一直在江苏省徐州市，因此也不能算是标准意义上的北京市企业；而对中视鸣达的入股，也是秉持着相似的思路，在一定程度上补充了抖音原生音乐人的生态服务，也能够与综艺和影视等内容进行协作，互通有无。

2021 年 7 月 19 日，字节跳动与阿里影业联合参投乐华娱乐，除了传统的艺人经纪和影视文娱的全面合作之外，字节跳动此番投资乐华娱乐的背后，重点在于入局虚拟偶像产业，将与乐华娱乐共同打造虚拟偶像 A-SOUL。在虚拟偶像人物竞争的背后，隐现字节跳动和哔哩哔哩等互联网巨头的流量竞争策略。字节跳动在算法技术和平台上实力雄厚，乐华娱乐则有着偶像打造的内容和宣发优势，乐华娱乐主外、字节跳动主内，将有望加速 A-SOUL 的推广和热度增长。

表 4-14　2017—2021 年字节跳动影视投资事件一览

年份	投资对象	所属省市	轮次	总额	参与方式	投资对象主要业务	投资对象主要作品
2017 年	无						
2018 年	乐华娱乐	北京	战略融资	1.25 亿元人民币	独立投资	影视、艺人经纪、音乐	旗下艺人有韩庚、王一博、李汶翰、孟美岐、吴宣仪、范丞丞等，参与《前任攻略》等电影
	声影动漫	北京	战略融资	未透露	联合参投	动画制片、原创 IP 孵化	动画《烈火浇愁》《有药》、网络电影《狄仁杰之龙隐迷窟》《牧野诡事之寻龙》等
2019 年	吾里文化	北京	战略融资	未透露	独立投资	集内容创作、IP 开发、影视、游戏、动漫、娱乐、新媒体等在内的泛娱乐	网剧《别想打扰我学习》《竹马钢琴师》《大旗袍师》等

续表

年份	投资对象	所属省市	轮次	总额	参与方式	投资对象主要业务	投资对象主要作品
2020 年	泰洋川禾	江苏	B 轮	1.8 亿元人民币	独立投资	艺人经纪、商业代言、娱乐营销、影视项目研发	旗下艺人有 Angelababy（杨颖）、周冬雨、陈赫等，参与投资了《流浪地球》等影视作品
	中视鸣达	北京	A 轮	未透露	独立投资	艺人经纪、综艺投资制作发行、音乐制作与版权运营	《陈情令》《初恋那件小事》等影视作品的 OST 歌曲制作
2021 年	乐华娱乐	北京	战略融资	未透露	联合参投	影视、艺人经纪、音乐	旗下艺人有韩庚、王一博、李汶翰、孟美岐、吴宣仪、范丞丞等，参与《前任攻略》等电影

资料来源：IT 桔子，截至 2021 年 12 月 31 日。

（二）小米集团

小米集团虽然主营业务为智能硬件和电子产品研发，对外投资也主要集中在智能硬件和先进制造领域，但其对文娱传媒领域却一直保持了较高频率的投资，俨然已成为互联网企业跨界拓展影视业务的佼佼者。截至 2021 年 12 月 31 日，小米集团共发起对外投资 375 起，其中智能硬件领域数量最多，达到 93 起，占比 24.80%；文娱传媒领域 58 起，占比 15.47%，排在第二位；企业服务、电商零售、先进制造领域则分别有 31 起、30 起、26 起。

自 2014 年投资优酷以来，小米集团在影视领域的投资就一直不断，投资方向主要分布在视频平台、内容生产制作两大板块。2017 年持续对影视领域注资，投资了米泛娱乐和向上影业 2 家企业，2 起投资均集中在北京市（见图 4-16、表 4-15），其中米泛娱乐主打针对青年群体的内容整合营销服务，曾参与宣传电影《绝世高手》《父子雄兵》《悟空传》《十万个冷笑话2》《命运之夜——天之杯Ⅱ：迷失之蝶》，网络分账剧《人间烟火花小厨》等，小米集团在其天使轮阶段就参与扶持。向上影业专注于悬疑探险类电影项目的开发与制作，曾出品网络电影《囧途夺宝》《牧野诡事之秦岭龙窟》等，小米集团参与了其总额1亿元人民币的A轮融资。2018年，小米集团同样将目光聚集在北京，独立投资了曾出品《纽约纽约》《山炮进城2》等的影视制作公司一响天开文化的A轮融资。

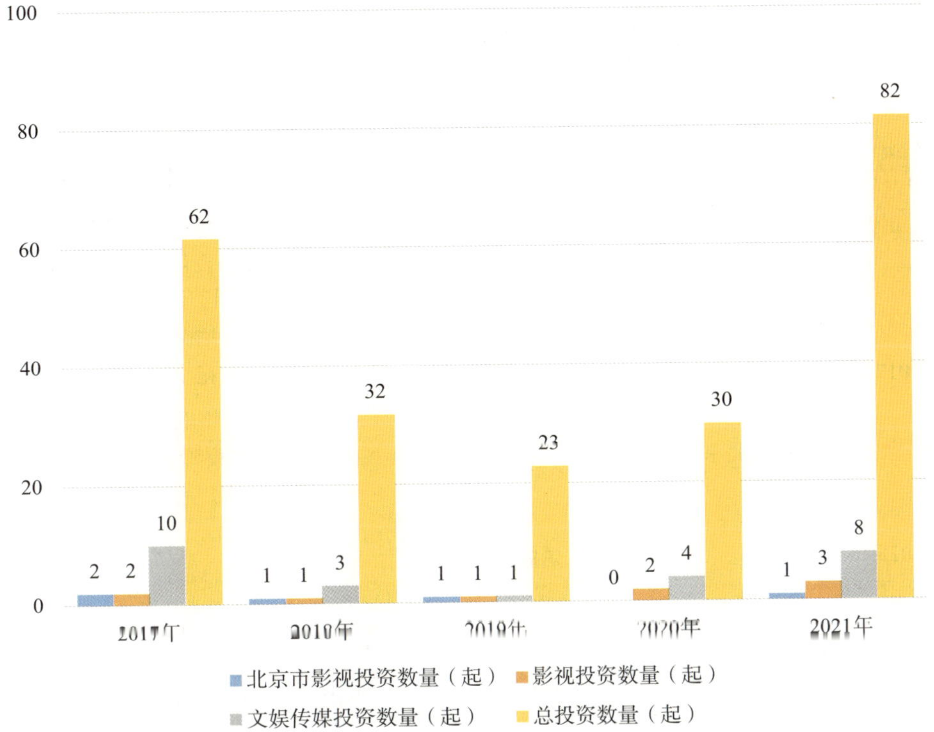

数据来源：IT桔子，截至2021年12月31日。

图4-16　2017—2021年小米集团影视投资情况变化

2019年，小米集团独立完成了网络内容制作公司米和花影业的天使轮投资。米和花影业由爱奇艺影业项目投资部总经理、网络电影开发中心总经理窦黎黎创立，曾制作金庸武侠系列网络电影《射雕英雄传之九阴白骨爪》

《射雕英雄传之降龙十八掌》等。2020年，小米集团投资了新锐综合娱乐公司新湃传媒和国内头部版权交易平台华视网聚，两家企业均不在北京。

2021年，小米集团领投了影视科技引擎企业星河视效近亿元的A轮融资，也是其2021年度内唯一一起面向北京影视企业的投资；此外，还联合投资了人人视频，独立投资了曾出品“四大名捕”系列、“盗墓笔记”系列等作品的网络电影制作公司奇树有鱼。这也是奇树有鱼第一次获得业内专业投资机构的注资。不过，虽然奇树有鱼的运营主体在北京，但母公司主体却是在浙江东阳，因此并未统计在北京影视融资范畴内。

表 4-15　2017—2021 年小米集团影视投资事件一览

年份	投资对象	所在省市	轮次	总额	参与方式	投资对象主要业务	投资对象主要作品
2017年	米泛娱乐	北京	天使轮	数百万元人民币	领投	娱乐宣传营销	宣传电影《悟空传》《十万个冷笑话2》，网络分账剧《人间烟火花小厨》等
	向上影业	北京	A轮	1亿元人民币	联合参投	影视投资制作	网络电影《囧途夺宝》《牧野诡事之秦岭龙窟》等
2018年	一响天开文化	北京	A轮	未透露	独立投资	影视全生态产业链	电影《纽约纽约》《山炮进城2》等
2019年	米和花影业	北京	天使轮	未透露	独立投资	网生内容生产制作	网络电影《射雕英雄传之九阴白骨爪》《射雕英雄传之降龙十八掌》等
2020年	新湃传媒	贵州	B轮	数千万元人民币	独立投资	影视制作及发行、品牌及广告营销	电视剧《陈情令》《梦开始的地方》《江东双璧》《你微笑时很美》等
	华视网聚	江苏	战略融资	未透露	独立投资	数字版权发行	暂无

续表

年份	投资对象	所在省市	轮次	总额	参与方式	投资对象主要业务	投资对象主要作品
2021年	奇树有鱼	浙江	战略融资	未透露	独立投资	网生内容投资、制作、宣发	网络电影“四大名捕”系列、“盗墓笔记”系列、《法医秦明》、《龙门遁甲》等
	星河视效	北京	A轮	近亿元人民币	领投	影视技术服务	暂无
	人人视频	上海	战略融资	未透露	联合投资	文化娱乐、内容生产	暂无

资料来源：IT桔子，截至2021年12月31日。

（三）快手

相比于上述两家，其他新兴互联网企业对文娱传媒，尤其是影视领域的注资要少很多。与字节跳动有着相似发展轨迹的快手，在自身发展和对外投资层面选择了截然不同的策略，放弃了横向延伸，转向更加垂直地深入视频创作领域，因此对外投资动作并不多。截至2021年12月31日，快手共发起对外投资37起，且投资布局分布较均匀，其中文娱传媒领域最多，共计10起，占比27.03%；其次为游戏领域，共6起，占比16.22%；其余企业服务领域、电商零售等也多有涉及。

具体来看，10起文娱传媒领域投资均发生在2017年之后，涉及视频直播、技术服务、知识分享、视频平台、综合娱乐等方面，较为繁杂，能够被涵盖在影视领域的仅2起，分别为2018年6月以数亿元人民币的价格收购了AcFun（A站），2021年联合投资了人人视频，两家公司均非北京市企业。可以看出，快手的对外投资更加看重平台的搭建，对内容的渴求相对较弱，导致一直缺少对内容生产制作企业的投资，后续其投资策略是否会有所转变值得继续关注。

（四）新浪微博

值得关注的还有新浪微博。2021 年，新浪联合红杉资本、IDG 资本、创新工场、云锋基金和德丰杰等五大投资机构共同打造新浪微博基金（微创投），旨在为专注于新浪微博平台的第三方应用开发者提供创业投资。正因如此，新浪微博的整体投资较为分散，截至 2021 年 12 月 31 日，共发起对外投资 152 起，其中文娱传媒领域数量最多，达到 28 起，占比 18.42%，其次为游戏领域，共 23 起，占比 15.13%，这是其投资数量最多的两大领域；此外，广告营销、工具软件、电商零售、金融等领域的投资也超过 10 起。

具体来看，新浪微博基金的文娱投资极为分散，涉及 MCN、音乐、自媒体、视频平台等，纯粹的影视领域投资仅有 2 起：2017 年联合完成资深影视营销公司北京卓然影业总额 3500 万元人民币的 A+ 轮融资，2021 年完成对影视制作企业鲲池影业的股权融资。作为国内头部宣发企业，卓然影业曾主导《煎饼侠》《十万个冷笑话》《白蛇：缘起》《罗小黑战记》《正义联盟》《神奇女侠》等电影的全案营销服务，并曾参与投资出品《唐人街探案 2》等影片；鲲池影业则以内容生产为主，曾参与出品电视剧《香蜜沉沉烬如霜》、网剧《整容液》等。

（五）中文在线

虽然影视相关投资不多，但作为“数字出版第一股”的中文在线却依然不容小觑，在 IP 开发逐渐成为影视行业重要方向甚至是主流的当下，拥有海量版权资源的中文在线，无疑拥有了一座超级金库，影视化开发是其必然之路。不过，在竞争对手阅文集团已经通过并购新丽传媒打通影视制作板块之后，中文在线的步伐明显落后很多，其对影视内容的布局仍然较少。截至 2021 年 12 月 31 日，中文在线共发起对外投资 40 起，其中尤以文娱传媒和教育领域数量最多，分别达到18起和14起，占比45.00%和35.00%，合计达到80.00%，远高于其他领域。

具体而言，虽然早在2014年中文在线就已经在文娱传媒领域发力，但其投资仍主要集中在与自身相近的数字阅读、漫画创作、互联网自媒体等领域，影视范畴内的投资仅3起，且投资对象均属于非北京市企业。2016年，中文在线独家完成了AcFun（A站）2.5亿元人民币的B轮融资；2017年联合参与了影视制作企业杭州十星人影视的A+轮融资；2021年联合完成对动漫制作企业两点十分动漫的B+轮融资，两点十分动漫曾出品《银之守墓人》《爆蛋晶英》等。

第三节　北京市投资企业影视投资趋势分析

一、2021年北京市专业投资机构影视投资趋势分析

从2018年影视行业大调整到2020年新冠肺炎疫情对全球各行各业的重创，电影产业在最近几年一直深受各种因素的困扰。伴随着国际和国内大形势的变化、政策的积极引导，2021年国内电影整体呈现出较强的回暖态势，也促进了电影投融资领域的逐步复苏，投资数量开始攀升，投资范围逐渐外延，投资格局进一步优化。当然，其背后也有很多大范围的投资逻辑、投资方向、投资方式的转变。

在业务范畴上，由于动漫，尤其是动画产业的迅速发展及与影视板块的互动越来越频繁，两者之间的界限越来越模糊，也造就了越来越多的动画领域投融资被纳入影视范畴。受此影响，2021年全国范围内面向影视企业的私募股权融资达到了54起（不含并购、合并等），较2020年的23

起增长了一倍多。这其中有范围扩大的影响，也从另一个层面显示了市场的复苏。其中仅北京市的相关融资事件就达到了22起，占全国总量的40.74%，进一步彰显了其作为全国文化中心，尤其是影视中心的领先优势。

在投资主体上，我们可以发现，由于头部专业投资机构因优质投资标的减少而持续性缺席，一些新兴的中小型专业投资机构开始入局影视行业，扶持中小型影视企业，抢占市场。对于投资机构而言，在影视寒冬和疫情的阴影下，如何在影视领域最大限度地确保投资收益，成为其首要思考的问题。通过战略融资及早期投资，入股中小型影视企业，依然是专业投资机构的基本逻辑。

在具体业务方向上，由于动漫、VR/AR、元宇宙等投资热点不断出现，内容生产企业长期以来的领先优势开始减弱，更多的技术服务型企业成为投融资的主流，大众对动漫和二次元的关注度不断攀升，专业机构也看好其市场前景和发展潜力。北京市的22起私募股权投资中，专注于内容生产和影视技术服务的融资事件各有9起，其中7家动漫制作领域的相关企业均以技术服务见长，内容生产能力相对偏弱。值得关注的是，2021年可谓是虚拟形象入局影视行业的大年，爱奇艺智能持续获得融资，依托其在技术、内容、产品等方面的多元优势，在资本的加持下，或有望快速拉近与Facebook（脸书）的技术差距，进一步夯实其在国内VR领域的品牌地位。

专业投资机构直接参与电影项目投资的趋势在2021年有所下降。据不完全统计，2021年上映的票房超过1000万元的影片，出品方中专业投资机构有15家，较2020年的19家有所减少，且参与形式均为联合出品。没有出现像2020年浙江省文化产业投资集团有限公司投资《夺冠》、鼎盛创新资本有限公司投资《急先锋》、广西投资集团有限公司投资《秀美人生》那样作为主要出品方的情况。2021年京产电影中有5部影片背后有专业投资机构的身影，其中只有2家是北京的投资机构，分别是《阳光劫匪》的投资方北京劳雷星河投资管理有限公司和《日不落酒店》的投资方北京云弘投资有限公司；另外10部非京产电影中，仅《中国医生》有北京市专业投资机构参与，为新湖财富投资管理有限公司（见表4-16）。

表4-16 2021年上映影片专业投资机构投资参与情况一览

序号	影片产地	具体影片	专业投资机构	投资机构所在地区	参与方式
1	北京	《雄狮少年》	中文在线（天津）文化教育产业投资管理有限公司	天津	联合出品
2		《阳光劫匪》	北京劳雷星河投资管理有限公司	北京	联合出品
3		《拯救甜甜圈》	深圳千将资本私募创业投资有限公司	广东	联合出品
4		《日不落酒店》	北京云弘投资有限公司	北京	联合出品
5		《合法伴侣》	杭州蜗牛投资管理有限公司	浙江	联合出品
6	广东	《中国医生》	新湖财富投资管理有限公司	北京	联合出品
7	上海	《人潮汹涌》	宁波梅花天使投资管理有限公司	浙江	联合出品
8	福建	《门锁》	江苏文投资本管理有限公司	江苏	联合出品
9			山东银吉股权投资管理有限公司	山东	联合出品
10			中盈股权投资管理（广州）有限公司	广东	联合出品
11	江苏	《西游记之再世妖王》	山东省文化发展投资基金有限公司	山东	联合出品
12		《老鹰抓小鸡》	苏州石湖领进肆号创业投资合伙企业（有限合伙）	江苏	联合出品
13			苏州市吴中金融控股集团有限公司	江苏	联合出品
14	浙江	《缉魂》	杭州浙军新力量影视投资管理合伙企业（有限合伙）	浙江	联合出品
15		《济公之降龙降世》	上海睿今投资咨询有限公司	上海	联合出品

2021年适逢中国共产党成立100周年，也是“十四五”开局之年，影视企业在国家电影局的指导下全力以赴、用心创作，带来中国电影在疫情下的强势复苏。随着疫情之后的行业回暖，未来影视行业仍处于一

个估值比较合理的区间内，投资机构可以择机布局，做一些战略融资的配置。

二、2021年北京市行业内资本影视投资趋势分析

2021年，新冠肺炎疫情对于电影市场的冲击虽还很严重，但市场也在逐步加快回暖的脚步，电影公司的经营局面也呈现出集体回升的态势。根据多家电影上市公司发布的年度报告，中国电影、万达电影、横店影视、上海电影等多家公司净利润都由2020年的亏损变为盈利，身陷泥潭的华谊兄弟、北京文化、文投控股、金逸影视、幸福蓝海等的亏损也呈现逐渐收窄的趋势。可以说，虽然各影视企业仍面临一些问题，但可以肯定的是，在市场整体回暖的大趋势下，行业也在不断寻求自身的良性发展。

从资金流向上看，行业内投资机构共对北京市影视企业发起6起影视制作类投资，涉及自由酷鲸、精彩时间、新力量影视、工夫小戏、旭东雨辰、珑瑞羽丰等；6起动漫制作类投资，涉及非凡大陆、初色动画、万象皆春、魔智科技、念动文化、声影动漫等。相较于专业投资机构，行业内资本更看重所投企业的原创内容生产能力和影视IP储备资源。如今动画行业开始步入高品质、精品化、个性化的阶段，行业外资本由于专业性不足，缺少对动漫行业全产业链条的开发与扶持，在可以预见的一定时间内，动漫企业的主要融资来源，仍将是类似腾讯等本就在动漫行业有大量布局的业内资本。

从全国层面总结行业内投资特点可以发现，行业内机构对影视企业的投资，除了不断延伸自身的垂直产业链外，还不断进行横向延伸，力求对投资进行细分，谋求自身更高效的发展。如腾讯投资2021年除了对新湃传媒、工夫小戏等影视制作公司进行投资外，也加大了对动漫原创IP领域的开发；小米集团持续深耕影视科技领域，加大网络影视的开发力度，投资

了星河视效和专注于网络影视制作的奇树有鱼；爱奇艺继续对影视内容生产制作公司进行投资，入股旭东雨辰以及新力量影视；阿里影业在2021年与字节跳动联合投资乐华娱乐，为自身的影视内容创作提供丰富的储备艺人等，各大行业内企业都在壮大自身产业布局，打造生态闭环，共同做大做强电影，甚至是整个影视产业。

新冠肺炎疫情阴霾逐渐散去，国家对文娱产业的新政策频出，影视行业开始稳健复苏。经历了2020年的至暗时刻后，影视行业在2021年积极拓展业务领域，开始谋求更稳妥的发展，行业内资本对自身业务拓展的积极布局，证明其对影视产业的发展依然充满了信心。

“不畏浮云遮望眼，只缘身在最高层”，中国影视行业经历了影视寒冬、疫情冲击，在2021年呈现出良好的恢复发展态势。我们有理由相信中国经济的绝对韧性将为电影行业的强势复苏提供动力和信心，相信在政策、资本、人员的共同助力下，中国电影的动力、活力能够被充分激活，继续保持高水平、高质量的发展态势，直至电影强国目标达成。

第五章

2021 年北京市及全国金融机构电影投融资业务分析

市场化起步较晚决定了中国电影产业基础薄弱，而随后的资本快速涌入、产业高速发展，也掩盖了其背后存在的问题，当资本退潮、行业面临转型升级压力，又遭遇疫情冲击，电影行业从市场化之初就未来得及解决的一些问题开始逐步显现。

其中最突出的一个问题就是与以银行、保险机构、担保机构为代表的金融行业的合作不够紧密。这背后，既有影视行业“高风险、轻资产”特性所带来的天然合作鸿沟，也有两大行业缺少深入沟通、合作、互信等因素的影响，缺乏支持电影行业发展的创新性金融产品，电影企业面向金融机构融资渠道不畅，难度很大。

不过，随着国家对包括电影在内的文化产业的高度重视与政策的不断倾斜，越来越多的金融机构开始寻求与影视行业的深度合作共赢，由此也带给了影视行业新的机遇和挑战。本章将分别从银行机构、保险和担保机构的角度出发，重点分析北京市各类金融机构在电影投融资领域的现状与面临的问题。

第一节　北京市及全国金融机构影视企业支持情况分析

2021 年，面临多重压力的银行等金融机构，对身陷困境、难以在短期内扭转局势的影视行业的融资支持力度明显减弱，获得金融机构资金支持的影视企业的数量和融资额度均出现一定程度的下滑。在这种大环境下，北京市影视企业和金融机构这两类主体的活跃度也有所下降。

同样，以上市影视公司披露的银行等金融机构对其自身及旗下二级和三级公司的支持为例，据不完全统计，2021 年共有光线传媒、华录百纳、捷成股份、华谊兄弟、慈文传媒、唐德影视、完美世界、金逸影视、奥飞娱乐、幸福蓝海、中南文化、芒果超媒、中广天择、欢瑞世纪、当代文体等 15 家上市影视公司[①]面向银行等金融机构发起 34 起融资事件，总融资金额为 202.8 亿元，虽然融资主体数量明显高于 2020 年的 13 家和 2019 年的 11 家，但融资事件数量却较 2020 年的 49 起和 2019 年的 42 起大幅缩水，融资金额与 2020 年的 232.9 亿元相比有所回落，仍远高于 2019 年的 163.85 亿元（见图 5-1、表 5-1）。说明当下越来越多的上市影视公司面临资金困难，作为

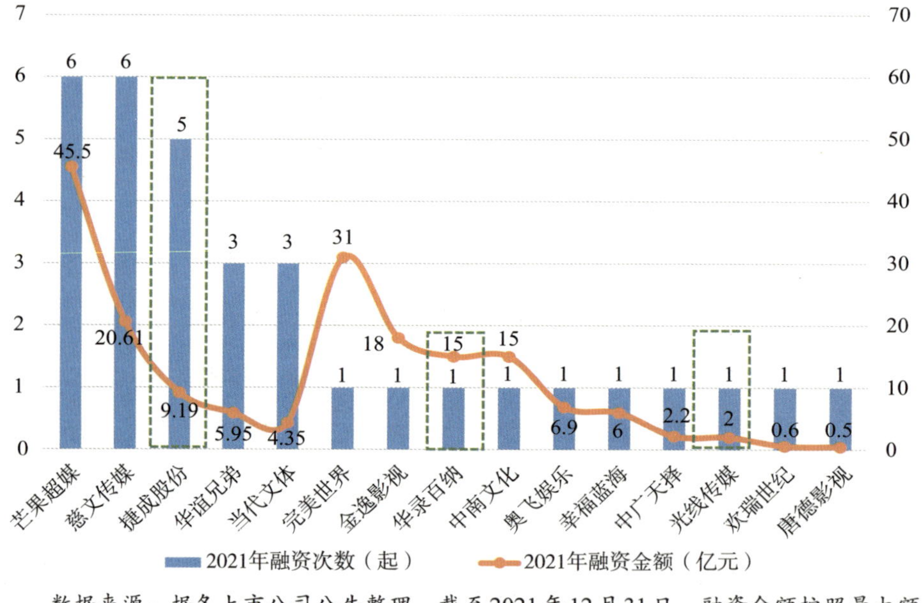

数据来源：据各上市公司公告整理，截至 2021 年 12 月 31 日，融资金额按照最大额度计算。

备注：虚线框表示北京市 A 股上市影视公司。

图 5-1　2021 年 A 股上市影视公司金融机构融资情况

① 下文所有涉及相关影视企业的表述，如无特殊说明时，均包含旗下二级公司与三级公司等。

最直接的资金来源，银行等金融机构也成为其最便捷的融资渠道。对于金融机构而言，影视行业迟迟未能恢复至疫情前的水平，企业普遍面临较大资金压力，资金偿还能力也受到一定影响，因此对影视行业的支持也比较谨慎。

表 5-1　2021 年 A 股上市影视公司金融机构融资申请情况一览

序号	时间	申请公司	上市公司所在省市	类型	金融机构	额度	融资模式及条件	期限
1	4 月 19 日	光线传媒及子公司	北京	综合授信	招商银行北京分行	不超过人民币 2 亿元	无	不超过 1 年
2	4 月 26 日	华录百纳公司及下属全资子（孙）公司	北京	综合授信	银行等金融机构及其他融资机构	不超过人民币 15 亿元	各借款主体信用提供担保、上市公司或其他下属公司提供连带责任保证担保、抵押或质押担保等	未透露
3	4 月 24 日	捷成股份	北京	综合授信	北京农村商业银行股份有限公司昌平支行	2500 万元	公司控股股东徐子泉先生及其 致行动人康宁女士，以及控股子公司捷成华视网聚（常州）文化传媒有限公司提供连带责任保证担保	1 年
4	6 月 25 日	捷成股份控股子公司华视聚合	北京	综合授信	北京银行中关村分行	2000 万元	捷成股份及控股子公司华视网聚（常州）提供连带责任保证担保	2 年

续表

序号	时间	申请公司	上市公司所在省市	类型	金融机构	额度	融资模式及条件	期限
5	10月8日	捷成股份	北京	综合授信	华夏银行北京上地支行	3.2亿元	其中1.2亿元委托北京中关村科技融资担保有限公司提供连带责任保证担保，期限1年；2亿元委托北京北投融资担保有限公司提供连带责任保证担保	未透露
6	10月14日	捷成股份	北京	综合授信	北京农村商业银行股份有限公司昌平支行	2400万元	公司第一大股东徐子泉先生及其一致行动人康宁女士，以及控股子公司捷成华视网聚（常州）文化提供连带责任保证担保	1年
7	12月29日	捷成股份控股子公司华视网聚	北京	综合授信	北京银行	5.3亿元	捷成股份及控股子公司捷成世纪文化产业、霍尔果斯捷成华视网聚、新疆华秀文化、新疆聚秀文化、捷成星纪元影视、北京捷成世纪数码科技提供连带责任保证担保，徐子泉先生及其一致行动人康宁女士承担个人无限连带担保责任，捷成华视网聚质押股权354万股保证担保	5年

续表

序号	时间	申请公司	上市公司所在省市	类型	金融机构	额度	融资模式及条件	期限
8	6月9日	华谊兄弟	浙江	综合授信	杭州银行	不超过人民币3.5亿元	华谊兄弟拟以持有的广州银汉科技25%的股权和两部影视剧收益应收账款质押的方式提供质押担保；全资子公司北京华谊兄弟娱乐投资及公司实际控制人王忠军、王忠磊拟提供连带责任保证；担保期限为18个月，担保金额为不超过人民币3.85亿元	1年
9	7月1日	华谊兄弟	浙江	综合授信	浙商银行杭州分行	不超过人民币1.8亿元	华谊兄弟拟以不超过四部影片应收票房回款收益权质押的方式提供质押担保；公司全资子公司华谊兄弟互娱、华谊兄弟国际、华谊兄弟电影及公司关联自然人王忠军、刘晓梅、王忠磊、王晓蓉拟提供连带责任保证；担保期限为18个月，担保金额为不超过人民币1.98亿元	1年

续表

序号	时间	申请公司	上市公司所在省市	类型	金融机构	额度	融资模式及条件	期限
10	12月7日	华谊兄弟及子公司华谊电影	浙江	循环授信	华美银行（中国）	6500万元	华谊兄弟及实际控制人王忠军拟提供连带责任保证，公司全资子公司华谊兄弟国际以在影片《月球陨落》（*Moonfall*）（暂定名）中的全部收益提供担保，并提供人民币3250万元或等值美元作为存单质押担保；担保金额为人民币6500万元	2年
11	1月8日	慈文传媒全资子公司无锡慈文	浙江	借款	江苏银行无锡新区支行	3000万元	慈文传媒提供担保，担保金额为人民币3000万元	未透露
12	2月19日	慈文传媒全资孙公司上海慈文	浙江	借款	南京银行上海分行	10000万元	慈文传媒提供担保，担保金额为人民币10000万元	未透露
13	4月2日	慈文传媒	浙江	借款	交通银行江西省分行	6000万元	全资子公司无锡慈文提供担保，担保金额为人民币6000万元	未透露
14	4月29日	慈文传媒及控股子公司	浙江	综合授信	银行及其他机构	不超过人民币17亿元	慈文传媒与控股子公司之间相互提供总计不超过17亿元的担保额度（包括控股子公司之间相互担保）	未透露

续表

序号	时间	申请公司	上市公司所在省市	类型	金融机构	额度	融资模式及条件	期限
15	8月13日	慈文传媒全资子公司无锡慈文	浙江	借款	江苏银行无锡新区支行	16600万元	慈文传媒提供最高额连带责任保证担保，担保金额为人民币16600万元	未透露
16	12月30日	慈文传媒控股子公司慈文（厦门）	浙江	借款	招商银行厦门分行	500万元	慈文传媒提供最高额连带责任保证担保，担保金额为人民币500万元	未透露
17	11月12日	唐德影视	浙江	借款	中国银行东阳支行	5000万元	控股股东浙江易通传媒投资提供连带责任保证担保，唐德影视向浙江易通提供反担保。	1年
18	4月27日	完美世界及子公司	浙江	综合授信	民生银行、招商银行、北京银行、杭州银行、汇丰银行、华夏银行、华美银行、平安银行、工商银行、宁波银行、上海银行等金融机构	31亿元	完美世界及相关子公司拟为上述综合授信中的部分授信业务提供连带责任保证担保，担保金额不超过人民币10亿元（包括公司对子公司的担保和子公司之间的担保）	1年
19	4月15日	金逸影视	广东	综合授信	合作银行	不超过18亿元人民币	无	1年

续表

序号	时间	申请公司	上市公司所在省市	类型	金融机构	额度	融资模式及条件	期限
20	11 月 20 日	奥飞娱乐	广东	授信	金融机构	不超过人民币（或等值外币）20 亿元	无	1 年
21	11 月 20 日	奥飞娱乐全资子公司、孙公司	广东	授信	金融机构	69000 万元	奥飞娱乐提供连带责任担保，担保期限不超过 3 年	未透露
22	4 月 8 日	幸福蓝海及子公司	江苏	综合授信	银行等金融机构	不超过人民币 6 亿元	无	1 年
23	4 月 30 日	中南文化及子公司	江苏	综合授信	金融机构	不超过人民币 15 亿元	无	1 年
24	4 月 26 日	芒果超媒	湖南	集团信用授信	兴业银行	11 亿元	无	1 年
25	4 月 26 日	芒果超媒	湖南	集团信用授信	交通银行	9.5 亿元	无	1 年
26	4 月 26 日	芒果超媒	湖南	集团信用授信	汇丰银行	3 亿元	无	1 年
27	4 月 26 日	芒果超媒	湖南	集团信用授信	华融湘江银行	10 亿元	无	1 年
28	4 月 26 日	芒果超媒	湖南	集团信用授信	招商银行	11 亿元	无	1 年

续表

序号	时间	申请公司	上市公司所在省市	类型	金融机构	额度	融资模式及条件	期限
29	4月26日	芒果超媒全资子公司芒果娱乐	湖南	信用授信	长沙银行	1亿元	无	1年
30	8月4日	中广天择	湖南	专项授信	银行	2.2亿元	在不动产权证书取得之前由长沙广播电视集团有限公司提供担保，不动产权证书取得之后将相关权证进行抵押，同时撤销长沙广播电视集团有限公司的担保	未透露
31	7月24日	欢瑞世纪全资子公司欢瑞影视	重庆	授信	华美银行（中国）	0.6亿元	欢瑞世纪及法定代表人赵枳程承担连带责任保证	1.5年
32	9月18日	当代文体	湖北	流动贷款授信	华夏银行武汉分行	4500万元	无	1年
33	9月11日	当代文体控股子公司新英上海	湖北	借款	上海光谷融资租赁有限公司	1.5亿元	当代文体提供1.5亿元担保	未透露
34	9月11日	当代文体	湖北	贷款	北方国际信托股份有限公司	2.4亿元	子公司新英体育咨询（北京）提供保证担保，子公司强视传媒提供股权质押担保	3年

资料来源：各大上市公司公告，截至2021年12月31日。

备注：红色字表示一次性申请全年融资的融资事件。

一、申请主体更加多元，北京市表现平平

从融资主体来看，2021 年共有 15 家影视行业上市公司向金融机构申请融资，占 28 家上市影视公司总数的 53.57%，其中光线传媒、华录百纳、捷成股份等 3 家为北京市影视公司，华谊兄弟、慈文传媒、唐德影视、完美世界等 4 家虽然注册地在浙江，但主要办公地点集中在北京，其他企业的注册地与实际办公地基本保持一致。

从融资活跃度看，华录百纳、捷成股份、芒果超媒、当代文体、唐德影视、华谊兄弟、完美世界等 7 家企业连续 3 年申请；光线传媒、慈文传媒、金逸影视等 3 家连续 2 年申请；欢瑞世纪则在 2020 年的停顿之后，重新回归；奥飞娱乐、幸福蓝海、中南文化、中广天择等 4 家为近 3 年首次面向金融机构申请融资支持。

祥源文化在 2019 年、电广传媒在 2020 年各申请了一次融资之后，2021 年未再继续申请；最近两年频繁爆雷的北京文化则在 2019 年、2020 年连续融资之后，没有继续向金融机构融资，究竟是内部经营不需金融支持，还是金融机构忌惮其财务风险而未提供融资服务不得而知。不过根据其“为了分散投资风险、缓解公司流动资金压力”而以 6 亿元的价格转让“封神”系列三部影片各 25% 份额的行为，后者的可能性更高一些。

从融资主体的地域分布来看，2021 年 3 家北京市影视上市公司共发起 7 起金融融资，总金额为 26.19 亿元，占全国融资总额的 10.85%。4 家浙江省影视上市公司共发起 11 起融资，总金额达 58.06 亿元，占全国融资总额的 30.19%，值得注意的是，这 4 家企业的主要办公地均在北京市。广东省和江苏省各有 2 家影视上市公司分别发起 2 起融资，总金额为 44.9 亿元和 21 亿元。湖南省有 2 家影视上市公司发起 7 起融资，总金额为 47.7 亿元，

融资总额位居全国第二，占比达到 23.52%。重庆市和湖北省各有 1 家企业发起 1 起和 3 起融资，融资额度为 0.6 亿元和 4.35 亿元（见图 5-2）。

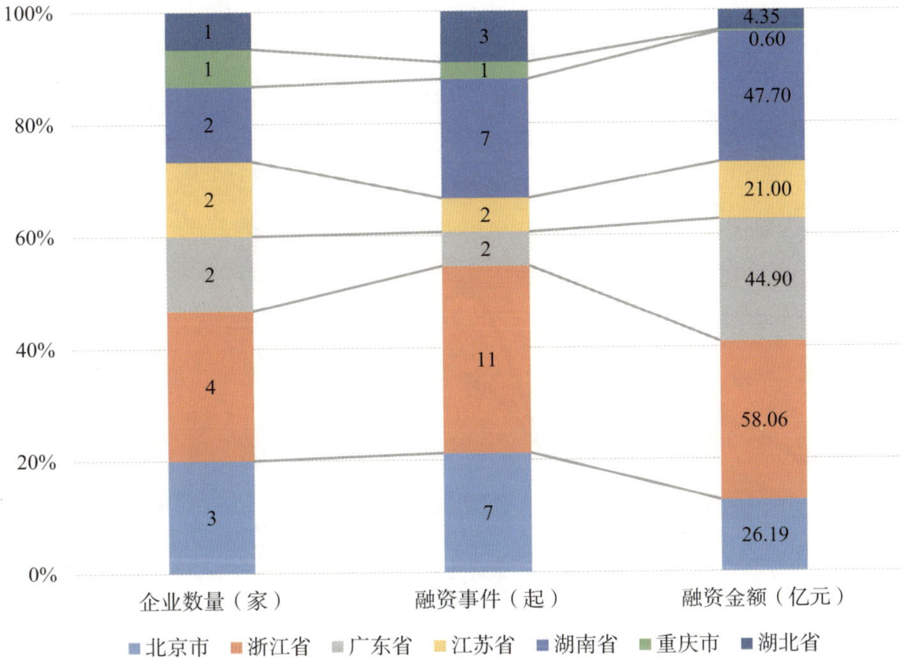

数据来源：据各上市公司公告整理，截至2021年12月31日，融资金额按照最大额度计算。

图 5-2　2021 年各省市 A 股上市影视公司金融机构融资情况

从融资活跃度看，北京的 3 家影视企业 2021 年活跃度均一般。光线传媒（含旗下子公司）2021 年度仅申请了 1 起金融融资支持，额度仅 2 亿元，而在 2020 年这两项数据分别为 4 起和 11.9 亿元，相较之下，收缩态势明显。华录百纳同样如此，1 起融资申请、15 亿元的融资总额，比 2020 年的 3 起融资申请、23 亿元的融资总额有明显下滑。唯一的例外是捷成股份，融资数量和金额较 2020 年均有大幅提升，与 2019 年基本持平（见图 5-3）。

几家注册在外地、但主要办公地点在北京市的影视企业情况也差不多。华谊兄弟虽然在融资数量上有所提升，但融资额度却从 15 亿元降至 5.95

亿元。唐德影视的融资数量与额度则降至 1 起、0.5 亿元。在 2021 年初就申请全年授信额度的完美世界，融资总额经历了三连降，降至 31 亿元。唯一例外的是慈文传媒，在融资数量上与 2020 年保持了一致，融资总额从 18 亿元小幅上升至 20.61 亿元。

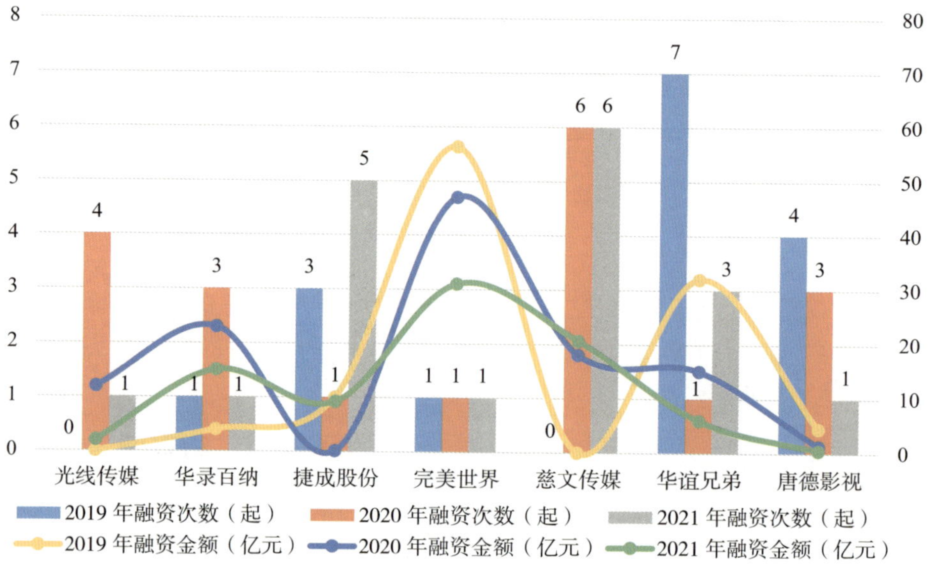

数据来源：据各上市公司公告整理，截至2021年12月31日，融资金额按照最大额度计算。

备注：前三家影视企业为纯北京市企业，后四家注册地在外地，但办公地点在北京市。

图 5-3　2019—2021 年北京市相关 A 股上市影视公司金融机构融资情况变化

最后再看其他地区的几家上市影视公司。2021 年芒果超媒虽然在融资数量和融资额度上均出现了大幅下滑，但仍以 6 起融资、45.5 亿元的融资总额领跑全国。当代文体在两个指标上均出现下滑，2021 年全年有 3 起面向金融机构的融资，但总额度仅 4.35 亿元。金逸影视、中南文化各有 1 起融资，融资金额分别为 18 亿元和 15 亿元。奥飞娱乐和幸福蓝海的融资额度分别为 6.9 亿元和 6 亿元，中广天择和欢瑞世纪的融资额度较低，分别为 2.2 亿元和 0.6 亿元（见图 5-4）。

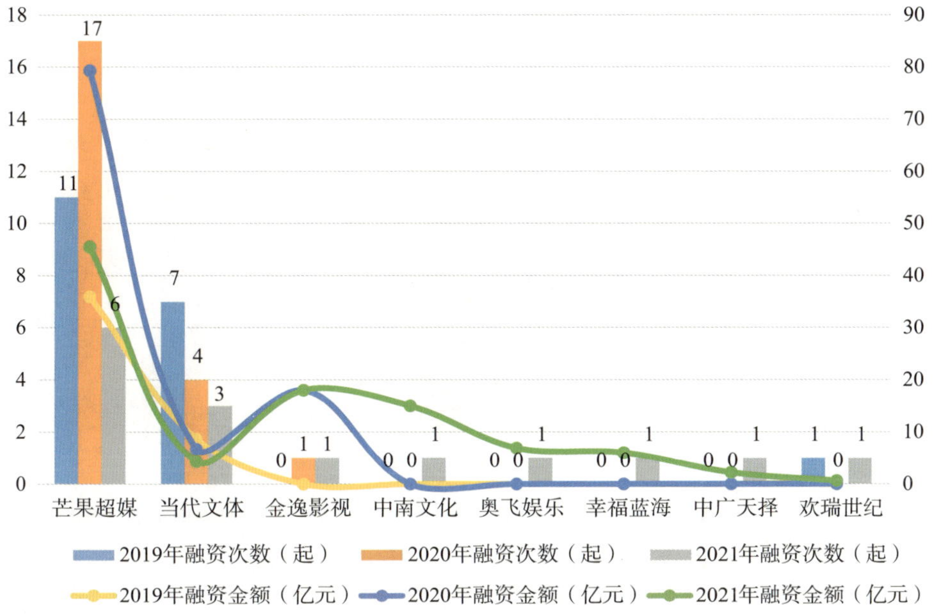

数据来源：据各上市公司公告整理，截至2021年12月31日，融资金额按照最大额度计算。

图 5-4　2019—2021 年其他地区 A 股上市影视公司金融机构融资情况变化

二、融资需求趋向提前布局，大额融资稳步增多

2021 年，越来越多的上市影视公司开始在年初就做好融资布局，提前与合作银行签署授信意向及协议，以使后续遇到实际资金需求时，快速解决融资难题。华录百纳、慈文传媒、完美世界、金逸影视、奥飞娱乐、幸福蓝海等 6 家上市影视公司均采取此种策略（其中后两家为近 3 年首次面向金融机构融资的影视企业），占全年融资企业总量的 40.00%。而这一数量在 2020 年还仅有华录百纳、慈文传媒、金逸影视、完美世界等 4 家，占比 30.77%；2019 年更是仅有完美世界 1 家，占比仅为 9.10%（见图 5-5）。

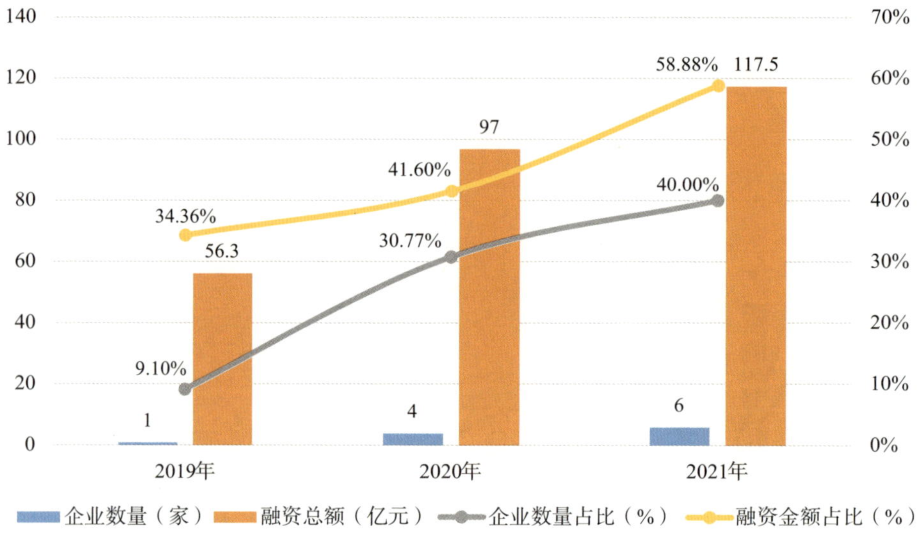

数据来源：据各上市公司公告整理，融资金额按照最大额度计算。

图 5-5　2019—2021 年 A 股上市影视公司提前布局型融资情况变化

而从融资额度的角度看，2021 年 6 家影视企业发起的一次性提前布局融资，总额高达 117.5 亿元，占全国全年融资总额 57.94%；而 2020 年则仅为 97 亿元，占全部融资总额的比例为 41.6%；2019 年这两项数据分别为 56.3 亿元和 34.36%。逐年攀升的数额和占比显示了上市影视企业融资策略的转变：在行业与疫情双重不确定性的阴影之下，即便是上市企业也已经做好了引入大量外援资金的准备，一方面可以适当缓解疫情之下的现金流压力，另一方面有助于抵消未来不确定的潜在风险带来的影响。

一般而言，选择提前布局、一次性申请全年融资额度，单笔融资额度均较高。2021 年虽然融资事件总量较 2020 年减少了约 1/3，但 15 亿元及以上的融资申请有 6 起（均为提前布局型融资），额度在 10 亿—15 亿元（含 10 亿元）的融资申请共 3 起，均超过 2020 年。额度在 1 亿—10 亿元的共 15 起，总量较前两年出现了腰斩，额度在 1 亿元以下的融资事件数量与前两年基本持平（见图 5-6）。

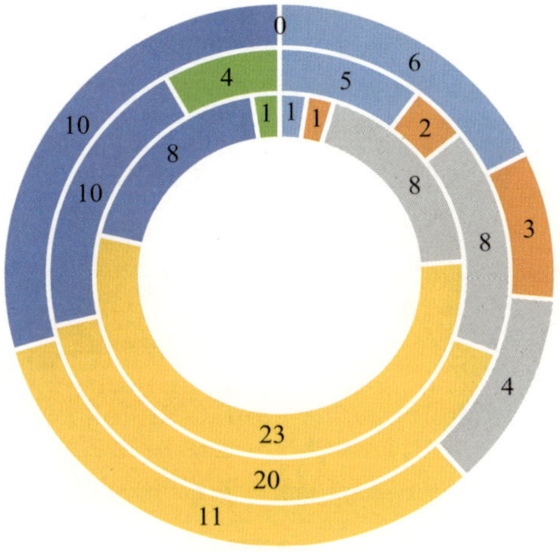

数据来源：据各上市公司公告整理，截至2021年12月31日，融资金额按照最大额度计算。

备注：由内到外分别为2019年、2020年、2021年，额度区间均包含下线值，不包含上线值。

图 5-6　2019—2021 年 A 股上市影视公司面向金融机构单笔融资额度分布（单位：起）

三、授信模式最受欢迎，银行为主要融资来源

从融资方式上看，授信依然是最方便快捷和最受欢迎的融资手段。34 起融资申请中，授信类就高达 26 起（流动贷款授信 1 起、授信 3 起、信用授信 6 起、循环授信 1 起、专项授信 1 起，综合授信 14 起），占融资总数量的 76.47%，融资总额 194.79 亿元，占全部融资额度的 96.05%（见图 5-7）。其中北京市的 7 起融资，均采取了综合授信的方式，办公地点在北京市的 4 家影视企业的 10 起融资中，授信类融资共 4 起。

具体来看，单笔额度达到和超过 10 亿元的 9 起申请全部以授信的形式进行，显示了其在大额融资时的优势。虽然相关授信并不等于实际融资，具体金额仍要以授信额度内与银行等金融机构签署的实际协议为准，但基

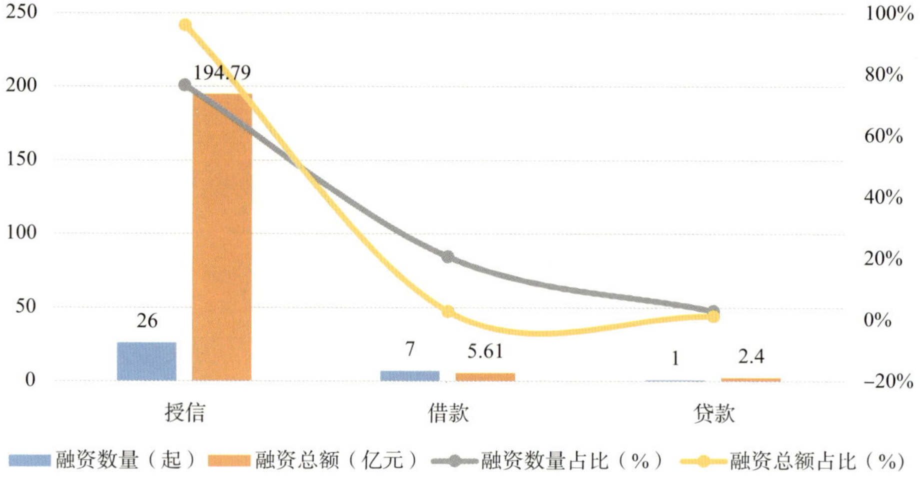

数据来源：据各上市公司公告整理，截至2021年12月31日，融资金额按照最大额度计算。

图 5-7　2021 年 A 股上市影视公司主要融资模式分布对比

本反映了相关影视企业的年度内融资需求及相关金融机构基于企业自身财务及经营状况所能提供的支持额度。且多数情况下，影视企业会充分利用相关授信缓解自身的现金流压力。

其他类型方面，借款类融资共 7 起，占融资总数量的 20.59%，融资总额 5.61 亿元，占比仅为 2.77%，其中 6 起借款均由慈文传媒及其子公司发起，涉及金额 4.11 亿元，剩余 1 起为当代文体控股子公司新英上海的 1.5 亿元借款。贷款类融资共 1 起，为当代文体面向北方国际信托股份有限公司的 2.4 亿元融资。

整体来看，虽然受融资数量和金额同步下降的影响，各类型的融资额度都有了小幅的下滑，但占比格局依然没有太大变化。授信模式高达九成以上的占比，表明影视企业资金缺口依然较大，面对金融机构仍然有着强烈的大额资金需求；而借款则表明了其实际资金需求的紧迫性，数量上与 2020 年持平，但总额仅减少 0.5 亿元，从另一个侧面说明了影视企业“钱荒”的严重程度。

从融资对象分析，作为第一资金来源的银行的市场主体地位难以撼动。除了奥飞娱乐、中南文化两家上市影视企业及其子公司发起的3起融资并未透露具体的融资对象外，其余31起融资共涉及160.81亿元，其中银行类融资共26起，融资金额119亿元。而北京市共有光线传媒和捷成股份两家企业的6起融资面向银行，办公地点在北京市的4家影视企业的10起融资同样如此。

除了银行以外，还有面向银行及其他类金融机构的融资共3起，分别为北京的华录百纳及下属全资子（孙）公司的15亿元授信、办公地点在北京市的慈文传媒及控股子公司的17亿元授信、幸福蓝海及子公司的6亿元授信，累计金额38亿元；其余信托公司和融资租赁公司各有1起，涉及金额分别为2.4亿元和1.5亿元，均为当代文体及其子公司的对外融资（见图5-8）。

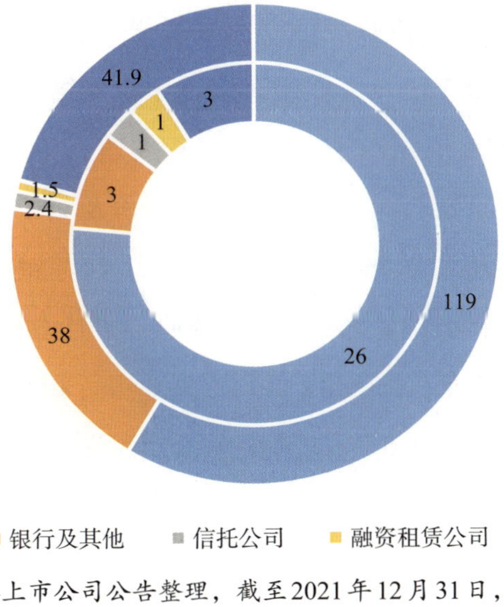

数据来源：据各上市公司公告整理，截至2021年12月31日，融资金额按照最大额度计算。

备注：内圈为融资数量（单位：起），外圈为融资总额（单位：亿元）。

图5-8　2021年A股上市影视公司主要金融机构融资对象分布

第二节　北京市及全国银行机构影视融资业务分析

2021 年，全国上市影视公司向银行申请的 26 起金融支持中，除完美世界及其子公司继续一次性面向 11 家银行发起融资，金逸影视、中广天择两家未透露具体融资对象外，其余 23 家均面向单家银行发起融资，共涉及 15 家银行（含分行和支行），累计总金额为 67.8 亿元。相比于 2020 年，2021 年为上市影视企业提供融资支持的银行数量、支持频率及幅度均有大幅下降，尤其是银行数量，直接由 22 家骤降至 15 家，也远低于 2019 年的 20 家。这显示了银行机构在影视企业融资支持层面出现一定放缓甚至是收缩的态势。

2021 年对上市影视公司资金支持力度最大的依然是招商银行，全年共对光线传媒、慈文传媒控股子公司、芒果超媒提供了 3 轮融资支持，总金额达到 13.05 亿元，在所有银行中位居第一。交通银行则选择支持慈文传媒和芒果超媒两家企业，总额度达到 10.1 亿元。而与影视行业渊源较深的北京银行，则重点对捷成股份及其子公司提供了 2 起资金支持，累计金额达到 5.5 亿元。华夏银行、江苏银行、华美银行（中国）、北京农商银行均支持了 2 家影视企业，累计总额度分别为 3.65 亿元、1.96 亿元、1.25 亿元和 0.49 亿元；兴业银行和华融湘江银行虽然都仅支持了 1 家影视企业，但额度都很高，分别为 11 亿元和 10 亿元（见图 5-9）。

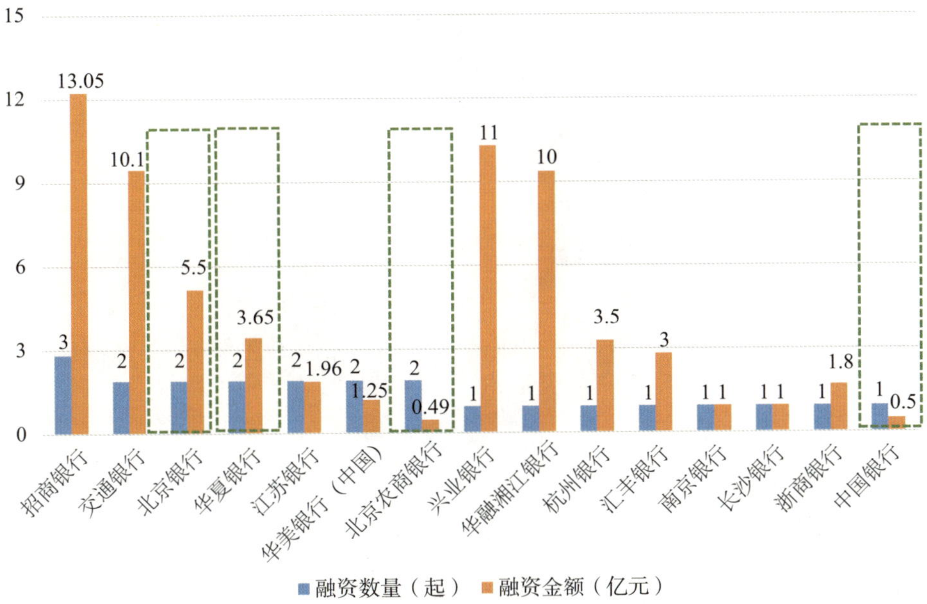

数据来源：据各上市公司公告整理，截至2021年12月31日，融资金额按照最大额度计算。

备注：南京银行、江苏银行、苏州银行部分或全部融资金额未对外公布，故未统计在内。虚线框表示总部位于北京的银行。

图 5-9　2021 年主要银行机构对 A 股上市影视公司的支持情况分布

一、北京市银行数量略减，地方性银行活跃度较高

如果以银行总部所在地计算，14 家银行的地理分布较为分散。其中北京银行、北京农商银行、中国银行、华夏银行等 4 家位于北京市，交通银行、华美银行（中国）两家位于上海市，江苏银行、南京银行两家位于江苏省，华融湘江银行、长沙银行两家位于湖南省，杭州银行、浙商银行两家位于浙江省，其余招商银行位于广东省深圳市，兴业银行位于福建省，汇丰银行位于香港特别行政区。基本分布格局与影视企业及融资事件的分布保持了一致（见图 5-10）。

相比而言，北京市的银行在提供资金支持方面表现并不突出。主要原因在于总部位于北京市的几大国有商业银行及股份制银行在 2021 年并未

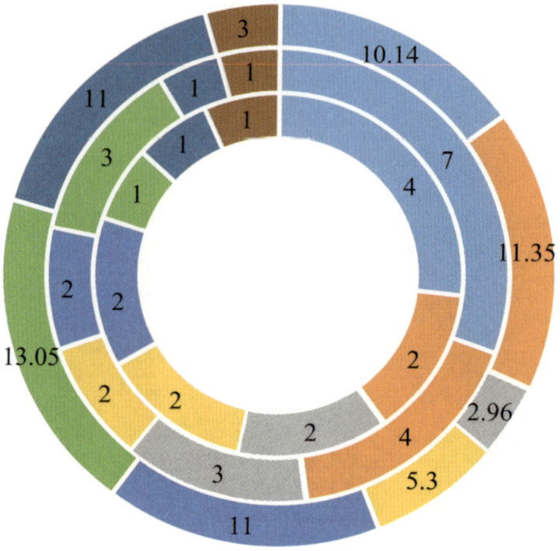

数据来源：据各上市公司公告整理，截至2021年12月31日，融资金额按照最大额度计算。

备注：由内到外依次是银行数量（家）、融资支持数量（起）、融资支持额度（亿元）。

图 5-10　2021 年各地区银行对上市影视公司融资支持分布

像前几年那样继续对影视行业提供融资支持。全国性银行的缺席，给了更多地方性银行表现的机会。2021 年至少有北京银行、北京农商银行、江苏银行、南京银行、华融湘江银行、长沙银行、杭州银行、浙商银行等 7 家地方银行为影视融资提供支持。

相比于国有商业银行及全国性股份制银行，地方银行的灵活性更高，对当地企业的扶持力度更大，能够更及时地提供相应的融资支持，一直是国内影视企业融资的重要来源之一。因此，各大影视企业，尤其是下属子公司与孙公司在申请融资时，更倾向于所在地的地方银行。

二、北京市银行多面临展期，影视领域银企合作面临挑战

北京市银行对影视企业融资需求热情下降并非毫无缘由，由于前几年

对影视企业的融资支持在2021年出现了大量展期，在看重资金安全的银行机构看来，这无疑是一个很不利的因素。据不完全统计，2021年至少有捷成股份、北京文化、华谊兄弟等3家注册地在北京市或主要办公地点在北京市的上市影视公司申请了6笔融资展期，涉及总金额11.07亿元（见表5-2）。申请展期的对象均为各大银行在北京市的分行和支行，这在一定程度上影响了北京市影视企业与银行的合作。

表5-2　2021年A股上市影视公司申请银行借款展期信息一览

序号	申请公司	类型	涉及银行	额度	原贷款日期	原期限	已还金额	剩余金额	展期期限
1	捷成股份	综合授信（借款）	兴业银行股份有限公司北京西单支行	9000万元	2020年3月	1年	500万元	8500万元	1年
2	捷成股份	综合授信（借款）	中国工商银行股份有限公司北京昌平支行	1.15亿元	2020年4月	1年	2200万元	9300万元	1年
3	捷成股份	综合授信（借款）	兴业银行股份有限公司北京西单支行	4000万元	2020年6月	1年	300万元	3700万元	1年
4	捷成股份	贷款	华夏银行股份有限公司北京中关村支行	2亿元	2020年10月	1年	0	2亿元	1年
5	北京文化	综合授信（贷款）	北京银行股份有限公司商务中心区支行	1亿元	2019年6月	2年	0	1亿元	不超过1年
6	北京文化	综合授信（贷款）	华夏银行股份有限公司北京分行	5000万元	2020年1月	不足6个月	200万元	4800万元	未透露
7	北京文化	综合授信（贷款）	中国民生银行股份有限公司北京分行	6000万元	2020年3月	不足3个月	1600万元	4400万元	未透露

续表

序号	申请公司	类型	涉及银行	额度	原贷款日期	原期限	已还金额	剩余金额	展期期限
8	华谊兄弟	综合授信（借款）	天津银行股份有限公司北京分行	3 亿元	2017 年 12 月	3 年	未透露	不超过人民币 2.5 亿元	18 个月
9	华谊兄弟	综合授信（借款）	中国民生银行股份有限公司北京分行	7 亿元	2019 年 1 月	1 年	4.5 亿元	2.5 亿元	未透露

数据来源：各大上市公司公告，截至2021年12月31日。

捷成股份在 2021 年共申请了 4 次贷款展期，其中 2 起面向兴业银行，面向中国工商银行和华夏银行的各有 1 起，总展期金额 4.15 亿元。2020 年 3 月和 6 月，捷成股份分别在授信范围内向兴业银行北京西单支行申请了 9000 万元、4000 万元的借款，期限 1 年，但仅于 2021 年 3 月和 6 月分别偿还借款本金 500 万元、300 万元，剩余 8500 万元、3700 万元均申请了展期。

2020 年 4 月，捷成股份在授信范围内向中国工商银行北京昌平支行申请了 1.15 亿元的流动资金借款，期限 1 年，但截至 2021 年 4 月仅偿还借款本金 2200 万元，剩余 9300 万元申请展期。2020 年 10 月，捷成股份同样与华夏银行北京中关村支行申请了 2 亿元的流动资金贷款，期限 1 年，由北京北投融资担保有限公司提供连带责任保证，截至还款日期，未进行任何偿还，对整笔贷款申请了展期。

负面消息缠身的北京文化则面向北京银行、华夏银行、中国民生银行申请了 3 次展期，先后于 2019 年 6 月、2020 年 1 月、2020 年 3 月向 3 家银行申请了总额 2.1 亿元的贷款，但因“受疫情影响，公司资金压力较大”，北京文化仅偿还了 1800 万元，其余 1.92 亿元均申请了不同程度的展期。

同样深陷资金困境的华谊兄弟则面临更大的资金偿还压力。华谊兄弟于 2017 年 12 月向天津银行北京分行申请的总额 3 亿元的借款，理应在 2020 年 12 月 14 日偿还完毕，但 2020 年 12 月华谊兄弟申请将该笔贷款中部分贷款本金展期，金额不超过人民币 2.5 亿元，展期期限为 18 个月，除原有的全资子公司华谊兄弟互娱及公司关联自然人提供连带责任保证之外，还新增全资孙公司浙江华谊兄弟影业补充提供连带责任保证。2021 年 2 月，再将持有的新圣堂（天津）文化传播有限公司 58% 的股权和北京华谊兄弟创星娱乐科技股份有限公司 71.88% 的股权为上述展期后的借款提供补充质押担保。一方面是资金偿还压力高居不下，另一方面是银行对担保要求越来越高，华谊兄弟的资金困境在短期内仍难以解决。

2019 年 1 月，华谊兄弟在综合授信范围内向中国民生银行北京分行申请总额 7 亿元的贷款，贷款期限 1 年，华谊兄弟以持有的浙江东阳浩瀚影视 65.8% 的股权、公司直接持有的华谊影城（苏州）14.29% 的股权、影片《八佰》相关发行合同项下应收账款质押等提供质押担保，关联自然人提供连带责任保证。但截至 2020 年 1 月，华谊兄弟仅在 2019 年 8 月和 2019 年 11 月分别偿还了 0.5 亿元和 1.5 亿元（并相应解除以东阳浩瀚部分股权提供的质押担保，变更为以东阳浩瀚 48.13% 的股权提供质押担保），剩余金额仍高达 5 亿元，无奈之下只能申请贷款展期，展期期限为 1 年，并以公司持有的全资子公司华谊兄弟影院投资 100% 的股权提供补充质押担保。

到了 2021 年 1 月，华谊兄弟仅偿还了贷款本金 1.5 亿元，仍有 3.5 亿元的资金缺口，并再次申请展期至 2021 年 7 月 25 日，随后又在 2021 年 4 月和 5 月，分别偿还贷款本金 0.5 亿元、0.5 亿元，贷款余额还有 2.5 亿元。2021 年 6 月底，再次以同等担保方式申请将展期调整至不晚于 2022 年 1 月 5 日。

三、强化第三方担保，无附加条件授信减少

虽然偶有逾期风险，但在政策引导下，银行支持影视企业融资需求的大方向不会轻易改变。面对轻资产、高风险的影视行业，银行机构在创新融资模式的同时，也在采取多种附加措施，强化担保，减少可能的风险。因此，2021 年上市影视公司在向银行申请贷款时，以往的无附加条件授信和版权抵押等方式减少，更多的则要添加第三方担保等条件。

26 起面向银行的上市影视公司融资中，采取无附加条件授信的仅 8 起，占比不足 1/3，无论数量还是占比均出现大幅下滑；其余 18 起，除金逸影视未透露具体方式之外，均不同程度增加了担保条件。可见在行业调整和疫情冲击的双重影响下，银行对影视行业的信心仍没有完全恢复（见图 5-11）。

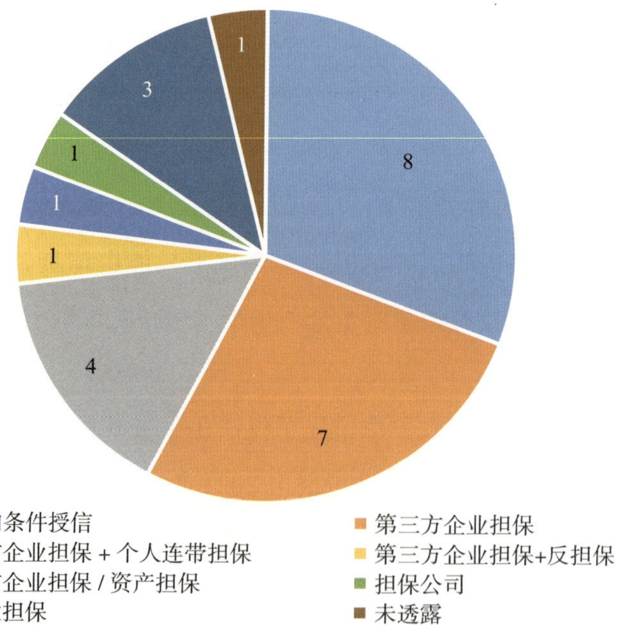

数据来源：各大上市公司公告，截至2021年12月31日。

图 5-11　2021 年 A 股上市影视公司面向银行机构的融资模式分布（单位：起）

（一）无附加条件授信

2021年，银行批准的8起无附加条件授信共涉及光线传媒、芒果超媒、当代文体等3家上市公司，授信金额共47.95亿元。其中仅芒果超媒一家就获批6起，授信总金额45.5亿元，其余两家企业各1起，光线传媒及其子公司获批2亿元授信，当代文体获批授信金额仅4500万元（见表5-3）。

众所周知，银行对企业进行授信时，重点考察其还款能力，而采取无附加条件授信时，必须对相关企业的经营状况抱有极大信心。芒果超媒作为最近几年影视领域表现最好的企业，无论是营业收入还是净利润都遥遥领先，资金实力极为雄厚，对于银行等金融机构而言，是最佳合作对象，这也是2021年唯有芒果超媒能够继续获批较高额度无条件授信的原因所在。

表5-3　2021年A股上市影视公司采用无附加条件授信模式面向银行融资信息一览

序号	申请公司	母公司所在省市	融资类型	涉及银行	额度	融资模式及条件
1	光线传媒及其子公司	北京	综合授信	招商银行股份有限公司北京分行	不超过人民币2亿元	无
2	芒果超媒	湖南	信用授信	兴业银行	11亿元	无
3	芒果超媒	湖南	信用授信	交通银行	9.5亿元	无
4	芒果超媒	湖南	信用授信	汇丰银行	3亿元	无
5	芒果超媒	湖南	信用授信	华融湘江银行	10亿元	无
6	芒果超媒	湖南	信用授信	招商银行	11亿元	无
7	芒果超媒全资子公司芒果娱乐	湖南	信用授信	长沙银行	1亿元	无
8	当代文体	湖北	流动贷款授信	华夏银行股份有限公司武汉分行	4500万元	无

资料来源：各大上市公司公告，截至2021年12月31日。

光线传媒向招商银行北京分行申请的综合授信，则是北京市唯一一起无附加条件授信，因为光线传媒的净利润一直排在北京市上市影视公司的前列，不过其融资数量和金额较 2020 年的 4 起和 11.9 亿元也出现大幅下滑，可见 2021 年北京市银行机构整体偏向保守。当代文体向华夏银行武汉分行申请授信带有明显的地区性支持色彩，且融资额度不高，不具备典型意义。8 起无附加条件授信共涉及招商银行、兴业银行、交通银行、汇丰银行、华融湘江银行、长沙银行、华夏银行等 7 家，其中仅华夏银行一家总部位于北京市。

（二）第三方企业担保

在无附加条件授信数量大幅减少的同时，增加第三方企业担保的多种强担保模式被广泛采用，具体形式包括第三方企业担保、第三方企业担保 + 个人连带责任担保、第三方企业担保 + 反担保、第三方企业担保 / 资产担保、专业担保公司担保等，形式多样，但宗旨却极为统一：通过强担保，避免潜在的账款回收压力，尽最大条件保证资金安全。

2021 年，捷成股份、慈文传媒、完美世界等 3 家上市影视公司的 7 起面向银行的融资，采取了第三方企业担保的方式（见表 5-4）。其中，捷成股份控股子公司华视聚合面向北京银行中关村分行申请的 2000 万元综合授信，捷成股份及控股子公司捷成华视网聚（常州）提供连带责任保证担保。慈文传媒及其子公司、孙公司是依靠第三方企业担保融资的大户，5 起融资事件总金额为 3.61 亿元。完美世界及其子公司则向 11 家金融机构申请了 31 亿元的综合授信，虽然由公司及相关子公司提供连带责任保证担保，但担保额不超过人民币 10 亿元，远低于其授信额度。

表 5-4　2021 年 A 股上市影视公司采用第三方企业担保模式面向银行融资信息一览

序号	申请公司	母公司所在省市	融资类型	涉及银行	额度	融资模式及条件
1	捷成股份控股子公司华视聚合	北京	综合授信	北京银行中关村分行	2000 万元	捷成股份及控股子公司捷成华视网聚（常州）提供连带责任保证担保
2	慈文传媒全资子公司无锡慈文	浙江	借款	江苏银行股份有限公司无锡新区支行	3000 万元	慈文传媒提供担保，担保金额为人民币 3000 万元
3	慈文传媒全资孙公司上海慈文	浙江	借款	南京银行股份有限公司上海分行	1 亿元	慈文传媒提供担保，担保金额为人民币 1 亿元
4	慈文传媒	浙江	借款	交通银行股份有限公司江西省分行	6000 万元	公司全资子公司无锡慈文提供担保，担保金额为人民币 6000 万元
5	慈文传媒全资子公司无锡慈文	浙江	借款	江苏银行股份有限公司无锡新区支行	1.66 亿元	慈文传媒提供最高额连带责任保证担保，担保金额为人民币 1.66 亿元
6	慈文传媒控股子公司慈文（厦门）	浙江	借款	招商银行股份有限公司厦门分行	500 万元	慈文传媒提供最高额连带责任保证担保，担保金额为人民币 500 万元
7	完美世界及子公司	浙江	综合授信	民生银行、招商银行、北京银行、杭州银行、汇丰银行、华夏银行、华美银行、平安银行、工商银行、宁波银行、上海银行等金融机构	31 亿元	公司及相关子公司拟为上部分授信业务提供连带责任保证担保，担保额不超过人民币 10 亿元（包括公司对子公司的担保和子公司之间的担保）

资料来源：各大上市公司公告，截至2021年12月31日。

一般而言，虽然第三方企业担保已经属于强担保的范畴，但单纯采取此方式融资的金额并不大，对于部分银行来说尚在承受范围之内，因此并未附加更多担保条件。但在处理部分金额较大或企业本身经营不佳的融资申请时，银行倾向于加入更多的连带性担保措施（见表 5-5）。

表 5-5　2021 年 A 股上市影视公司采用第三方企业担保 + 个人连带责任担保模式面向银行融资信息一览

序号	申请公司	母公司所在省市	融资类型	涉及银行	额度	融资模式及条件
1	捷成股份控股子公司华视网聚（常州）	北京	综合授信	北京银行	5.3 亿元	捷成股份及控股子公司捷成世纪文化、霍尔果斯捷成华视网聚、新疆华秀文化、新疆聚秀文化、捷成星纪元影视文化、北京捷成世纪数码科技提供连带责任保证担保，徐子泉先生及其一致行动人康宁女士承担个人无限连带担保责任，捷成华视网聚（常州）文化传媒有限公司质押股权 354 万股保证担保
2	捷成股份	北京	综合授信	北京农村商业银行股份有限公司昌平支行	2500 万元	公司控股股东徐子泉先生及其一致行动人康宁女士，以及控股子公司捷成华视网聚（常州）提供连带责任保证担保
3	捷成股份	北京	综合授信	北京农村商业银行股份有限公司昌平支行	2400 万元	公司第一大股东徐子泉先生及其一致行动人康宁女士，以及控股子公司捷成华视网聚（常州）提供连带责任保证担保
4	欢瑞世纪全资子公司欢瑞影视	重庆	授信	华美银行（中国）有限公司	6000 万元	欢瑞世纪承担连带责任保证，同时，公司的法定代表人赵枳程提供连带责任保证

资料来源：各大上市公司公告，截至 2021 年 12 月 31 日。

第三方企业担保 + 个人连带责任担保是众多银行青睐的融资模式之一。2021 年，捷成股份和欢瑞世纪两家上市影视企业的 4 起融资就采取了此种方式。捷成股份及其子公司采取这种方式分别向北京银行和北京农商银行昌平支行申请了5.3亿元和0.49亿元的综合授信。捷成股份控股子公司华视网聚（常州）向北京银行申请的高额授信，北京银行要求捷成股份及6家控股子公司提供连带责任保证担保，公司大股东徐子泉及其一致行动人承担个人无限连带担保责任，捷成华视网聚（常州）自身也质押354万股股权用于担保，担保门槛和条件之高可见一斑。向北京农商银行申请的两笔授信则因整体额度不高，在担保条件上较为宽松。

近几年麻烦不断的唐德影视则面临更加严苛的融资条件，向中国银行东阳支行申请的5000万元贷款，不仅控股股东浙江易通传媒要提供连带责任保证担保，唐德影视自身也要为这笔贷款向浙江易通传媒提供反担保，层层加码之下，唐德影视的融资之路已经变得很艰难。中广天择用于打造超高清视频生产基地的总额2.2亿元的专项授信，在不动产权证书取得之前由长沙广播电视集团有限公司提供担保，不动产权证书取得之后再将相关权证进行抵押，同时撤销长沙广播电视集团有限公司的担保。

通过专业担保机构进行担保是另一种方式。捷成股份向华夏银行北京上地支行申请的总额3.2亿元的综合授信，其中1.2亿元委托北京中关村科技融资担保有限公司提供连带责任保证担保，2亿元委托北京北投融资担保有限公司提供连带责任保证担保，期限均为1年。

（三）综合性担保

除了第三方公司及个人连带责任等重资产性担保之外，2021年部分企业和银行机构也在探索其他综合性、创新性融资担保模式，其中华谊兄弟的相关融资操作最为灵活。2021年，华谊兄弟共向杭州银行、浙商银行、华美银行（中国）等3家银行，以综合性担保的方式申请了总额为5.95亿元的授信，除了传统的第三方企业担保和个人连带责任担保外，还增加了影视剧收益应收账款等作为担保。例如向杭州银行申请的3.5亿元综合授信，以两部影视剧收益应收账款质押的方式提供质押担保；向浙商银行杭州分行申请的 1.8 亿元综合授信，以不超过 4 部影片应收票房回款收益权质押的方式提供质押担保；向华美银行（中国）申请的 6500 万元授信，则以在影片《月球陨落》（*Moonfall*）（暂定名）中的全部收益提供担保（见表 5-6）。

表 5-6　2021 年 A 股上市影视公司采用综合性授信方式面向银行融资情况一览

序号	申请公司	母公司所在省市	融资类型	涉及银行	额度	融资模式及条件
1	华谊兄弟	浙江	综合授信	杭州银行股份有限公司	不高于人民币 3.5 亿元	公司拟以持有的广州银汉科技 25% 的股权和两部影视剧收益应收账款质押的方式提供质押担保；公司全资子公司北京华谊兄弟娱乐投资及公司实际控制人王忠军、王忠磊拟对公司申请上述综合授信提供连带责任保证；担保期限为 18 个月，担保金额为不高于人民币 3.85 亿元
2	华谊兄弟	浙江	综合授信	浙商银行股份有限公司杭州分行	不高于人民币 1.8 亿元	公司拟以不超过 4 部影片应收票房回款收益权质押的方式提供质押担保；公司全资子公司华谊兄弟互娱（天津）投资、华谊兄弟国际、华谊兄弟电影及公司关联自然人王忠军、刘晓梅、王忠磊、王晓蓉拟对公司申请上述综合授信提供连带责任保证；担保期限为 18 个月，担保金额为不高于人民币 1.98 亿元
3	华谊兄弟及子公司华谊电影	浙江	循环授信	华美银行（中国）有限公司	6500 万元	公司及公司实际控制人王忠军拟对华谊电影申请上述授信提供连带责任保证，公司全资子公司华谊兄弟国际以在影片《月球陨落》（*Moonfall*）（暂定名）中的全部收益提供担保，并提供人民币 3250 万元或等值美元作为存单质押担保；担保金额为人民币 6500 万元

数据来源：各大上市公司公告，截至 2021 年 12 月 31 日。

在影视企业面临经营压力，又缺少足够多的重资产进行抵押担保时，将知识产权、影片收益等主要资产盘活，作为担保条件之一，无疑为影视企业融资提供了新思路和新方法，有助于加强影视企业与金融机构的创新合作。不过，虽然在融资模式上有创新，但对于最近几年一直处于资金重压之下的华谊兄弟，各大银行仍非常谨慎。杭州银行与浙商银行批准的两笔授信，额度为3.85亿元和1.98亿元，均额外要求10%的担保金额。

担保条件的强化，表明银行机构对影视企业的资金状况有些担忧，相比于其他地区，北京市的银行机构对市场反馈更灵敏、警觉性更高。另外，由于产业聚集效应明显，业务范围广泛，政府给本地影视文化企业的政策性照顾与支持也相对较少，因此金融机构更加保守。但在大力发展文化产业的背景下，尽管电影行业发展面临一些不确定性，以银行为代表的金融机构也应积极开展与影视企业的合作，实现共赢。

四、重点银行机构介绍

对电影行业来说，银行一直都是重要的资金来源，在热钱快速离场、影视企业融资途径变窄的情况下，越来越多的影视企业开始寻求银行的帮助。对于银行而言，影视行业与其他行业并没有太多不同，银行为影视企业提供资金支持也有很长的历史，随着行业的快速发展和国家宏观层面的政策引导，越来越多的银行开始针对影视行业的特点调整融资支持策略并开发特色金融产品，对影视行业提供多层级、多阶段支持。下面重点介绍几家2021年对影视行业支持力度较大的银行及其相关影视文化金融产品。

（一）北京银行

作为最早介入影视行业的金融机构，北京银行2021年重点支持了捷成股份及其子公司，分别在6月份与12月份对其授予2000万元和5.3亿元的综合授信，累计额度达到5.5亿元。

在与影视企业的合作过程中，北京银行开创了诸多影视行业创新融资模式：2006年，以版权为核心质押品，结合影视行业特点为企业提供了1亿元影视项目“打包贷款”，开创国内影视剧打包贷款融资先河。2012年，与博纳影业集团签署战略合作协议，为企业提供5亿元意向性授信，成为当时中国民营电影企业获得的最大额度单笔授信。2019年，发布影视全产业链专属产品“影视贷”，为电影产业企业提供全链条金融服务。2021年初，推出“影视版权质押贷”，盘活影视版权资源，纾解影视企业融资难题。

2021年9月，为进一步推进北京全国文化中心建设，打造具有世界影响力的影视高地，北京银行与北京市电影局签订《关于支持北京电影业发展战略合作协议》。这也是北京市电影局首次与金融机构签署战略合作协议，双方约定在未来五年内为首都电影行业企业提供不少于200亿元意向性授信，支持行业内的优质电影企业发展以及电影产业集聚区和重点电影项目建设，为北京电影企业及优秀电影人才提供全面金融服务，并建立金融联动机制，为首都电影产业繁荣发展营造开放包容的环境。

截至目前，北京银行已累计为千余家电影行业企业发放贷款240亿元，支持了创国内影史票房纪录的《长津湖》《战狼Ⅱ》以及在主旋律电影创作方面取得突破的《湄公河行动》《中国机长》《我和我的祖国》《夺冠》《金刚川》等电影佳作；助力《送你一朵小红花》《你好，李焕英》等影片在疫情期间顺利发行上映；与博纳影业、猫眼电影、光线传媒等高成长影视企业相伴成长，为多家知名院线提供一揽子金融服务。

（二）北京农商银行

北京农商银行在2021年重点支持了捷成股份，北京农商银行昌平支行分别在2021年4月和10月给予捷成股份2500万元和2400万元的授信支持。北京农商银行虽然介入影视文化领域的时间相对略晚，但在北京市相关政策引导下，北京农商银行最近几年持续发力影视板块，帮助解决影视企业融资难题。

2019年北京国际电影节期间，北京农商银行与北京市怀柔区文化产业发展促进中心共同签署框架合作协议，将进一步强化服务中国（怀柔）影视产业示范区及入园的影视文化企业。2020年，北京农商银行与北京文投集团签订总额10亿元的战略合作协议，为北京文投及其子公司在影城运营、电影电视剧投资制作、宣传发行等方面提供资金支持。

近年来，北京农商银行不断完善文创金融体系，多年入选北京市文化创意产业“投贷奖”支持银行名单，积极参与北京环球影城主题公园、郎园文化创意园等项目建设，持续丰富文化金融产品和业务模式，创新推出“影视宣发贷”“知识产权质押贷”等产品服务，探索金融机构助推文化中心建设的新路径，积极为首都文创产业繁荣发展提供金融助力。

（三）华夏银行

华夏银行也为捷成股份提供了支持，2021年10月，华夏银行北京上地支行给予捷成股份3.2亿元的综合授信。2021年度华夏银行武汉分行还给予了当代文体4500万元的流动贷款授信。

华夏银行虽然也是最早进军文创领域的金融机构之一，但其在影视融资领域却十分低调，为外界所熟知的影视融资服务并不多。自介入影视行业以来，华夏银行与北京文化、儒意欣欣、博纳影业、正午阳光等国内龙头影视企业均保持了良好的合作关系，先后支持了《战狼Ⅱ》《我不是药神》《流浪地球》《白蛇2：青蛇劫起》《误杀2》等影片。以《流浪地球》为例，华夏银行不仅为北京文化提供1亿元的信用授信，还深度参与剧组的经营运作，提供了剧组账户监管、分账资金划拨、北美IMAX跨境结算等多样化服务，切实为影视企业业务运行解决后顾之忧。

2017 年，为积极响应首都文化中心建设，华夏银行正式成立北京文创产业管理部，下辖 6 家专营机构和 10 家特色机构，累计为近 800 家文化企业发放超 400 亿元的贷款。自成立以来，华夏银行北京文创产业管理部始终坚持推动文创业务特色化经营，探索“文化创意 + 金融创新”的产业服务方式，优先将金融资源投向重点文化项目、重点文化工程、重点文化领域，推进金融资本与文创产业深度融合，促进文创新产品与服务新业态快速发展。

（四）中国银行

2021 年，中国银行仅通过东阳支行向唐德影视一家上市影视公司提供了一次贷款，总额度也仅 5000 万元。中国银行对影视行业的支持，主要通过几家地方支行来完成，其中尤以东阳支行及下辖的横店支行最为活跃。

依托于东阳及横店的影视业务优势和区域经济特点，中国银行东阳支行已经成为当地影视融资服务支持力度最大的银行机构，几乎占据了中国银行体系内对影视领域融资支持的半壁江山，下辖的横店支行 2015 年就被定位为浙江省首家“投资银行及影视文化产业专业支行”。

早在 2010 年，中国银行横店支行就推出“文贷通宝”（影视通宝）产品，已累计为近 30 家影视企业提供授信支持，累计贷款金额超 30 亿元；面对主营网生项目的小微影视企业，联合浙江横店影视产权交易中心有限公司（横交所）、东阳市国控融资担保有限公司（国控担保），共同推出金融服务方案，解决企业融资难题。而包括华谊兄弟、慈文传媒、唐德影视、完美世界、横店影视等在内的多家上市公司注册地也在东阳市，均与中国银行东阳支行保持了良好的银企合作关系，成为上述企业融资的重要选择之一。

（五）招商银行

招商银行尽管在2021年对影视企业的融资支持减量明显，但依然是最活跃的银行机构之一，2021年度为光线传媒、慈文传媒、芒果超媒等3家企业提供了3起授信或贷款支持，额度分别为2亿元、500万元和11亿元。

招商银行可以说是最早对影视文化行业提供创新性支持的金融机构，2006年创造性地为电影《集结号》提供了国内影视行业首笔无担保贷款作为拍摄资金，开创了金融机构与影视企业创新合作的先河。2010年突破传统抵押担保模式，率先给予光线传媒纯信用授信，随后又陆续推出“千鹰展翼”计划、“影视贷”等金融产品，帮助影视企业解决融资难题。凭借灵活的信贷政策和雄厚的实力，招商银行已经成为国内影视企业的重要合作伙伴之一。

（六）交通银行

交通银行最近两年加大了对影视领域企业的支持力度，2021年为慈文传媒和芒果超媒两家企业提供贷款和授信支持，额度分别为6000万元和9.5亿元。

早在2007年，交通银行北京分行就为电视剧《宝莲灯前传》提供了600万元贷款支持，是我国影视行业第一例版权质押贷款。2017年，交通银行湖南分行分别与湖南日报报业集团和潇湘电影集团有限公司签署了100亿元的战略合作协议，全力支持湖南日报报业集团和潇湘电影集团重点发展影视生产、文旅地产、影院投资等业务。此外，交通银行湖南分行还分别与湖南省文化资产委员会、湖南省出版集团、湖南省文化厅、湖南省演艺集团达成了总额超千亿元的战略合作协议。

2020年，交通银行为湖南影视企业提供了10.3亿元的融资支持，2021

年，交通银行延续了这一态势，并开始在其他省份推广“湖南经验”，未来交通银行将有更多的地方分支机构为影视企业融资提供支持。

第三节 北京市及全国保险和担保机构影视融资支持分析

与银行相比，为影视行业提供服务的保险和担保机构更加低调，业务合作很少对外披露，这给相关数据的收集整理带来了很大难度。鉴于此，本节以既往公开资料为基础，分析这些金融机构在影视尤其是电影领域的活跃度。

作为典型的高风险、高投入产品，电影在投资、生产、制作、发行、上映、票房回收等各环节都存在着高度的不确定性与风险性，对保险有着广泛需求。电影投资回收渠道比较单一，市场收益难以预料，也给影视企业的生存、发展带来挑战。另外，“轻资产”的特点也决定了影视企业向银行融资时门槛较高，仅凭自身实力很难获得金融机构的信任，需要第三方担保机构提供协助。

一、北京市及全国对保险和担保机构支持影视产业的政策引导

政府鼓励引导保险和担保机构对影视文化产业发展提供支持。2010 年出台的《关于金融支持文化产业振兴和发展繁荣的指导意见》《关于保险业支持文化产业发展有关工作的通知》和 2014 年出台的《关于深入推进文化金融合作的意见》多次强调要建立完善多层次、多领域、差别化的融资性担保体系，促进银行业金融机构与融资性担保机构加强规范合作，为文化

企业融资提供增信服务，并在金融促进对外文化贸易方面提出探索个人资产抵质押等对外担保的模式。

2017 年，《中华人民共和国电影产业促进法》正式实施，提出“国家鼓励保险机构依法开发适应电影产业发展需要的保险产品。国家鼓励融资担保机构依法向电影产业提供融资担保，通过再担保、联合担保以及担保与保险相结合等方式分散风险”。2021 年末，国家电影局下发《“十四五”中国电影发展规划》，明确提出“进一步完善电影领域财政、信贷、融资、保险、外汇等扶持政策，落实促进电影产业发展的税收优惠政策”。

北京市也积极引导保险和担保机构为影视行业提供支持。2021 年，北京银保监局、北京证监局等部门联合中国人民银行营业管理部联合印发《进一步完善北京民营和小微企业金融服务体制机制行动方案（2021—2023年）》，提出要“进一步完善融资担保体系”，“进一步完善文化金融服务体系”，“推出更多适合中小文化企业的金融产品与服务，带动北京市文化金融服务水平提质增效”。2022 年初，北京市电影局下发《“十四五”北京电影发展规划》，继续强调“全面落实电影领域财政、金融、税收优惠等各项扶持政策”。

二、北京市涉足影视文化领域的重点保险公司概况

长期以来，保险行业与电影项目、影视企业的合作，多以传统的人身险、意外险、财产险等常规险种为主，主要是为了保障影片拍摄制作过程中人员、物品等的安全，并未突破传统模式的限制。实际上，由于电影行业有其自身特殊性，除了人身、财产方面的安全隐患外，还有很多风险敞口，对其他创新型险种的需求也很迫切。 近几年，好莱坞的“完片担保”被引入国内，中国人民财产保险股份有限公司、中国平安财产保险股份有限公司、中国太平洋财产保险股份有限公司在这方面均做了一些尝试，但

由于中国电影行业尚处在粗放式管理阶段，“完片担保”在中国虽然几经探索，仍处于初步阶段。

（一）中国人民财产保险股份有限公司

中国人民财产保险股份有限公司（简称“中国人保财险”）是国内较早参与影视行业创新性保险的企业。2017 年 6 月，中国人保财险携手美国电影金融公司达成保险合作协议，联手推进中国影视完片及制作保险的本土化，并以国内首部使用“完片担保”服务拍摄完成的影片《机器之血》为例，介绍“完片担保”模式下对影片拍摄过程中的人员意外伤害风险、责任风险、财产风险、核心人员风险、财务损失风险等提供的一揽子风险解决方案。

2019 年，中国人保财险北京分公司与北京市民博律师事务所、美国电影金融公司中国分公司共同推出“保险 + 法律”影视工业化风险管理新模式，为电影剧组提供完善的影视制作保险及完片保险、拍摄监管、法律服务等，形成影视项目风险管理闭环，全方位为电影产品护航。

（二）中国平安财产保险股份有限公司

中国平安财产保险股份有限公司（简称“平安产险”）与电影行业的创新性合作始于 2015 年，这一年平安产险与中央新影集团在北京签署战略合作协议，正式介入影视制作行业保险领域，主要对电影拍摄过程中由于自然灾害、意外事故等因素导致影片无法继续拍摄而产生的损失进行承保。

在此基础上，2019 年平安产险正式发布“影视制作财产损失保险”。该险种除了对因自然或意外事故导致的损失承保之外，还为影棚、搭景拍摄提供相应的风控管理措施，并提供网络安全保险、无人机保险等产品服务。还运用影视行业大数据、人工智能科技，对剧本内容、制片过程、法律协议、预算、拍摄计划等进行评估，为剧组提供制片管理软件，优化项目拍摄计划，提高剧组风险管理能力、流程化程度及生产效率。

（三）中国太平洋财产保险股份有限公司

中国太平洋财产保险股份有限公司（简称“太平洋产险”）曾于2012年推出过“影视影片制作综合保险”，对制片方因意外事故可能导致的财务损失和无法完工损失进行承保。

2020年5月，太平洋产险北京分公司推出了影视行业专属保险产品“影视数据公司职业责任保险”，通过加强与影视数据服务公司及相关影视监理、制作、传媒等公司的协同合作，打造针对影视项目从立项、拍摄、制作、宣传到发行的全流程保险保障计划，不仅包含传统影视保险中的人财物及意外事故导致的制作成本的增加，还将在影视数据公司介入后，引入配套监理服务及职业风险保障，对影视作品日常制作过程进行监控及辅助，助力影视作品制作顺利完成。

三、北京市涉足影视文化领域的重点担保公司概况

担保机构最重要的价值在于为影视企业融资提供更多便利，通过影视内容评估、版权抵押、应收账款抵押、企业信用担保等方式，将难以量化的影视企业的核心资产——影视内容变现，降低企业融资门槛，具有较强的灵活性。北京市的北京市文化科技融资担保有限公司、北京国华文科融资担保有限公司、北京中关村科技融资担保有限公司、北京北投融资担保有限公司等企业在最近几年表现较为活跃。

（一）北京市文化科技融资担保有限公司

自2013年成立以来，北京市文化科技融资担保有限公司（简称“北

京文担”）一直致力于为北京市影视文化企业融资提供服务。作为北京市主营文化创意产业融资担保的企业，北京文担的主要职责就是为北京市文化产业、科技产业及文科融合等领域提供“优质、高效、便捷、可依赖”的金融服务，服务对象涵盖文艺演出、新闻出版、广播影视、动漫网游、设计服务、古玩艺术、文化旅游、广告产业、文化会展等文化产业类、高新技术类企业。

作为文化产业的重要组成部分，影视企业是北京文担的重点支持对象，先后推出“文创保”“影视投资基金保”“影视项目融资担保”等特色金融产品，为《功夫瑜伽》《天将雄狮》《盗墓笔记》《卧虎藏龙 2》《特警力量 2》等几十部影视作品的生产制作提供融资支持。

（二）北京国华文科融资担保有限公司

北京国华文科融资担保有限公司（简称“国华担保”）成立于 2012 年 3 月，前身为北京国华文创融资担保有限公司，是全国首家文创专营担保机构。自成立以来，国华担保积极贯彻落实国家产业政策导向，聚焦“文化 + 科技 + 现代服务业”，成立 10 年担保规模达到 100 亿元，累计服务中小微企业近 3000 户，推动落实“五子”联动（“国际科技创新中心建设、两区建设、全球数字经济标杆城市建设、以供给侧结构性改革创造新需求、疏解北京非首都功能为牛鼻子推动京津冀协同发展”五大举措），文化、科技及现代服务业担保业务占比超 85%。截至 2022 年 2 月底，“专精特新”企业在保超过 120 户，在保规模近 8 亿元，成为北京市单亿财政资金支持“专精特新”企业户数和业务规模最大的担保机构。

在影视文化领域，国华担保积极探索，联合合作银行针对影视产业链全流程开发了多项创新性特色产品。“文创普惠贷”以纯信用方式重点支持创意设计、动漫游戏、演艺娱乐、文化传媒、广告会展、数字文化、影视制作和发行等相关领域的初创文化创意企业；“影视应收账款贴现”针对影视类企业已经接近完片，且已经与相关播放平台签署发行合同或者已经在院线发行的情况，根据发行合同约定的发行金额或者票房收入作为第一还款来源，帮助企业提前获取流动资金。

此外，为解决企业在电影制作、宣发、营销等环节的资金需求，国华担保与合作银行又开发了一些金融产品。“完片担保贷”旨在帮助那些因意外或者投资方中途撤资而面临烂尾风险的影视项目能够按计划完成制作；“宣发贷”向注册地为北京市的电影宣发公司提供一定比例的宣发专项贷款；“营销贷”服务于广告、会展和公关类营销公司，解决因需要前期垫资（场地、设备、刊例等）而产生的流动资金紧张问题。

（三）北京中关村科技融资担保有限公司

以科技型企业为主要服务对象的北京中关村科技融资担保有限公司（简称“中关村担保”）成立于 1999 年 12 月，是北京市政府批准设立的国有政策性专业担保企业。截至 2021 年 6 月底，中关村担保注册资本 49.63 亿元，净资产 63 亿元，具备年 400 亿元以上担保能力，已累计为 7 万个项目提供近 3500 亿元的担保服务，年担保客户 3000 多家，其中 96% 以上为中小微企业，80% 以上为科技及现代服务业企业。

近几年，中关村担保也逐步向文化领域拓展，建立了瞪羚计划、展翼计划、文化创意等覆盖不同发展阶段、不同行业企业的专项担保通道，形成了直接融资担保、间接融资担保与非融资担保相结合的多元化产品体系。2021 年，中关村担保为捷成股份提供了总额 1.2 亿元综合授信的连带责任保证担保，但截至 2021 年底，中关村担保的关注焦点仍在影视科技结合领域，选择捷成股份，是因为该公司主营业务侧重版权业务及渠道搭建，拥有一定技术支撑，而非仅传统意义上的内容制作企业。

（四）北京北投融资担保有限公司

北京北投融资担保有限公司（简称“北投担保”）成立于 2020 年 1

月，隶属于北京城市副中心投资建设集团有限公司。北京城市副中心投资建设集团有限公司于 2017 年 11 月成立，是市属一级、特殊功能类国有独资公司，集“投资、融资、开发、建设、经营”于一体，服务首都“四个中心”建设，聚焦城市副中心，积极发挥金融服务带动效应，提供基金、担保、商业保理等金融服务。

虽然成立仅两年多，但北投担保发展迅速，2020 年营业收入达 1.13 亿元，利润总额突破 9000 万元，新增担保总额 30 亿元，担保主业实现规模化发展，在北京市担保市场快速树立了品牌形象。截至 2021 年底，共获得 18 家主流银行授信，授信总额达 303 亿元。

虽然主要定位为配合北京城市副中心投资建设集团有限公司的业务规划，多以重大工程为主，但北投担保对文化行业也比较重视。自 2020 年初成立以来，一直积极响应政府号召，深入了解文化产业运行规律，针对文创企业的特点量身设计担保方案，分别通过应收账款质押、企业资金流控制和股权、知识产权等软性资产质押等担保措施，有效解决文创企业在融资中面临的问题，形成了独具特色的文化金融服务模式，成为北京文化领域内又一新锐担保企业。

附录 1　2021 年度国家及地方重要影视金融政策支持文献

●《中华人民共和国国民经济和社会发展第十四个五年规划和2035 年远景目标纲要》

发布时间：2021 年 3 月

主要内容：第十篇“发展社会主义先进文化 提升国家文化软实力”中提出，把提高质量作为文艺作品的生命线，提高文艺原创能力。实施文艺作品质量提升工程，健全重大现实、重大革命、重大历史题材创作规划组织机制，加强农村、少儿等题材创作，不断推出反映时代新气象、讴歌人民新创造的文艺精品。建立健全文化产品创作生产、传播引导、宣传推广的激励机制和评价体系，推动形成健康清朗的文艺生态。加强文化队伍建设，培养造就高水平创作人才和德艺双馨的名家大师。推动农村电影放映优化升级，等等。

●《“十四五”中国电影发展规划》

发布主体：国家电影局

发布时间：2021 年 11 月

发文字号：国影发〔2021〕3 号

主要内容：《“十四五”中国电影发展规划》聚焦 2035 年建成电影强

国的远景目标，提出“十四五”时期，电影发展要努力实现电影创作生产更加繁荣（每年重点推出10部左右叫好又叫座的电影精品力作，每年票房过亿元国产影片达到50部左右）、市场和产业体系更加健全（国产影片年度票房占比保持在55%以上，到2025年银幕总数超过10万块）、市场主体充满生机活力（涌现出一批龙头企业和各具特色的中小微电影企业）、电影科技能力显著增强（电影工业化基础更加牢固，特效制作水平进一步提高，电影标准化体系进一步健全）、公共服务体系更加完善（城乡电影公共服务体系一体建设有力推进，乡镇影院加快发展，农村电影放映优化升级）、对外交流合作深化拓展（电影国际交流和对话更加深入，合拍电影更加繁荣，中国电影海外推广力度明显增强，国际影响力进一步提升）等目标。

● 《关于延续实施应对疫情部分税费优惠政策的公告》

发布主体：财政部、税务总局

发布时间：2021年3月

发文字号：财政部 税务总局公告2021年第7号

主要内容：《财政部 税务总局关于电影等行业税费支持政策的公告》（财政部 税务总局公告2020年第25号）规定的税费优惠政策凡已经到期的，执行期限延长至2021年12月31日。2021年1月1日至本公告发布之日前，已征的按照本公告规定应予减免的税费，可抵减纳税人或缴费人以后应缴纳的税费或予以退还。

● 《知识产权质押融资入园惠企行动方案（2021—2023年）》

发布主体：国家知识产权局、中国银保监会、国家发展改革委

发布时间：2021年6月

发文字号：国知发运字〔2021〕17号

主要内容：《知识产权质押融资入园惠企行动方案（2021—2023 年）》提出，通过三年行动，力争实现知识产权质押融资惠及“百园万企”的目标。到 2023 年底，知识产权质押融资政策可及性和服务便利度大幅提升，产业园区知识产权质押融资服务的普及面显著扩大，被质押专利的实施率明显提高，100 个以上产业园区的知识产权质押项目数和质押融资金额年度增长率在 20% 以上，新增上万家中小微企业利用知识产权实现融资。

●《北京市国家电影事业发展专项资金预算管理办法》

发布主体：中共北京市委宣传部、北京市财政局

发布时间：2021 年 1 月

发文字号：京宣发〔2020〕50 号

主要内容：《北京市国家电影事业发展专项资金预算管理办法》共五章二十五条，包含总则、使用范围和资助标准、预算管理和资金使用、绩效管理和法律责任、附则等多个方面，指出北京市国家电影事业发展专项资金主要用于资助影院新（改）建，奖励国产影片发行、宣传推广和放映，资助影院设备更新改造，支持科幻电影放映，资助文化特色（艺术创新）影片发行和放映，资助少数民族语影片译制、加工制作无障碍公益影片等。

●《进一步完善北京民营和小微企业金融服务体制机制行动方案（2021—2023 年）》

发布主体：人行营业管理部、北京银保监局、北京证监局、市金融监管局、市发展改革委、市财政局、市经济和信息化局、市政务服务局、市科委、中关村管委会、市国资委、市人力资源社会保障局、市文资中心

发布时间：2021 年 7 月

发文字号：银管发〔2021〕92 号

主要内容：2021—2023 年力争实现以下目标：小微企业贷款保持较快

增速，普惠小微贷款年均增速高于各项贷款增速 10 个百分点以上；正常经营的民营和小微企业信贷获得率持续显著提升，综合融资成本稳中有降；小微企业应收账款融资规模年均不低于 500 亿元；三年内，人行营业管理部累计办理民营和小微企业票据再贴现不低于 1000 亿元，累计向市场投放政策性资金不低于 2000 亿元。第 17 条提出进一步完善文化金融服务体系，创新开展文化金融专营组织机构的认定与评估工作，推动各区出台配套支持政策，充分发挥文化金融专营组织机构的引领示范作用，推出更多适合中小文化企业的金融产品与服务，带动北京市文化金融服务水平提质增效。以市级、区级文化产业园为抓手，深入推进银企对接与政策宣传，进一步扩大“京文通”专项再贴现产品的试点企业范围。

●《江苏省电影事业发展专项资金管理办法》

发布主体：江苏省财政厅、江苏省电影局

发布时间：2021 年 12 月

发文字号：苏财规〔2021〕9 号

主要内容：《江苏省电影事业发展专项资金管理办法》共七章三十一条，包含总则、管理职责、国家电影事业发展专项资金的征收缴库、支持范围和分配方式、项目申报和资金下达、绩效管理和法律责任、附则等多个方面，重点对江苏出品影片提供了更多支持。如对在江苏注册的影视机构（独立法人）作为第一出品方，并经省电影局认定后的江苏出品影片，对列入国家重点电影项目的，每部影片摄制最高资助 2000 万元；对列入省重点电影项目的，摄制最高资助 1500 万元；对获得国家电影局精品专项资金资助的重点影片，资助总额不超过 1000 万元；对获得国内外各类奖项的江苏出品影片，给予 300 万—500 万元不等的奖励；对城市院线首次公映累计票房达 1 亿元（含）以上的国产影片，每部最多奖励 500 万元；等等。

●《静安区关于促进影视、电竞产业发展的实施意见》

发布主体：上海市静安区人民政府

发布时间：2021 年 8 月

主要内容：《静安区关于促进影视、电竞产业发展的实施意见》以习近平新时代中国特色社会主义思想为指导，以全面建设国际文化大都市核心区为目标，以不断完善环上大国际影视产业园区、灵石中国电竞中心建设为重点，以着力构建内容丰富、创新融合、充满活力的产业生态为手段，全力助推静安成为上海“全球影视创制中心”“全球电竞之都”的核心区。九条支持举措分别为：支持企业集聚发展；支持载体平台建设；支持技术能级提升；支持影视作品创作能力提升；支持电竞、游戏作品创作和运营能力提升；支持知识产权保护和开发能力提升；支持多层次资本市场对接；支持举办或参与重大活动；支持影视、电竞和文旅消费融合发展。

附录 2 《北京电影投融资发展报告》重要图索引

附录 3 《北京电影投融资发展报告》重要表索引

附录 4 《北京电影投融资发展报告》撰稿人名录

序　深入研究电影投融资，助力电影强国建设	张丕民
第一章　2021 年全国及北京市电影产业概况	宋维才
第二章　2021 年北京市电影企业发展状况分析	尤红丽　许　倩
第三章　2021 年北京市电影产业投融资状况分析	黄　杰　王欣竹
第四章　2021 年北京市投资企业电影投资业务分析	孙毓曦　黄　杰
第五章　2021 年北京市及全国金融机构电影投融资业务分析	黄　杰
附录 1　2021 年度国家及地方重要影视金融政策支持文献	黄　杰 整理
编后记	宋维才　朱玉卿

编后记

在北京国际电影节组委会办公室和中国电影基金会、北京师范大学艺术与传媒学院等单位和领导的大力支持下，在各位编委和作者的共同努力下，《北京电影投融资发展报告》终于完稿。由于新冠肺炎疫情的不断反复，调研工作多次被迫中断，团队成员克服种种困难最终完成调研、撰写任务，大家内心还是颇感欣慰的。

在整个电影行业举步维艰的背景下，在电影主管部门和广大电影从业人员的共同努力下，我国的电影创作和市场发展仍取得了一定的成绩。持续关注电影投融资领域的整个编委会团队成员，在与一线电影企业和金融机构管理人员的交流过程中切实感受到，中国电影正在迈向高质量和工业化、规范化发展的新阶段。

北京作为全国文化中心和影视、金融资本优质资源最为集中的地区，不仅在电影制片和宣发方面走在全国前列，在投融资方面也做出了卓有成效的积极探索。自 2007 年电影《集结号》开始，北京的金融机构频频“触电”，近年来又相继推出“影视宣发贷”“影视版权质押贷”“影视人才贷”“影视保险”等一系列电影金融产品，成为北京乃至全国电影企业的坚强后盾。

梳理和总结北京电影投融资方面的经验，以期为全国提供参照，课题组在连续三年推出《中国电影投融资发展报告》的基础上，受北京国际电影节组委会和北京市电影局委托，并在中国电影基金会、北京市电影局和北京师范大学艺术与传媒学院领导的关怀和指导下，走访了北京市众多金融企业和影视企业，并举办了多次研讨交流活动，完成了《北京电影投融资发展报告》的调研和撰写。

值得高兴的是，在北京师范大学戏剧与影视学科的大力支持下，《北京电影投融资发展报告》得以正式出版，让更多读者可以从中受益。另外，依托连续多年出版的《中国电影投融资发展报告》和此次的《北京电影投融资发展报告》，课题组正在筹备搭建中国电影投融资数据库，助推中国电影高质量、工业化发展。所有这些都离不开业界和方方面面的大力支持与帮助。

在此，我们代表整个编委会，感谢国家电影局、北京市电影局和北京国际电影节组委会的领导对本报告调研、编写的大力支持。感谢中国电影基金会、北京师范大学艺术与传媒学院对本报告编写和出版工作的资助；感谢北京银行、北京电影学院等各支持单位主管领导在百忙之中为本书调研、编写提供的指导、建议和帮助。

感谢本书编委会的所有成员，在提纲论证和调研、撰写等所有阶段，大家均给予了诸多宝贵的建议。感谢参与本报告的所有作者，大家克服众多不利条件，坚持深入业界和市场进行走访调研，并日夜奋战，在既定时间完成全部撰写和编校工作。

感谢北京国际电影节组委会办公室、北京师范大学艺术与传媒学院、聚影汇（北京）影视文化有限公司三个单位的领导和同事，大家团结一致，紧密配合，总结经验教训，克服各种艰难险阻，完成了艰巨的编写任务。

《北京电影投融资发展报告》得以顺利完成，是众多业界、学界、金融、资本领域同仁共同支持和辛勤付出的结果。由于时间紧迫，涉及的调研工作庞杂，本报告在编写过程中难免有疏漏之处，希望业界和学界专家多多指正。期待更多致力于电影投融资研究的专家学者和业界翘楚共同参与进来，一起推动电影投融资研究，实现产、学、研、用融会互通，为中国电影的繁荣发展贡献力量。

再次感谢大家！

宋维才

北京师范大学艺术与传媒学院教授、博士生导师

中国电影产业研究中心主任

朱玉卿

聚影汇创始人

中国电影基金会电影投融资发展专项基金总监

2022 年 8 月